体育学研究生
教育质量测评体系研究

TIYUXUE YANJIUSHENG JIAOYU ZHILIANG CEPING TIXI YANJIU

鲁长芬／著

華中師範大學出版社

新出图证（鄂）字 10 号

图书在版编目（CIP）数据

体育学研究生教育质量测评体系研究/鲁长芬著. —武汉：华中师范大学出版社，2021.7

ISBN 978-7-5622-6514-6

Ⅰ. ①体…　Ⅱ. ①鲁…　Ⅲ. ①体育教学—教学质量—教育评估—研究生教育　Ⅳ. ①G807.4

中国版本图书馆 CIP 数据核字（2021）第 098286 号

体育学研究生教育质量测评体系研究

©鲁长芬　著

责任编辑：卢格蕙　　**责任校对：**王　炜

编辑室：学术出版中心　　**电话：**027-67867792/3220

出版发行：华中师范大学出版社　　**封面设计：**罗明波

社址：湖北省武汉市洪山区珞喻路 152 号

电话：027-67863426（发行部）

网址：http://press.ccnu.edu.cn　　**电子邮箱：**press@mail.ccnu.edu.cn

印刷：武汉中科兴业印务有限公司　　**督印：**刘　敏

开本：787mm×960mm　1/16　　**字数：**220 千字

版次：2021 年 8 月第 1 版　　**印次：**2021 年 8 月第 1 次印刷

印张：16.5　　**定价：**66.00 元

欢迎上网查询、购书

目　录

第一章 导论

第一节 研究目的及意义

一、问题的提出

（一）招生规模扩大与培养质量挑战

我国自 1978 年恢复研究生招生工作以来，体育学研究生教育的招生规模持续增长，特别是 1999 年后因本科生扩招，研究生教育的招生规模也随之急剧扩张，体育学研究生的招生规模曾一度超过全国平均增长率[①]。另有调查显示：1999 年后，研究生录取指标也迅速增加，近年来研究生考试和录取的比率并未明显下降。特别是历经 2008 年金融危机之后，考研变成大部分本科毕业生应对就业危机的有效途径，考研报名人数明显增多，2013 年研究生人数在 2008 年考研人数的基础上增长了 50%[②]。随着考研大军日渐庞大，研究生人数有增无减。

在研究生数量急速增长的同时，我国的体育学研究生招生数量迅速增加，达到了历史最高水平。伴随着体育学研究生教育的快速发展，培养人数的剧增使得体育学研究生教育质量面临着诸多问题，如教育观念相对滞后、培养体制尚需完善、导师队伍建设还需加强、监管机制和评价标准有待建立。在新时期，面对新形势、新挑战，要用发展的眼光全

---

① 李静．创新型人才视角下的体育学研究生教育质量的研究［J］．北京体育大学学报，2011（7）：78-81．

② 2014 年高校将提高奖学金力度，考研热度不减［EB/OL］．http://www.233.com/kaoyan/zhinan/Law/20130709/090924173.html．

面、科学地审视我国体育学研究生教育质量改善需要面临的问题，致力于在招生规模扩大化的现实背景下有效地提升体育学研究生教育的质量。

（二）研究生教育内涵式发展思路的提出

目前，我国正处于从研究生教育大国向研究生教育强国迈进的重要历史转折时期，研究生教育综合改革已于 2013 年全面启动。2013 年 2 月 28 日，财政部、国家发展改革委员会、教育部联合下发《关于完善研究生教育投入机制的意见》（财教〔2013〕19 号）；2013 年 3 月29 日，教育部、国家发展改革委员会、财政部联合下发《关于深化研究生教育改革的意见》（教研〔2013〕1 号）。2013 年 7 月 10 日，我国首次以三部委名义召开全国研究生教育视频会议，中共中央政治局委员、国务院副总理、国务院学位委员会主任委员刘延东在会上强调，要深化综合改革，创新人才培养模式，健全质量保障体系，促进研究生教育质量提升和内涵发展，为全面建成小康社会提供高端人才支撑①。2014 年 11 月 5 日，我国首次召开全国研究生教育质量工作会议，刘延东同志又进一步强调了研究生教育的这一发展思路。研究生教育走内涵式发展道路，无疑将对完善研究生教育培养模式和构建科学的研究生教育测评体系提出严格要求。

（三）质量监管受到前所未有的重视

2008 年中国科协发布的《中国科技人力资源发展研究报告》显示，中国已成为世界上最大的科技人力资源大国。研究生教育作为教育的最高层次，在人力资源强国建设中具有决定意义。2010 年，《国家中长期教育改革和发展规划纲要（2010—2020 年）》要求，今后我国高等教育的发展任务将定位在以全面提高质量为重点的基础上。保证和提高质量是我国未来研究生教育政策的中心主题。

自研究生教育综合改革全面启动以来，国家在质量保证、学位授权

---

① 国务院办公厅. 刘延东在全国研究生教育工作暨国务院学位委员会第三十次会议上强调深化改革，提高质量，推进研究生教育内涵式发展［EB/OL］. http://www.cnhei.com.cn/News/20130711/201307110913463999.html.

评估、论文抽检等方面陆续出台了一系列质量监管文件，并将建立研究生教育质量绩效拨款制度。体育学作为教育学门类下的一个一级学科，在研究生招生规模、在校人数、培养单位数量、学科授予点数量等方面，都获得了长足的发展。但如何保证研究生培养的质量，却面临着所有研究生培养的普遍性挑战，也面临着体现专业特色的特殊性挑战。

要保证质量首先必须建立质量评价标准。2011 年国务院学位办启动了一级学科博士、硕士学位基本要求的编写工作。2013 年 9 月，国务院学位委员会、教育部联合印发了针对学术学位的《博士、硕士学位基本要求》，成为我国首部研究生教育质量评价的“国家标准”。体育学学术学位的国家评价标准也应运而生。2015 年 4 月，全国专业学位研究生教育指导委员会又编写出版了《体育硕士专业学位基本要求》，这标志着我国体育硕士专业学位国家标准的诞生。这两个标准将在未来数年体育学研究生教育质量评价中起到重要的指导作用。但是，这两个标准也存在一些有待完善的问题，如硕士研究生与博士研究生的差异性不明显、体育学硕士研究生的特殊性体现不充分、学术型与专业型研究生的标准界限有待正视等。因此，体育学研究生的质量测评标准仍需进一步规范和完善。

（四）质量提升保障得以落实

研究生教育质量的提升，需要在国家标准框架内建立各级、各项工作的具体评价标准。只有这样，各级、各项研究生教育质量保障工作才能得以顺利进行。

近十年来，国家在研究生培养质量建设上，不断扩充改革试点。2005 年教育部正式提出研究生培养改革初步方案与设想，并于次年进行研究生培养机制改革试点，布点华中科技大学、哈尔滨工业大学、西安交通大学等少数几个学校，2007 年试点单位扩大到 14 所院校，2009 年国务院学位办又要求将改革推广到中央部委所属的各院校，并鼓励各省属高校开展相关改革试点工作。通过十年来的努力，研究生培养机制改革试点工作取得较大的突破。2014 年 1 月，国务院学位委员会下发了《关于开展博士、硕士学位授权学科和专业学位授权类别动态调整试点工作的意见》，提出了动态调整工作的要求：稳定规模；优化结构；以单位自主调整为基础，发挥省级统筹作用，实现调整工作常态化；学位授权动态调整采用单位自主调整和省级学位委员会统筹调整两种方式。这标志着研究生培养正从侧重培养工作环节的要素指导向以机制激励的质量管理路径转变，这种转变对教育质量的科学评价标准提出了较高的要求。

2013年，在国家研究生教育质量综合改革思路的指导下，财政部、国家发展改革委员会、教育部印发了《关于完善研究生教育投入机制的意见》(〔2013〕19号)，对完善研究生奖励政策体系、建立健全研究生教育收费制度给出了明确的意见。同年，财政部、教育部相继颁布了一系列研究生奖助办法，如《研究生学业奖学金管理暂行办法》(〔2013〕219号)、《研究生国家奖学金管理暂行办法》(〔2013〕220号)、《普通高等学校研究生国家奖学金评审办法》(〔2014〕1号)。2014年秋，为了完善研究生教育投入，改善研究生学习、科研、生活等外部环境，提高研究生教育质量，国家决定向所有新入学研究生（已被纳入国家招生计划者）收取学费，同时加大对研究生的奖助力度。国家对研究生奖助机制的改革，彻底实现了由奖学金终身制管理模式向奖学金动态制管理模式的转变。这一转变在彰显研究生奖助机制考核公平性和公正性的同时，要求研究生教育质量测评体系比较完善，并配备较为科学合理的测评标准，既能使学生有明确的学习目标，又能使评价有据可循，建立一个公平、公正、公开的质量激励机制。

（五）质量测评理论研究与现实需要的落差

如前所述，研究生教育综合改革的大势所趋与现实需要，以及体育学研究生教育的适应性发展和特殊性彰显，都对体育学研究生教育质量测评理论与标准体系表现出了迫切需要。体育学研究生教育作为研究生教育的有机组成部分，不仅要在研究生教育“规模扩张”向“质量提高”的战略转移中做出适应性发展，相对于重视论文研究的传统理科质量评价标准和重视工程实践能力的工程学科质量评价标准而言，还要突出体育学研究生教育质量测评更重视对实际综合应用能力的考查，这样才能凸显体育学研究生质量测评的特殊性。

从所查阅的文献来看（具体参见第三节“国内外研究工作述评”），

人们对体育学研究生教育质量测评理论、框架体系与具体标准的研究较为缺乏，甚至还未引起足够的关注，从而使体育学研究生教育质量测评理论研究与现实需要之间形成了较大的落差，理论指导实践并为实践服务的价值并未充分得到开发利用。

二、研究目的及意义

本课题的目的是在了解欧美部分国家研究生及体育学研究生教育质量测评体系、把握我国体育学研究生教育质量测评体系发展历史与现状的基础上，以治理理论为基础把握我国体育学研究生教育质量测评体系的发展取向，构建我国体育学研究生教育质量的测评体系。本课题具有以下意义：

（1）体育学研究生教育质量测评是研究生教育质量测评的一个分支领域，其研究符合高等教育改革从“规模扩张”向“质量提高”的战略转移政策和发展方向。

（2）本研究的最终结果是要建立起科学合理、特色鲜明、操作性强的体育学研究生教育质量评价体系，这对促进我国体育学研究生教育的规范发展及质量提升具有现实意义。

（3）本研究的主旨在于提升体育学研究生的教育质量，这对促进体育学研究生的创新性发展、提高体育人才的竞争力具有重要意义，对促进体育事业的可持续发展和体育科技的繁荣进步具有现实价值。

（4）本研究以体育学研究生教育质量为对象，以治理理论和测评理论为基础，构建体育学研究生教育质量测评体系，这既可以推进研究生教育质量测评成果在体育学领域的应用，加深对研究生教育质量测评与体育学研究生教育质量测评共性和特殊性的认识，也可以丰富和完善高等教育的基础理论和教育评价的某些理论，还可以推动治理理论在研究生教育质量测评领域的实践与发展。

（5）本研究将会为体育和教育行政部门从教育管理的角度制定体育学研究生教育发展政策、修订完善体育学研究生教育质量测评标准提供参考。

第二节　核心概念界定

一、研究生教育质量

研究生教育质量是指研究生培养单位在人才培养、知识贡献、社会服务等方面满足未来经济社会发展、科技教育发展和受教育者个性发展需要的充分程度。研究生教育质量不仅包括教育产品和服务（培养的人才、创造的科研成果以及提供的社会服务）的质量，而且还包括影响质量的关键因素的质量，例如教师的质量、课程的质量、科研的质量、基础设施及学术环境的质量。从培养过程的角度来说，研究生教育质量可以分为输入资源的质量、培养过程的质量（培养质量）以及产出成果的质量（学位授予质量、毕业研究生质量）。因此，研究生教育不仅要满足社会发展以及个人全面发展的需要，还要满足发展科学、发现新知识、促进学科专业发展的需要。由于研究生教育是“本科后以研究为主要特征的高层次的专业教育”①，探究性与专业性是其基本特性，因此具有探究精神和创新能力就应该是其质量最重要的特征。

二、研究生教育质量测评

研究生教育质量测评就是这样一种活动：以研究生教育为对象，依据研究生教育的性质和目的，利用可行的技术与手段，系统收集有关信息，依据设定的评价标准，通过定性和定量分析，对研究生教育质量进行价值判断，从而提出改进的方案，促进研究生教育质量的持续改进和不断提高。研究生教育质量测评的内容非常复杂而广泛，这主要是由于质量的复杂性、多样性、发展性以及研究生教育的复杂性、独特性等所决定的，它主要包括对影响质量的有关因素和过程以及产出成果的评价和判断。因此，从内容上讲，研究生教育质量测评主要

① 薛天祥．研究生教育学［M］．桂林：广西师范大学出版社，2001：63.

包括学位授权点的评价、研究生培养质量的评价以及学位授予质量的评价①。

三、研究生教育质量测评体系

研究生教育质量测评体系是指由两个以上有机联系和相互作用的要素组成的，依据一定标准对研究生教育质量及其有关影响因素进行评价，从而对研究生教育的质量进行监控和反馈调节，以改进决策、保证研究生教育质量的组织、行为、决策的系统。一般来说，它由目标系统、组织决策系统、方法技术系统构成。就研究生教育质量测评体系而言，它应该回答为什么而评、谁来评、评什么以及如何评价的问题，即构成要素包括评价目标、评价主体、评价客体、评价内容、评价方法以及评价结果使用等，各构成要素之间相互作用、相互联系，就构成了一个完整的体系②。

四、体育学研究生教育质量测评体系

体育学研究生教育质量测评体系是指由两个以上有机联系和相互作用的要素组成的，依据一定标准对体育学研究生教育质量及其有关影响因素进行评价，从而对体育学研究生教育的质量进行监控和反馈调节，以改进决策、保证体育学研究生教育质量的组织、行为、决策系统。从构成要素上，体育学研究生教育质量测评体系具体包括测评目标、测评主体、测评对象、测评标准、测评方法与平台、测评结果使用等，各构成要素之间相互作用、相互联系，就构成了一个完整的体系。本书对体育学测评体系的研究主要围绕这些构成要素展开。

---

① 居玲．研究生教育质量测评主体的问题与重建研究［D］．重庆：西南大学，2008；王战军．学位与研究生教育评估技术与实践［M］．北京：高等教育出版社，2000：5．

② 潘武玲．我国研究生教育质量评价体系研究［D］．上海：华东师范大学，2004．

第三节 国内外研究工作述评

一、国外研究工作述评

自20世纪80年代以来，西方许多发达国家对研究生教育质量给予了高度关注，逐步建立起了适合本国特色的研究生教育质量评价体系，并以高等教育质量研究和研究生教育问题研究为基础，积极探索研究生教育质量测评问题。下面以美国、英国为例来评述西方发达国家的研究生教育质量测评研究工作。

（一）美国研究工作述评

美国是研究生教育大国和吸引国际留学研究生最多的国家，研究生教育质量测评工作发展和研究历史较长。早在1924年，美国就对研究生教育开始评估。Allan M. Cartter 主编的《研究生教育质量的评估》(1966)、D. Roose 及 C. J. Andersen 发表的《研究生学位点评估》(1970) 等都是一些早期的成果。20世纪80年代，美国高等教育掀起了一阵“评估运动”风潮。许多州立法倡议要求公立院校实现计划文档制度上的有效性和学生发展，并要求认证机构在公立和私人机构认证时也要遵循同一规定。然而，当时这一评估风潮，主要集中于本科教育活动中，管理人员和教师对研究生评估的方法信息较为匮乏，相应的评估成果也较少①。基于此，美国学术界开始关注研究生质量理论与实践评估问题。如 Clifton F. Conrad 和 Jennifer Grant Haworth 所著的《不张扬的成功——美国的硕士教育》(1993)② 对美国硕士生教育的历史发展、类型、高质量硕士计划的

---

① Jennifer Grant Haworth. Assessing Graduate and Professional Education: Current Realities, Future Prospects [J]. New Directions for Institutional Research (1st Edition), 1996 (12): 89-97.

② Clifton F. Conrad, Jennifer Grant Haworth, A Silent Success: Master's Education in the United States [M]. Washington: The Johns Hopkins University Press, 1993: 2.

特征等问题进行了研究，以期为硕士教育质量评价提供标准和指南。Jennifer Grant Haworth 在其《评估研究生与专业教育》[①] 一文中（1996）又对研究生与专业教育的现状与未来趋势进行了研究，并专门讨论了许多方法性主题与原理。Jennifer Haworth 和 Clifton F. Conrad 在其《高等教育质量特性》[②] 一书中（Emblems of Quality in Higher Education，1996），研究了高等教育评价的质量理论——参与理论（Engagement Theory of Program Quality），确定了高质量计划的 17 种特性，并为评估和提高学术质量提供了一个模板。Robert L. Brennan 在其《教育测评》[③] 一书中（2006）对测评的理论与基本原理、建构、管理、评分和应用等问题进行了全面的研究，并专门探讨了高等教育准入测试。此外，还有学者在高等教育质量保证中探究在职研究生学历教育评价，如 David Dunkerley 等主编的《全球视野中的高等教育质量》（2001）从高等教育质量保证理论与实践方面研究在职研究生学历教育质量评价体系。

绩效指标是美国高等院校、政府和社会评价高等教育质量与运行效率的一套组织目标。绩效指标政策的启动包括三种途径：法令规定型、法令未规定型、非法令型[④]。美国学者对绩效指标的理论与实践进行了大量的研究，如鲁伯特（Ruppert S.）认为确立绩效指标必须参照样本指标（sample indicators）的做法，他通过研究列举了五类样本指标：教育质量与成效，入学机会，多样化与公平，效率及生产力，对州的贡

---

① Jennifer Grant Haworth. Assessing Graduate and Professional Education: Current Realities, Future Prospects [J]. New Directions for Institutional Research (1st Edition), 1996 (12): 89-97.

② Jennifer Haworth, Clifton F. Conrad. Emblems of Quality in Higher Education (1st edition) [M]. Allyn & Bacon, 1996: 7.

③ Robert L. Brennan. Educational Measurement (Fourth Edition) [M]. Rowman & Littlefield Publishers, 2006: 8.

④ Joseph C. Buke, Henrik P. Minassians. Performance Reportiig, "Rear" Accountability or Accountability "Lite" Seventh Annual Survey [R]. State University of New York, 2003: 4.

献、与其他教育部门的联系及贡献①。绩效指标的确立需要考虑相关性、明确性、易于理解和使用、可比性、经验性、成本效益②。绩效指标具有监控、评价、对话、理想化、资源分配的功能③。

美国近年来对研究生教育质量的监控越发严格，研究更为关注高质量的研究生教育、研究生教育的组织管理以及研究生质量的测评和制度保障等方面。2006 年，美国学者佩吉·梅基和内希·博科斯基对博士生教育评估，提出了改善结果的新标准与新模式④。2007 年，美国研究生院理事会（简称 CGS）发布了以“研究生教育是美国竞争力和创新能力的支柱”为题的美国研究生教育和国家竞争力的报告，指出“高质量的研究生教育推动了美国高等教育体系的成功，为了促进创新，必须促进和支持研究生教育质量评估和改进方面的努力”⑤。此后，面对研究生学位完成率低的内在问题以及欧盟、中国和印度等研究生教育后起国家及地区的外部竞争，CGS 又与美国教育考试服务中心联合研究，并于 2010 年发布了一份具有里程碑意义的报告《前方的路：美国研究生教育的未来》。该报告从社会、经济和政治的角度分析了美国研究生教育的现状和未来发展方向，深刻地剖析了美国研究生教育存在的问题，并对

① M. Cave, S. Hanney, M. Henkel, et al. The Use of Performance Indicators in Higher Education: The Challenge of the Quality Movement [M]. London: Jessica Kingsley Publishers, 1996: 72.

② Leveille David E. Accountability in Higher Education: A Public Agenda for Trust and Cultural Change [D]. UC Berkeley center for studies in Higher Education, 2006: 110-113.

③ Daniel T. Layzell. Linking Performance to Funding Outcomes at the State Level for Public Institutions of Higher Education: Past Present, and Future [J]. Research in Higher Education, 1999 (2): 233-234.

④ Peggy L. Maki, Nancy A. Borkowski, The Assessment of Doctoral Education: Emerging Criteria and New Models for Improving Outcomes [M]. Virgina Stylus Publishing, 2006: 10.

⑤ Council of Graduate Schools. Graduate Education: The Backbone of American Competitiveness and Innovation [EB/OL]. [2007-04-26]. http://www.cgsnet.org/portals/0 /pdf/GR_GradEdAmComp_0407.pdf.

研究生教育的三大主体——院校、用人单位、政府提出了建议①。同年，由美国国家科学院、美国国家工程院和美国国家医学院联合发布的 NRC 评价报告，涉及 212 所高校的 5000 多个博士项目，并根据调查和回归测算建立了包含 20 个指标的评价体系②。

体育学研究生教育作为美国研究生教育的一个分支领域，相关成果大多集中在研究生教育质量测评共性问题的研究上，有关体育学研究生教育质量的研究成果极少。如美国的期刊 *Measurement in Physical Education and Exercise Science* 重点关注体育教育和锻炼科学的评估，此外也关注竞技运动、健康、娱乐、人体表现（human performance）方面的评估问题，但这些成果极少涉及研究生层次，这可能与美国体育学研究生教育与其他研究生教育质量要求差异较小有关。

（二）英国研究工作述评

英国高等教育为了突出高等教育人才培养的重要性，非常强调科研评估和教育质量评估。科研评估由英格兰、苏格兰、威尔士 3 个高教拨款委员会和北爱尔兰教育部联合会组织，主要评估博士和学术型硕士研究生的教育。教育质量评估由英格兰和苏格兰高教委员会分别组织，主要评估本科和课程型硕士生教育，不存在全英范围内统一的教育质量评估。

英国学术界对研究生教育质量测评的研究，早期较为关注高等教育质量的内涵、研究生教育质量评价依据与方法、研究生教育质量的影响因素、监督与评估等方面。20 世纪 90 年代前后，许多西方国家都越来越关注研究生教育的组织和管理问题，如研究生教育完成的时间、完成的百分比、教育计划的质量和研究生的质量，其次是对导师、资金、课程、组织间合作、大学和研究委员会的政策与实践的关注。Edward A. Holdaway 以英国研究生计划为基础，研究了与研究委员会、资金委员

---

① 陈瑶，李彦武，高进军.《前方的路：美国研究生教育的未来》报告述评[J]. 学位与研究生教育，2010（12）：67-70.

② 戚巍，李峰. 中美研究生教育评价的最新进展和比较研究[J]. 研究生教育研究，2011（2）：73-79.

会有关的政策问题，并对计划的性质、监督和评估、完成时间、质量和创新进行了研究①。Tony Becher 在其《英国的研究生教育》（1993）一书中，对英国研究生教育质量评价做了介绍，特别介绍了研究委员会从事某种形式的研究生教育质量评价活动所采用的主要依据和方法，并建议从学术界和工业界代表的角度评价研究生的研究与高级课程质量。在 Robed G. Burgess 主编的《超越第一级学位——研究生教育、终身学习和职业》（1997）一书中，Edward Holdaway 在"研究生教育中的质量问题"一章中探讨了质量的含义，指出高等教育中的质量是多侧面的，质量的标准应该从多侧面来衡量而不是按单一的质量标准进行衡量，并对研究生教育质量评价的构成及其评价主体进行了研究。在 Robert G. Burgess 主编的《社会科学领域的在职研究生学历教育和训练——过程与成果》（1994）一书中，Estelle M. Phillips 在《哲学博士质量评价》一文中对哲学博士学位质量的含义、质量评价的方法、注册攻读博士学位的过程评价等问题进行了研究，并分析了影响博士学位质量的有关因素：学术人员的支持、研究同行小组、设备仪器、图书资源及信息资源、财政资助。这些因素可以用来检查学术人员、系以及学院的做法是否有利于发展高质量的哲学博士研究计划。

近些年来，由于英国不断增长的班级规模、不断变化的课程和更好支持学生发展的需要，英国高等教育质量评估正在发生变化。基于对标准、可靠性和剽窃问题的担忧，评估法规和外部质量保障需要正在约束着评估选择。Cordelia Bryan 和 Karen Clegg 创新性地研究了传统评价方法问题、不同创新评估原理、教师尝试创新的复杂评估背景、学术范围内的评估创新、高等教育创新的理论和实证支撑②。该成果提供了一些评价改革的实践案例以及一些创新性评价实践和过程，对发展高等教育评估提供了很多最新的信息和资源，有理论的也有实践的，是较为全

① Edward A. Holdaway. Graduate Studies in the UK: Some Impressions and Suggestions [J]. Higher Education Quarterly, 1993, 47 (3): 237-258.

② Cordelia Bryan, Karen Clegg. Innovative Assessment in Higher Education (1st Edition) [M]. London; NewYork: Routledge, 2006: 4.

面、务实的。

英国高等教育界也较为关注绩效指标的理论与实践研究。如1985年英国的《贾勒特报告》（*Jarratt Report*）对绩效指标的分类研究①，英国副校长协会与英国大学拨款委员会对绩效指标的认识与研究②。

英国的体育学科大多放在“体育、休闲、酒店管理和旅游”的学科门类之中，学科专业评估更强调与现实生活的契合度。1997年英国高等教育质量保证署成立后，研究生教育质量保证制度不断完善，建立了一套学术规范体系和质量评估体系。其中，学术规范体系主要由《高等教育学术质量与标准保证的行为准则》、《英格兰、威尔士、北爱尔兰与苏格兰高等教育资格框架》、《学位基准文件》和《专业项目说明书》4个部分组成；在质量评估体系中，先后采取了学术监督审核、教学质量评估、学术质量评估等措施，评估方式以学科评估为主。2002—2003年后，评估方式逐步由“学科评估”转变为“院校审查”③。可见，英国研究生教育质量评估的重心在不断下移，突出外部质量规范与内部质量保证机制形成的衔接与连续性。在体育学界，人们也对政府规范与院校审查双重评价框架中的体育学研究生质量测评分层与机构设置进行了积极的探索与实践，如2001年拉夫堡大学体育与运动科学学院曾经在全英学生成绩、指导教师、学习资源和质量管理等方面的学位课程评估中获得“优秀”评价。

二、国内研究工作述评

伴随着高等教育规模的不断扩大，我国体育学研究生教育规模实现了跨越式发展。截至2010年，我国体育学一级学科博士点授权单位已达15所院校，硕士点授予单位继2006年的152个之后，在2010年又有

---

① Scott Peter. The Jarratt Report：A Commentar [J]. International Journal of Institutional Management in Higher Education，1986 (10)：15-20.

② 陈玉琨，等. 高等教育质量保障体系概论 [M]. 北京：北京师范大学出版社，2004：70.

③ 李鸿江，赵德勋，等. 中英体育学科硕士研究生课程结构与培养模式的比较研究 [J]. 首都体育学院学报，2010，22 (1)：73-78.

40 多所院校增设一级学科硕士点。硕博授予单位和授予点的持续增加，使我国体育学研究生教育规模迅速扩大。规模扩大造成了教育资源的捉襟见肘，从而对研究生教育质量形成了严峻的挑战。为此，体育学研究生教育质量的研究与实践被提到重要议事日程。特别是最近几年国家有关研究生教育综合改革的一系列文件的出台和工作推进，引起了学术界对研究生教育质量问题的高度关注。教育学、学科学、社会学、管理学、比较学等都从不同的学科视角对提高研究生教育质量进行了深入的研究，并由此推动研究生教育综合改革的深入发展。

（一）母学科对研究生教育质量测评的研究

通过检索“全国哲学社会科学规划办公室”网站的体育学立项、查阅 1991—2015 年国家体委软科学研究立项项目一览表和国家体育总局网站对 2000—2015 年立项课题的通告，可以发现，涉及研究生教育的项目很少，而在仅有的几项研究中，大多关注的是中国特色专业学位研究生培养的理论与实践研究、专业学位研究生教育质量保障模式研究、研究生学术伦理规制问题研究、我国少数民族研究生招生优惠政策监评体系建构研究、我国研究生收费政策对贫困学生求学的影响和对策研究等。

通过中国知网检索篇名为“研究生教育质量”的文章，共发现有 1045 条结果，但有关研究生教育质量测评、评估、评价的论文仅有 95 条结果。通过对这些文献的整理发现，研究生教育质量的评价主体、评价体系、指标体系、评价策略与方法、评价发展史、绩效评价、学生评价、评价模式、服务质量评价、评价决策、评价制度等主题是人们关注的主要内容。其中，最具代表性的成果有：①博士学位论文《我国研究生教育质量评价体系研究》（潘武玲，2004）从评价的角度出发，建立了一个较为完善的研究生教育质量评价体系①。②《研究生教育质量评价与质量保障体系研究》（石磊，2010）在系统分析国内的有关研究活动和研究成果的基础上，对相关概念进行了界定和分析，并通过分析

① 潘武玲. 我国研究生教育质量评价体系研究 [D]. 上海：华东师范大学，2004.

等教育评估概况》、《高等学校的评估》、《高等学校工科专业的评估》、《研究生学科的评估》)、2010 年北京大学出版社出版的陈洪捷等编著的《博士质量：概念、评价与趋势》、2013 年科学出版社出版的赵立莹编著的《效力诉求：美国博士生教育评估的演进》等。这些著作对我们理解研究生教育质量、研究生教育质量评估等相关概念，把握研究生教育质量评估理论与方法，了解我国及国外研究生教育质量与评估现状提供了坚实的基础。

（二）体育学研究生教育及质量测评研究

我国体育学研究生教育起步于 20 世纪 50 年代中期，1953 年 11 月 27 日，高等教育部下达了《高等学校培养研究生暂行办法（草案）》，要求所有聘请外国专家的院校招收研究生。于是北京体育学院、上海体育学院于 1954 年 2 月开始招收了新中国第一批体育理论研究生。我国体育学研究生教育经过多次专业目录调整，于 1997 年形成了一个相对完整的学科框架，自此我国体育学研究生教育步入正规化、常态化发展的道路。

近年来，随着研究生教育综合改革的深入发展，人们对体育学研究生教育及质量保障的研究在数量上逐步增多。在中国知网输入篇名为“体育学研究生”的关键词，共发现 151 条相关研究成果；输入篇名为“体育学研究生教育”的关键词，共发现 31 篇相关研究成果；输入篇名为“研究生教育质量”的关键词，然后再在搜寻的结果中检索篇名中有“体育”的成果，共发现 17 条结果。分析这些成果，可以发现我国体育学研究生教育研究呈现出以下特点：

1. 研究内容逐步从对培养体系的关注转向对质量及其保障体系的关注。在整理分析以往的体育学研究生教育研究成果时，发现人们大多比较关注体育学研究生培养的招录制度、课程与教学、培养模式等具体操作层面的问题，但近几年的研究成果开始关注体育学研究生教育质量及其保障体系研究。王永盛等人的研究提出，当前我国体育学硕士研究生招生规模发展迅速，研究生教育的生均资源日趋紧张，教育质量难以得到保障。应该进一步完善生源的筛选机制，提高生源质量，建立科学的体育教学及测评模式、基于创新的体育学硕士研究生培养质量保证体系，建立相应的动态的创新质量测评体系①。张瑞林通过对体育学硕士研究生培养质量的研究，针对体育学研究生不同的分类和各自的特点，就目标、内容、标准和标准体系建立了两种不同培养类型的体育学硕士研究生培养质量测评体系，并建议制定体育学硕士研究生两类测评指标体系，在具体的实施过程中将其作为整个培养过程结束后的综合指标加以利用②。李静的《创新型人才视角下的体育学研究生教育质量的研究》在对当前体育学研究生招生选拔、课程体系、培养模式、导师队伍和淘汰机制等方面分析的基础上，提出了提高体育学研究生教育质量的举措③。可见，体育学硕士研究生教育质量及其保障体系已引起学术界的关注，建立适应不同类别硕士研究生的测评体系和测评指标体系已经成为保障体育学硕士研究生教育质量的关键性内容。

2. 研究主题的理性思考逐步深入。张瑞林在他的博士学位论文《我国体育学硕士研究生培养模式研究》中专门对体育学硕士研究生培养的理论问题进行了探索，从体育的本质、发展趋势、时代任务、体育学的学科特征、研究生教育以及硕士研究生教育的本质特征六个影响因素及其运行机理出发，论证了我国体育学硕士研究生教育的本质特征，为把握体育学硕士研究生教育的基本规律和特殊规律提供了启示；分析了体育学硕士研究生教育的目的；并结合目前体育学硕士研究生教育的发展现状和社会对体育学硕士研究生的需求情况以及体育学硕士研究生教育的目的，将我国体育学硕士研究生的培养类型分为学术型和应用型两类④。有学者在对体育学研究生培养机制改革内涵认识的基础上，研

---

① 王永盛，许冠忠，王超．体育学科研究生培养质量保证体系的研究［J］．北京体育大学学报，2004（11）：1530-1532.

② 张瑞林．体育学硕士研究生培养质量评价体系研究［J］．上海体育学院学报，2010（7）：25-28.

③ 李静．创新型人才视角下的体育学研究生教育质量的研究［J］．北京体育大学学报，2011：7.

④ 张瑞林．我国体育学硕士研究生培养模式研究［D］．福州：福建师范大学，2009.

究了当前我国体育学硕士研究生培养机制改革的重点①。有学者对体育学硕士研究生的"学"与"术"问题进行辨析，认为体育学硕士研究生理应着重科研能力的提高②。还有学者对我国体育学硕士研究生的培养目标进行了研究③。以上研究成果表明，人们对体育学硕士研究生教育改革研究已不再局限于一些具体的操作层面的问题，开始关注其自身的本质与基本规律。

3. 研究视角从对体育学研究生教育的整体性思考转移到对体育学二级学科、省级或地区体育学研究生培养及质量保障上来。岳增彦通过对体育教育训练学专业培养方案的整合和分析，提出了该专业研究生培养的建议④。赵晶在第三届中国研究生教育学术论坛暨全国第七届学位与研究生教育评估学术会议上的论文《对我国体育教育训练学专业硕士研究生培养现状的调查与分析》和秦风冰的《我国体育教育训练学硕士研究生培养体系研究》，对我国体育教育训练学硕士研究生的培养问题进行研究，以期为质量评价提供参考⑤。任秀磊对民族传统体育学硕士研究生教学能力培养进行研究，确立了民族传统体育学硕士研究生教学能力指标，制定了培养原则，建立了民族传统体育学硕士研究生教学能力分类模型⑥。蒋萍文通过对江苏省体育学硕士研究生的培养质量、组织管理状况进行反向调查与分析，提出应设置符合各院校

① 任占兵. 新型体育学研究生培养机制改革的理论思考［J］. 浙江体育科学，2012：5.

② 李康，覃立. 论体育学硕士研究生的"学"与"术"［J］. 体育学刊，2011：3.

③ 姜继权，马昕，王新，等. 刍议我国体育学硕士研究生培养目标再定位［J］. 甘肃高师学报，2010.

④ 岳增彦. 对我国48份体育教育训练学硕士研究生培养方案的研究与分析［D］. 上海：华东师范大学，2010.

⑤ 赵晶晶. 对我国体育教育训练学专业硕士研究生培养现状的调查与分析［J］. 学位与研究生教育，2008（5）：18-21；秦风冰. 我国体育教育训练学硕士研究生培养体系研究［D］. 苏州：苏州大学，2008.

⑥ 任秀磊. 民族传统体育学硕士研究生教学能力培养之研究［D］. 上海：华东师范大学，2015.

特点、专业特征的培养目标，建立合理、科学的课程体系，并加强研究生的自主管理意识，健全培养体系的监管过程①。此外还有人对云南省、黑龙江省、吉林省、广东省、广西壮族自治区、山东省、福建省、浙江省以及西北地区、闽台地区、华北地区等省和地区的体育学研究生教育及质量保障体系进行了研究。这些研究表明，人们对体育学研究生教育的研究涉及领域越来越广，研究越来越细致、越来越深入。

4. 专业学位研究生教育及质量评价体系受到极大的关注。随着专业学位研究生教育的兴起，体育学界对研究生教育改革的研究也逐步从关注学术型研究生教育研究的单一思维转向学术型和专业型教育并重的研究轨道上来，对专业型学位研究生教育进行研究的相关成果也日益增多。如常志利在借鉴全面质量管理理论的基础上，结合体育硕士专业学位研究生的教学现状，从制度保障的角度出发，对体育硕士专业学位研究生教学质量保障进行了研究②。王健等人对我国全日制和在职体育硕士专业学位研究生教育质量评价的指标体系进行了研究，可为培养单位和相关决策部门制定专业学位研究生教育质量评价标准提供参考③。高玉英等人对影响我国体育教育训练学专业硕士学位论文质量因素进行调查研究，从主观因素和客观因素两个方面进行了总结④。许文鑫、方千华等人从学生感知服务质量的角度来分析全日制体育硕士专业学位研究生教育质量保障，设计出了全日制体育硕士专业学位研究生教育服务质

① 蒋萍文. 江苏省体育学硕士研究生培养有关问题的研究［D］. 南京：南京师范大学，2007.

② 常志利. 体育硕士专业学位研究生教学质量保障研究［D］. 北京：北京体育大学，2011.

③ 王健，曲鲁平，陶岩，等. 构建我国在职体育硕士专业学位研究生教育质量评价体系研究［J］. 天津体育学院学报，2011：11；王健，曲鲁平. 我国全日制体育硕士专业学位研究生培养质量评价指标体系的构建［J］. 北京体育大学学报，2012：10.

④ 高玉英，张春合，封旭红. 影响我国体育教育训练学专业硕士学位论文质量因素的调查研究［J］. 天津体育学院学报，2008：5.

量评价体系①。

5. 体育学博士研究生教育研究主要集中于对博士生培养现状及问题的研究。杨贵仁等人在《新时期我国体育学博士研究生教育审视》中指出了我国体育学博士研究生培养存在的问题②。卢亮球等人通过研究，发现我国体育学博士研究生培养质量存在创新能力不强、从事跨学科科学研究的能力弱、批判性分析问题的能力较弱、缺少对体育学前沿知识的了解和掌握、实际动手能力较弱等主要问题③。张恒波、李艳翎在《我国普通高校体育学博士研究生教育的态势》中指出，我国目前还没有建立体育学博士研究生的评价体系④。针对我国体育学博士研究生培养中出现的问题，我国部分学者提出了一些解决方案以提高体育学博士研究生的质量。如方千华在《我国体育学博士研究生课程设置特点与改革设想》中专门针对体育学博士研究生课程存在的问题提出了解决方案⑤，陈伟等人提出从教育资源、课程设置、导师队伍建设等方面推进体育学博士研究生教学改革⑥。杨献南指出，当前“精英教育”仍然是体育学博士研究生教育的主流色彩，“规模扩张”也是体育学博士研究生教育的现实隐患。他对体育学博士招生、培养结构、提升培养质量应坚持的原则进行了论述⑦。

---

① 许文鑫，方千华，等. 全日制体育硕士专业学位研究生教育服务质量评价 [J]. 福建师范大学学报（自然科学版），2014：11.

② 杨贵仁，黄汉升，方千华. 新时期我国体育学博士研究生教育审视 [J]. 体育科学，2005，25（6）：3-12.

③ 卢亮球，高鸿辉，麻雪田. 我国体育学博士研究生培养现状、问题及对策 [J]. 广州体育学院学报，2005，25（5）：118-122.

④ 张恒波，李艳翎. 我国普通高校体育学博士研究生教育的态势 [J]. 体育学刊，2008，15（9）：53 55.

⑤ 方千华. 我国体育学博士研究生课程设置特点与改革设想 [J]. 上海体育学院学报，2008，32（3）：77-82.

⑥ 陈伟，欧阳川，李国栋. 立足 08 奥运、完善培养体制、构筑高端人才工程——论体育学博士研究生培养 [J]. 成都体育学院学报，2007，33（2）：1-4.

⑦ 杨献南. 我国体育学博士研究生教育规模理性审视 [J] 体育文化导刊，2015（5）：151 154.

6. 中外体育学研究生教育的比较研究开始引起关注。沈建华在首届中国体育博士高层论坛上的文章《美国体育博士生培养状况评估及启示》，对美国体育博士生的培养评估进行研究，提出我国体育学研究生的培养应该尽快建立三级评估体系，即单位自评、社会评估和教育主管部门评估，并认为要充分发挥互联网及数据库技术在评估工作中的作用①。此外还有卢亮球的硕士学位论文《中美体育博士培养比较研究》（北京体育大学，2005）、汪琼的硕士学位论文《中美体育类硕士研究生培养模式比较研究》（武汉体育学院，2007）、饶小霞的硕士学位论文《中美硕士研究生入学考试方式的比较研究》（华东师范大学，2007）、李鸿江等人的期刊论文《中英体育学科硕士研究生课程结构与培养模式的比较研究》（首都体育学院学报，2010）等。这些成果能为本书研究国外体育学研究生教育改革提供参考。然而，这些比较研究大多比较关注中外体育学研究生教育的培养模式、课程设置、招考方式、培养目标等培养问题，对体育学研究生教育质量的测评及指标体系关注较少。

三、中外研究的总体评述

上述研究为促进我国体育学研究生教育质量测评理论研究与实践发展做出了重要贡献，同时也为本书的构思提供了有益的参考。但从整体上看，前期对体育学研究生教育质量的研究还存在一些有待完善和进一步拓展的方面，具体如下：

（一）体育学研究生教育质量测评体系及测评指标研究迫在眉睫

随着研究生培养机制的逐步健全、培养主体的多元化，体育学研究生教育质量的测评机构也在随之变化。在测评主体上，逐步打破原来单一的政府测评模式，高校乃至社会传媒舆论、研究生自身正逐步参与进来成为新的测评主体。虽然体育学研究生教育质量的测评程序、测评过程和测评结果的公布大体上与研究生教育质量测评体系保持一致，但对于不同类型高校、不同层次研究生教育对象、不同社会需求，其测评体

---

① 沈建华. 美国体育博士生培养状况评估及启示 [J]. 武汉体育学院学报，2007 (1)：69-72.

系和测评指标应该有所区别。这需要我们在理清我国不同测评主体关系的基础上，全面系统地去建构体育学研究生教育质量测评体系及测评标准，以适应当前研究生教育改革的内涵式发展要求。

（二）体育学研究生教育质量测评理论与实践研究还需加强

前期研究中，人们对体育学研究生教育的培养问题关注较多，对教育质量测评理论与实践探索相对较少。尽管有些研究已经关注到体育学研究生教育质量的保障问题，但由于对体育学研究生特殊性、不同层次和不同类型研究生的不同诉求、研究生教育的本质等基本理论问题的认识不够深入、系统，致使体育学研究生教育质量测评体系及测评标准尚未完全建立，这导致体育学研究生教育质量保障缺乏评价依据。

此外，母学科在研究生教育质量测评方面已经获得了较为扎实的理论成果和有效的方法经验，在研究生教育质量评价指标体系方面也形成了较为成熟的研究方法。但体育学术界对体育学研究生教育的研究起步相对较晚，成果积累非常有限，因此体育学研究生质量测评的方法体系尚在建立过程之中。

从某种程度上说，目前我国体育学研究生教育质量测评体系的研究在理论上尚未纳入研究生教育质量测评的整体理论框架，在实践上尚未对体育学研究生教育质量保障发挥其规范、监控和指导作用。

（三）应加强三类研究生教育质量测评体系的系统研究

研究生教育包括专业硕士、学术型硕士、博士研究生三类。三类研究生教育存在一定的差别，对三类研究生的培养和测评也应有所不同。近年来，尽管有一些学者关注到了体育学研究生教育质量的测评体系及指标问题，但大多集中于对某一类型或某一培养环节教育质量测评指标的分析，对体育学博士研究生教育质量测评体系研究较少，系统全面地对三类体育学研究生教育质量测评体系及指标体系进行研究的成果更少，与当前体育学研究生的分类发展需要不相适应。因此，在研究生教育综合改革的大背景下，加强对三类研究生教育质量测评体系的系统研究已显得非常必要。

（四）中外比较研究还需进一步加强

整理国外相关文献可以发现，研究生教育强国都有一套较为完善的质量保障体系。如美国研究生教育质量监控非常严格，各校都具有严格的研究生质量测评体系和评价制度；英国研究生教育质量评估突出外部质量规范与内部质量保证机制的衔接。各国由于政治、经济、文化环境的不同，对体育学研究生教育质量的测评在具体的测评主体、测评标准、测评程序上各有特点。洋为中用，吸取国外研究生教育质量测评的先进经验，结合我国国情探索具有中国特色的体育学研究生教育质量测评体系，是推动体育学研究生教育质量测评理论与实践发展的有效途径之一。然而，从现有研究成果来看，运用比较方法研究体育学研究生教育质量测评的成果还比较匮乏，国际化程度不足，需要进一步加强。

第四节　研究对象、研究内容与研究方法

一、研究对象

本书的研究对象是体育学研究生教育质量测评体系，重点对体育学研究生教育质量测评的主体、对象、标准、方法与平台、结果处理等方面进行研究，并在治理理论视角下力图构建一个系统、科学、可行的体育学研究生教育质量测评体系。

二、研究内容

本书的主要研究内容为：

1. 现状研究

对我国体育学研究生教育质量测评历史和发展现状进行分析，总结我国当前体育学研究生教育质量测评体系的发展阶段及特征，并分析存在的主要问题。

2. 借鉴研究

对欧美发达国家如美、英、德体育学研究生教育质量测评体系进行历史考察和现状分析，探索各国体育学研究生教育质量评价体系的基本特征，为我国体育学研究生教育质量测评体系的建构提供启示。

3. 理论研究

对指导体育学研究生教育质量测评体系构建的基础理论——治理理论进行研究，分析其对本研究的适用性，探讨治理理论视角下体育学研究生教育质量测评体系的发展取向，为本研究的体系构建奠定坚实的理论基础。

4. 体系研究

首先研究治理理论视角下体育学研究生教育质量的测评主体及其相互关系。测评主体是质量测评的决定性因素，它在评价体系构成要素中具有十分重要的地位和作用，对评价目的的提出、评价指标体系的制定、评价程序与方法的使用以及评价结果的处理等方面都会产生重要影响。政府、社会以及高校是构成该体系的测评主体，明确测评主体及主体之间的责权划分与相互关系，是体系建构的第一步。

其次，在治理理论视角下，构建体育学研究生教育质量测评体系中政府评价、社会评价、高校自我评价的具体内容，并分别对它们的特点与功能、范围与内容、标准体系、程序方法与处理办法进行研究。

在体育学研究生教育质量的标准体系研究上，每一个测评主体的标准体系都分为一级指标、二级指标和三级指标。根据专家调查法和层次分析法确定各层级系统的指标权重，将体育学研究生教育质量测评体系的建构通过标准落实到具体的测评实践中。

本书研究的重点是体育学研究生教育质量测评体系的构建；难点是在新的社会改革方向和研究生综合改革背景下，构建一种符合体育学研究生教育特征的科学合理、可操作性的体育学研究生教育质量测评体系，并得到应用和推广。

三、研究方法

1. 文献资料研究法

根据本研究的需要，笔者查阅、收集、整理了学位与研究生教育质量评估理论与实践、社会评价理论与方法、体育学研究生教育质量测评等方面的文献与资料，为本研究的展开奠定理论、实践和方法学基础。

2. 专家调查法

专家调查法主要用于研究生教育质量测评指标的选取阶段。在对教育质量测评体系研究的过程中，对各领域相关专家进行访谈、咨询和问卷调查，为体育学研究生教育质量测评体系的建构收集第一手资料、提供专家意见。

本研究运用专家调查法对我国体育学研究生教育质量测评体系进行研究，具体表现在以下几个方面：一是就整个研究的框架和思路咨询专家，为确立研究的主体结构提供思路；二是就我国体育学研究生教育质量测评体系存在的主要问题访谈相关专家，以把握测评体系建构的要点；三是在对测评指标进行选择、分析、赋值时，采用了定性和定量相结合的方法，对各领域相关专家进行访谈和问卷调查，为增删相关指标提供依据，为权重赋值提供数据支撑。

3. 访谈法

除了对专家进行调查外，笔者还对体育学研究生教育质量测评体系中的其他测评参与主体，如研究生本人、研究生家长、用人单位的相关人员等进行了访谈，了解他们对体育学研究生教育质量测评的要求、需求与认识，为测评体系特别是测评标准的确立提供依据。

4. 问卷调查法

除了专家调查法中涉及的对专家的问卷调查外，笔者还对研究生本人、研究生家长、用人单位的相关人员等参与主体进行了问卷调查，为确立体育学研究生教育质量的社会评价指标体系提供数据支撑。

5. 层次分析法

本书在确立体育学研究生教育质量的测评标准时，对获得的问卷调查数据运用层次分析法进行分析赋值，以建立科学的体育学研究生教育质量测评标准体系。

第二章 中国体育学研究生教育质量测评体系的发展

研究生教育测评是伴随着研究生教育的实践发展而展开的。从世界研究生教育发展史看，最早的研究生教育起源于19世纪中期德国的学徒式研究生培养模式，研究生的教育质量由导师控制。19世纪末，随着美国大规模、分专业的研究生培养模式的确立及其对标准化、制度化的发展需求，美国兴起了研究生教育质量测评。中国对研究生教育质量的关注相对较晚，因此，中国研究生教育质量测评相对来说发展时间较短，体育学更是如此。下面将以中国研究生教育质量测评发展为大背景，对中国体育学研究生教育质量测评的历史与现状进行归纳和总结。

第一节 中国体育学研究生教育质量测评的萌动期

一、学位审查制的确立

1922年，北京大学研究所国学门招收第一届研究生，当时不设专门的入学考试，入学只需经过导师同意，是一种过程宽松的“师徒制”培养模式。研究生的质量评定主要以最后提交的学术论文质量为准，研究生论文评价分甚优、优良、合格、不合格四档，不合格者不发证书。1935年国民政府颁布《学位授予法》、《学位分级细则》、《硕士学位考试细则》，1940年又通过了《博士学位评定组织法》和《博士学位考试细则》（都未真正施行），对学位授予级别、博士学位候选人资格和学位评定办法进行了规定，标志着我国现代学位制度和学位审查（早期的测评）制的正式确立。新中国成立之前，我国高等体育院系数量较少，没有招收研究生，主要以专科和本科教育为主，培养中小学体育教师。

二、体育学研究生教育的起步及评价要求（1949—1976）

1949年新中国成立以后，为了满足社会发展对高等学校教师和科学研究人才的需要，政府开始重视研究生教育。1951年底，政务院颁布了《关于改革学制的决定》，决定指出：大学及专门学院得附设研究部，修业年限为两年以上，培养高等学校的师资和科学研究人才。该规定对我国当时研究生教育的培养目标、管理机构、招生条件和修业年限都做出了说明①。就在这一年，我国录取了9名体育学研究生，这9名研究生经过两年的培养都顺利毕业，这标志着我国体育学研究生教育的起步。

1953年底，《高等学校培养研究生暂行办法（草案）》发布，明确了这一时期研究生教育的基本模式。该文件规定研究生学制为2—3年，学业标准是毕业后能讲授所学专业的一、二门课程并具有一定的科学研究能力；规定研究生导师由苏联专家或人民民主国家的专家担任，或由教研室（组）遴选的教授、副教授担当；研究生学习成绩低劣则停止其学业，研究生经毕业考试及格或通过毕业论文答辩者准予毕业并发给毕业证书②。结合当时研究生教育的基本规定和评价要求，1954年2月，中央体育学院（现在的北京体育大学）先后从苏联聘请了一批体育学专家，担任研究生的指导教师，并招收研究生83人，是前3年总数的8.3倍。随后连续4年体育学研究生的招生规模保持着不错的势头，由于有苏联专家的指导，到1959年10月已经有200多名不同体育专业的研究生毕业，这对当时高等院校体育师资水平的提高和体育科研工作的开展以及我国体育学研究生教育的发展都起到了至关重要的作用。

1959年，中苏关系突变，随着苏联专家的撤离，研究生招生规模迅

---

① 周洪宇．学位与研究生教育史［M］．北京：高等教育出版社，2004：317.

② 周洪宇．学位与研究生教育史［M］．北京：高等教育出版社，2004：318.

速下滑，人数急剧减少，当年体育学研究生在全国仅招 6 人。当时北京体育学院作为培养体育学研究生最主要的单位，开始独立探索体育学研究生的教育模式。1961 年颁布的《中华人民共和国教育部直属高等学校暂行工作条例（草案）》和 1963 年颁布的《高等学校培养研究生工作暂行条例（草案）》两个文件，规定了研究生的培养目标、招生对象、录取方式、修业年限和培养方法，其中研究生培养标准的主旨就是培养为社会主义服务、为共产主义奋斗的又红又专的人才。研究生的培养标准具体包括政治思想、专业学习、身体素质三个方面的内容。这一时期，为了保障研究生的教育质量，教育部采取了一系列有力措施，如选拔优秀生源、严格入学考试，坚持导师遴选高标准、课程学习严要求、毕业论文严把关，制定一系列相关法令。北京体育学院在遵循教育部对研究生培养基本政策要求的基础上，积极探索适合本校特点的研究生培养计划，逐步走出苏联研究生的教育模式。自此，我国体育学研究生教育工作开始走上规范化、制度化的正轨。

1966—1976 年，中国处于“文化大革命”时期。10 年“文革”使得中国文化教育一度停滞不前甚至遭到严重破坏，初步建立的体育学研究生教育模式被取消，一些错误的观点使得体育学研究生教育受到了严重的影响。

第二节　中国体育学研究生教育质量测评体系的初建与发展期

一、质量测评体系初建（1977—1992）

我国改革开放以后，国务院学位委员会审议通过了《中华人民共和国学位条例暂行实施办法》和《国务院学位委员会关于审定学位授予单位的原则和方法》，对学位授予的要求做了具体的规定。与美国研究生教育自发发展后才规范化、标准化的发展轨迹不同，中国研究生教育是在规范化、标准化后才大规模发展起来的。

我国体育学教育质量的测评，催生于研究生教育的规模化发展。

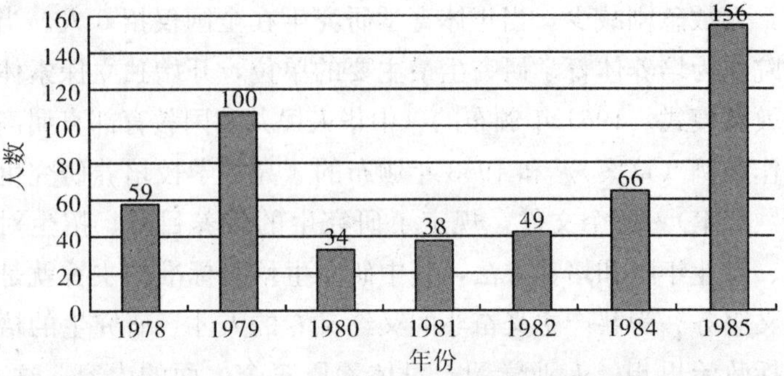

图 2-1　1978—1985 年我国体育学研究生招收状况直方图

1977 年 10 月，《关于高等学校招收研究生的意见》出台，使得中断了 12 年的研究生培养工作得以复兴。1978 年我国体育学招收研究生59 人，1979 年招生人数达到 108 人。在国家研究生教育规范化、标准化发展方向下，20 世纪 80 年代中期，体育学研究生教育稳步发展，教育规模日渐扩大，教育结构不断优化。1985 年招生人数达到 156 人（如图 2-1 所示）。1983 年 5 月，首批 20 名体育学硕士生获得教育学硕士学位。1986 年,有 568 名在校体育学硕士研究生，毕业人数首次达到 100 人，并且拥有 332 位体育学硕士研究生导师。

研究生教育规模不断扩大，必然需要各学科学位授予确定一个合理的质量测评体系。1985 年，研究生学位授予质量的评价机制渐渐形成，各种测评活动也随之展开，逐步建立了一套较为完善且有效的评价体系。体育学研究生教育质量的测评也是如此。具体情况如下：

1. 测评主体。这一时期在计划经济的调控下，政府实行的是“全能政府”的管理模式，政府在研究生教育办学、投资和管理中处于中心地位，对各级各类学校拥有绝对的管理权和控制权。在研究生教育质量的测评活动中，政府及有关部委担任主导角色，它们不仅提出测评要求，而且直接组织、参与并执行、监督测评工作，高校则是在政府的指令下对研究生教育进行管理和监控。总体来讲，这一时期研究生教育质量测评主体单一，政府的权威性很高。

2. 测评对象和类型。学科、专业评价是这一时期主要的测评对象。在类型上，既包括对研究生学位授权点的审核，又包括对研究生教育质量的评估，还有一些对学科专业学位授予质量水平的评价，初步建立起一套较完整的研究生学位授权审核制度。这一时期政府直接领导和控制学位点的教育质量测评工作，测评具有很高的权威性，只有被批准的学位点才有权开展研究生招生和学位授予等工作，否则不能招收研究生和授予学位，这对研究生培养、学科发展和科研工作都起着至关重要的作用。除此之外，还要对学科专业点及其研究生教育质量进行测评，对于办学水平达不到标准的学位点要进行整改或者剥夺其权利，对于优秀者从财力、人力、物力等方面给予奖励。整体来讲，该时期的测评更偏重对学位授权点和学科专业点的整体评价。

3. 测评标准。这一时期，政府及有关部门通过制定一系列评价政策和规章制度来加强研究生教育质量测评，如《中华人民共和国学位条例》、《关于审定学位授予单位的原则和办法》、《中华人民共和国学位条例暂行实施办法》、《授予博士、硕士学位和培养研究生的学科、专业目录》是当时我国研究生质量测评的基本标准和依据。测评中政府与培养部门所使用的测评指标都是由政府组织学科领域专家制定的来源渠道及指标本身有些单一、学术性较强。虽然按照不同测评类型制定了学位审核评价指标体系和学位授予质量检查评价指标体系，但对体育学及体育学不同培养单位来说并没有体现其特殊性。

4. 测评的程序。①先由政府机构（一般是国务院学位委员会办公室）提出研究生教育的测评目的和要求，然后由体育学科专家提出意见，建立体育学研究生测评指标体系，制定测评方案，组建测评小组，并向体育学研究生培养单位发出测评通知；②被测评单位根据测评通知上的自检提纲进行自我测评，并提交自检报告；③测评小组专家通过审阅上交的自检报告，进行数据分析；④专家组到学位授予单位进行实地考察；⑤测评小组专家对实地考察的情况进行汇总，采用定性和定量评价相结合的办法，分析发现的问题，给出意见和建议，同时总结测评工作本身；⑥测评结果的公布。从程序上看，这一时期的测评主要是由政府直接组织，由学科专家开展，培养单位是被测评的对象。

5. 测评结果处理。由于是政府主导测评工作，使得测评结果的权威性很强。测评结果一般由政府机构进行公布，并且提出相应的对策。

直到 20 世纪 90 年代初期，我国体育学研究生教育质量的测评都是由政府组织、发起并实施的，其主要目的在于鉴定、监督和控制体育学研究生学位授予单位的学科专业质量。

二、质量测评体系发展期（1993—2011）

1993 年，国务院学位委员会发布了《关于学位与研究生教育改革和发展的若干意见》，要求研究生教育侧重于内涵发展①。同时，国务院还印发了《中国教育改革与发展纲要》，把“逐步建立政府宏观管理，学校面向社会自主办学的体制”作为高等教育体制改革的目标，确立了完善研究生制度的战略目标，要求“改进硕士学位授权点和博士生导师的审核办法，同时加强质量监督和评估制度”②。自此，高等教育质量测评逐步成为高等教育管理机制改革的重要内容，研究生教育质量测评体系的发展也迈上了一个新的台阶。

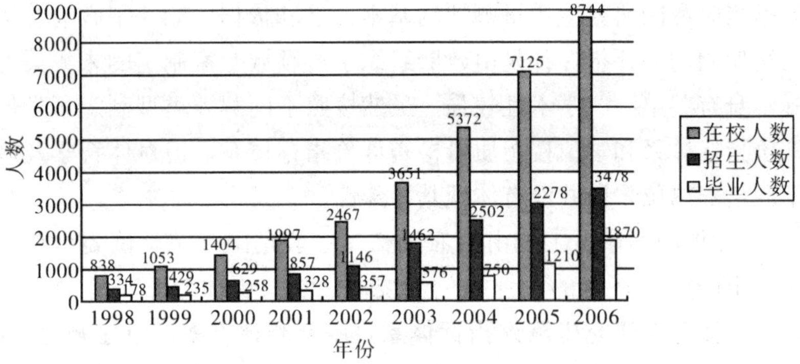

图 2-2　1998—2006 年我国体育学硕士研究生培养状况直方图

1997 年，国务院学位委员会、国家教育委员会颁布了《授予博士、硕士学位和培养研究生的学科、专业目录》，将体育学设为一级学科，隶属于教育学，硕博研究生学科专业目录从 1990 年的 11 个到 1996 年的 7 个进一步缩减为体育人文社会学、体育教育训练学、运动人体科学、民族传统

---

① 《中国教育年鉴》编辑部. 中国教育年鉴（1993）[M]. 北京：人民教育出版社，1994：161.

② 湖北省教育委员会办公室. 教育文件汇编（1993）（内部文件）：23.

体育学 4 个①。此次调整主要是对体育学下的二级学科进行了大幅度的合并，形成了新的宽口径研究生培养模式。自此，体育学研究生教育进入快速增长期（如图 2-2 所示）。以硕士研究生为例，在招生人数上，1998 年为 331 人，2006 年增长到 3473 人；在校人数 1998 年为 833 人，2006 年增长到 8744 人；毕业人数 1998 年为 178 人，2006 年增长到 1870 人，其增长均超过 10 倍以上②；同时体育学硕士点建设得到迅速发展（如表 2-1 所示），到 2009 年已有 257 个硕士学位点，其中师范院校拥有的硕士点最多，达 108 个③。博士研究生的招生规模也发生了较大的变化，1995 年底体育学在北京体育大学、上海体育学院和华东师范大学共设有 7 个博士学位授予专业和 7 个授予点，到 2006 年共有 19 所院校设置 26 个博士点，除了前面三所大学，华南师范大学也拥有了一级学科博士学位授权点④，2010 年体育学一级学科博士学位授权点又增加到 15 个。

表 2-1　我国体育学硕士点分布情况（2009 年）

二级学科	师范院校	综合院校	体育院校	合计
体育教育训练学	44	44	14	102
体育人文社会学	28	26	14	68
运动人体科学	17	13	13	43
民族传统体育学	19	14	11	44
合 计	108	97	52	257

大规模的体育学研究生教育，必然会对其质量测评体系提出新的要求，从而推动质量测评体系的完善与发展。具体表现如下：

1. 测评主体。20 世纪 90 年代中期之后，随着计划经济向社会主义市场经济的转型及政府机构改革和职能的转变，原来单一的政府测评主

① 鲁长芬. 体育学科体系研究［M］. 武汉：华中师范大学出版社，2012：52-53.

② 黄汉升. 新中国体育学硕士研究生教育的回顾与展望［J］. 体育科学，2007（9）：3-22.

③ 李燕领，王家宏，陶玉流. 1979～2009 年中国体育学研究生学位点的发展［J］. 体育学刊. 2010，17（10）：59-63.

④ 鲁长芬. 体育学科体系研究［M］. 武汉：华中师范大学出版社，2012：15-16.

体逐步向政府、社会及民间等共同参与的测评主体转变。1994年，首家专门从事学位与研究生教育评价的事业机构“高等学校与科研院所学位与研究生教育评估所”成立；1995年，学术团体“中国学位与研究生教育学会评估工作委员会”成立；随后全国各地先后成立了10多家专业性的高教评估机构，并开展研究生院评估、博士硕士学科评估等各种类型的评估活动。截至2006年，我国先后共有17家单位发布了30个大学排行榜①。教育部学位与研究生教育发展中心是教育部直属事业单位，在教育部和国务院学位委员会的领导下，自2000年起面向国内外开展中国学位证书及其他教育背景材料认证工作，该中心按照《授予博士、硕士学位和培养研究生的学科、专业目录》，截至2011年已完成了两轮一级学科整体水平评估，体育学作为教育学门类下的一级学科也包括在内。此外还有一些民间机构、团体和个人对研究生教育进行评价和排名，如网大有限公司、广东管理科学研究院、中国校友会、致力于对中国高等教育供需跟踪评估的麦可思数据公司等，其中比较有影响的是网大排行榜和广东管理科学研究院武书连小组对中国大学、研究生院、各学科专业的排名。早在2002年，武书连就根据教育部高校学生司1999—2001年发布的资料，对144所大学的体育学进行单独排名，产生了较大的影响。

2. 测评对象和类型。这一时期的测评除了重视学科专业评估外，也开始关注对培养单位的水平评估，而且在学科专业评估上开始从关注各类一级学科评估深入到对一级学科下的二级学科评估。如武书连在2011年评估中，按照培养单位的实力水平开始对体育学下的四个二级学科进行了学校排名。1999年全国开始进行优秀博士学位论文评选，截至2013年我国体育学界已有14名学者的博士学位论文被提名为全国优秀博士学位论文，4名学者的论文入选为全国优秀博士学位论文。随后教育部学位与研究生教育发展中心开设了博士学位论文抽检、学位点合格评估、中外合作办学评估、全国优博评选、学科专业排名等学科评估平

① 连洁. 论我国研究生教育质量评价主体体系的构建［D］. 南昌：南昌大学，2011.

台。此外，研究生教育质量测评的对象不再仅仅限于传统的体育学学术型研究生教育质量，还包括专业学位研究生等其他类型的研究生教育质量。研究生教育类型的逐步多样化，使研究生教育质量评价对象和类型也趋于多元化。

3. 测评程序。20 世纪 90 年代中期之后，体育学研究生教育质量测评经过十多年的发展，已经基本上形成了一套较为固定和成熟的评价程序，评价过程更为严谨公开。评价组织者由政府机构直接转为政府主管部门委托的专门的社会性或事业性学位与研究生教育评价中心或评估所，评价的程序大体包括自我评价、通信评议、实地考察、专家评审会等形式的专家评审，最后是对评价结果进行处理和公布。在测评过程中，采取客观评价和主观评价相结合，保证数据采集的严谨性、公开性、可靠性。

4. 测评指标。从中国学位与研究生教育发展中心 2004 年、2007 年两轮学科评估所选用的指标体系以及 1993—2007 年广东管理科学研究院大学排行榜和网大大学排行榜所选用的指标体系来看，这一时期的测评大致从师资队伍、科学研究、人才培养、学术声誉等方面着眼，具体特征如下：(1) 首次关注“声誉调查”这一主观性指标；(2) 在人才培养指标上较为突出规模效益；(3) 在师资队伍上开始强调中青年专家的作用；(4) 进一步加强不同学科门类的分类评估，但对体育学一级学科及其下属二级学科的特殊性注意不够；(5) 为了加大评估结果的区分度，在“科学研究”指标下增加部分省级基地及省级奖励指标。总体来看，这一时期的学科评估指标在整体上偏重规模而轻视质量，关注成果数量而对成果质量重视不够，重视成果呈现而轻视成果的转化应用；在具体操作上趋同导向明显，很多指标的选择与体育学科自身的发展实际严重脱节，对体育学科的特殊性关注不够。

5. 测评结果的公布处理。教育部学位与研究生教育发展中心受政府机构委托组织的评价活动及其产生的评价结果具有较高的权威性，为体育学研究生培养单位的审批、学位授权点的审核等提供了决策依据。为了照顾科研院所的特殊性，评估时统一计算高校和科研院所的评估数据，公布时将二者分开分类排列。评估的最终结果，首先发给参评单位和参与声誉调查的专家，然后在《中国研究生》杂志、学位发展中心网站以及各大新闻媒体网站上公布①。其他民间机构或个人的评价结果，向社会公开发布，供社会公众了解各高校体育学科的研究生教育质量。不过相对来讲，这类评价结果不具权威性，对政府决策和高校影响也很小。

第三节　中国体育学研究生教育质量测评体系的综合改革期（2012—　）

2013 年，我国研究生教育综合改革全面启动。国家在质量保证、学位授权评估、论文抽检等方面陆续出台了一系列质量监管的文件，推动了研究生教育质量绩效拨款制度的建立，质量监管受到前所未有的重视。要保障研究生教育质量，首先必须建立质量评价标准。2013 年 9 月，国务院学位委员会、教育部联合印发了《博士、硕士学位基本要求》，体育学学术学位的国家评价标准也应运而生，这是我国首部学术学位研究生教育质量评价的国家标准；2015 年 4 月，《专业学位类别（领域）博士、硕士学位基本要求》（包括体育学专业学位）问世，标志着我国体育研究生专业学位国家标准的诞生。上述两个标准使我国体育学研究生教育质量测评工作迎来了新的春天，让测评工作既有了基本的依据，又有了发展的导向。本书参考这两个国家标准，结合 2012 年教育部学位与研究生教育发展中心开展的最近一次学科评估和最近几年一些社会机构和个人对研究生教育质量的测评情况，并在对我国体育学研究生培养单位工作人员和导师进行访谈的基础上，对我国体育学研究生教育质量测评的综合改革现状进行深入分析，以期为我国体育学研究生教育质量测评研究和实践发展提供依据，为本书寻找突破口和新的逻辑起点。

---

① 教育部学位与研究生教育发展中心. 学科评估工作简介［EB/OL］. http://www.chinadegrees.cn/xwyyjsjyxx/zlpj/xksppm/xkxgwj/264097.shtml.

一、测评主体

在我国，研究生教育质量测评主体一直是以政府测评占据主导地位。近年来，为适应教育管理体制的改革，政府测评正逐渐由“全能”转向“分权”，社会参与度逐渐增加，一些社会或民间机构、学者逐步加入研究生教育质量测评的队伍中来。在体育学研究生教育质量的测评方面，社会融入度仍显不足，体育学研究生教育质量的测评主体仍以政府测评机构为主。根据笔者的调查结果，目前我国各高校体育学研究生教育质量测评基本上按照国家研究生教育的相关政策文件执行，虽可依据各院系实际情况进行调节，但受到限制。在是否有社会机构参与测评的问题上，所有的体育学研究生主管人员均表示：社会机构从未被邀请或主动参与测评工作。他们认为，这一方面与我国社会测评机构的整体发展水平不高有关，也与各校测评工作的实际情况和财力支持受限有关。

2014 年，为了保证我国学位与研究生教育质量，国务院学位委员会和教育部联合制定《学位授权点合格评估办法》，要求对满 6 年的博士、硕士学位授权学科或专业学位授权点进行评估。评估分为两个阶段，首先是学位授予单位自我评估，然后再由教育行政部门随机抽评，其中学位授予单位的自我评估是核心。这是研究生教育质量测评主体“下移”的标志性体现。根据我们的调查，最近几年我国各研究生培养单位在监控研究生教育质量上的自主性确实有所提高，学校自主参与的测评活动也日益增多，如导师的资格遴选、研究生教学评估、研究生培养方案的修订、研究生中期考核、研究生奖助学金评定等测评与监管活动日益成为研究生教育质量保障工作中的常规工作。而且，相关领导及行政管理人员、导师组、参与测评的学生等在研究生教育质量测评活动中的积极性都较高，但也有部分院校因研究生学业奖学金未执行滚动制，致使导师、研究生等相关人员对研究生教育质量测评工作关注度较低。

二、测评对象

据表 2-2 可知，目前我国体育学研究生主要有学术型（包括硕士和博士两个层次）和专业型两大类。测评对象主要有体育学授权点和学科发展的整体性评估、体育学各具体二级学科专业的评估、体育学专业学位评估等。如2012年教育部学位与研究生教育发展中心对具有体育学博士一级学科授权点、体育学博士二级学科授权点和体育学硕士授权点的53所高校的体育学整体发展水平进行了排名；2012年、2015年武书连在对体育学研究生整体实力排名上，将师范类和综合类体育研究生培养单位与单科类体育大学的研究生培养单位分开排名，以体现两大类培养单位的特色；2014年、2015年武书连中国大学研究生院教育学整体排名，一些体育大学也位列其中；2014年，全国体育专业学位研究生教育指导委员会根据国务院学位委员会、教育部《关于开展2014年学位授权点专项评估工作的通知》（学位〔2014〕17号）的精神和要求，对2009—2011年获得体育硕士专业学位授权的47所院校进行了专项评估。此外，2013年，国家还颁布了一系列研究生奖学金、助学金管理实施办法，如《研究生学业奖学金管理暂行办法》（财政部　教育部　财教〔2013〕219号）、《研究生国家助学金管理暂行办法》（财政部　教育部　财教〔2013〕220号）、《普通高等学校研究生国家奖学金评审办法》（财政部　教育部　财教〔2014〕1号）等，这些文件促进了对研究生自身学习质量的监督和评价。

表2-2　体育学研究生类型

类型	专业	要求
学术型 硕士、博士	体育人文社会学 体育教育训练学 运动人体科学 民族传统体育学	具备坚实而广博的理论知识；具有一定的学术研究实践操作素质；具有体育某一方面的研究专长。
专业型 硕士	体育教学 运动训练 教育硕士 同等学力	具备扎实的理论知识；具有较强的专业实践操作素质；具有体育某一方面的特长技能。

调查发现，各高等体育院校在体育学研究生质量测评的具体操作

方面，大部分院校对体育学内部各学科专业考核分类较为细致，并在测评时对学术型硕士、博士研究生与专业型硕士研究生的培养方案和测评标准有明确的区分，也有少部分院校可能因为自身体育学位授权点的数量和学科整体发展水平的限制，研究生类型较为单一，测评工作较为简单，从而使其测评对象的分类与选择较为笼统而没有分得太细，如有些院校未对学术型和专业型硕士研究生测评做出明确区分，测评时按统一标准进行。但调查中，大部分人认为体育学研究生教育质量测评应该将硕士和博士标准明确区分，将学术型硕士和专业型硕士分开进行；还有人认为体育学各二级学科差异较大，测评时也应分开进行。

三、测评标准

测评标准是研究生教育质量测评实施的关键要素。2012 年教育部学位与研究生教育发展中心对 53 所高校体育学研究生教育的整体发展水平进行评估，测评标准主要包括“师资队伍与资源”“科学研究水平”“人才培养质量”和“学科声誉”四个一级指标，指标体系倡导新的学科评价质量文化，强调研究生教育的质量、成效和特色①。特别值得一提的是，这轮评价标准分类设置指标体系，突出学科特色，强化分类指导，对体育学设置了“学生体育比赛获奖”的特色指标，鼓励办出特色。

2013 年 9 月国家颁布《博士、硕士学位基本要求》，从获得体育学硕士学位应掌握的基本知识、基本素质、基本学术能力、学位论文基本要求四个方面对体育学硕士学位的标准进行了诠释，博士学位要求的基本维度与硕士一致②。

---

① 教育部学位与研究生教育发展中心. 2012 年学科评估工作简介［EB/OL］. 中国学位与研究生教育信息网. http://www.cdgdc.edu.cn/xwyyjsjyxx/xxsbdxz/276985.shtml.

② 黄汉升. 体育学《博士、硕士学位基本要求》解读［EB/OL］. 中华文本库网. http://www.chinadmd.com/file/spz6rzairpiueexwp6ctexez_1.html.

2014年，全国体育专业学位研究生教育指导委员会对2009—2011年获得体育硕士专业学位授权的47所院校进行的专项评估，主要以包含人才培养定位（培养目标和培养要求）、人才培养条件（师资队伍、教学资源、管理制度）、人才培养过程（招生录取、课程教学、实习实践、学位论文）和人才培养成效（学校评价、社会声誉）4个一级指标、11个二级指标的指标体系为依据。

2015年全国专业学位研究生教育指导委员会编写的《体育硕士专业学位基本要求》，将获得体育硕士专业学位的基本要求分为获得本专业学位应具备的基本素质、基本知识、实践训练、基本能力和学位论文五个方面①。

最近几年，除了国家开展的一系列评估和颁布的两个国家标准外，单位自测自评已成为体育学研究生教育质量测评的新形式。本书结合国家系列评估和两个国家标准，对所收集的文献资料和27所高等体育院校的培养方案进行整理，对体育学研究生教育质量测评标准的现状进行分析。

（一）学术型硕士与专业型硕士测评标准存在差异但落实时趋同

目前我国体育学硕士大致分为两类：学术型硕士和专业型硕士。这两种不同指向的研究生培养方向，理应各有侧重。通过对学术型和专业型硕士的培养方案、考核机制进行整理、归纳、比较，发现各培养单位基本上都认同学术型硕士和专业型硕士在测评标准上存在差异（具体见表2-3）。

分析表2-3不难发现，两类研究生的测评标准中，前者对研究生的理论水平和学术能力有更高的要求，后者对研究生的实践应用能力和操作指导能力更为强调。具体表现如下：

1. 在政治思想素质上，学术型硕士突出学风严谨和科研作风，专业型硕士强调专业素质和职业道德。

2. 在专业课程学习上，学术型硕士强调理论知识的学习和教学、训

① 全国专业学位研究生教育指导委员会. 专业学位类别（领域）博士、硕士学位基本要求［M］. 北京：高等教育出版社，2015：4.

表 2-3　体育学学术型和专业型硕士研究生测评标准表

类型	政治思想素质	专业课程学习	辅助能力（外语、计算机水平）	科研情况	专业实践	学位论文
学术型	马克思主义、科学发展观、遵纪守法、学风严谨、科研作风、品行端正、身心健康。	学位专业课程合格成绩为75分，选修课程合格成绩为60分。通过专业课程学习，能在各类学校、科研机构以及企事业单位从事教学、训练、科研或管理工作。	学习一门外语，能在阅读本专业的外文文献时有效运用；能运用计算机应用技能进行信息管理、文字处理、数据分析等操作。	研究生期间参与导师课题及学术讨论，且至少以第一作者在国内正式学术期刊上发表一篇学术论文或会议论文。	一般安排在第二学年进行，教学实践可以是参加本科教学或训练课程、指定中小学实习基地的体育教学或训练课程；科研技能训练。	撰写时间不得少于1年，且篇幅不得少于3万字。学位论文要求格式规范，选题新颖，有理论水平，结论合理。
专业型	马克思主义基本理论、良好的专业素质和职业道德。	各课程成绩不得低于60分，且课程教学采用课程讲授、案例分析、实验、实习以及专业实践等相结合的方式，使学生提高本专业领域的理论水平和实践能力。	学会一门外语，能用于交流，能熟练运用计算机。	未作硬性规定。	采用教育实习、教育见习、教育调查、课程典型案例分析等实践形式，实践至少1年。	撰写时间间隔不应少于1年，答辩委员会中至少邀请一名实际工作部门的专家。可以结合案例和实践调查、实验展开，成果有一定的实践指导性。

练、科研能力的培养，专业型硕士强调在实践中提升专业理论水平和实践能力。

3. 在辅助能力上，学术型硕士强调应用英语和计算机于专业学习及学术研究，专业型硕士强调外语的交流和计算机的熟练应用。

4. 在科研方面，学术型硕士对科研的参与和科研成果有明确的要求，但专业型硕士在这方面未作硬性要求。

5. 在专业实践上，学术型硕士强调通过实践加强理论学习和科研训练，专业型硕士强调具体的教育实践。但据调查显示（见表 2-4），硕士研究生的专业实践不像本科生的专业实习那样规范，存在监管不力、针对性不强等问题，只有少数院校对硕士研究生的专业实践做了硬性规定。

表 2-4 各访谈对象所在单位体育学硕士研究生专业实践执行情况

访谈对象	观点
北京体育大学 XX 管理人员	对整个实践活动机构进行监管，且实习环节为硬性规定。学术型硕士要求在校内实习半年，由学校统一安排，且有 2—3 名指导教师进行指导，实习结束，指导教师进行最终的评分，学生需上交实习报告或心得；专业硕士要求在校外实习一年，且在导师的协助下，自行进行实习，实习结束需开具盖有单位公章的实习证明。
华中师范大学、武汉体育学院 XX 管理人员	在对学生的培养上有实践环节的学分要求，但在具体执行中，学校未对学生实践方式进行规定，一部分学生自行在校内进行教学实习，而另一部分学生则自行安排。在该环节上并无学术和专业之分。
华东师范大学 XX 管理人员	实践分为校内和校外，一般发表了科研论文的学生可以不用实习，而另一部分学生需在学校公共体育部或校外的实习基地担任一学期的助教工作，需出示相关证明。
西南大学 XX 管理人员	学术型硕士需在校内辅助导师进行教学工作，专业型硕士需在第二学年进行实践活动，在由学院提供的体育局、专业训练队实习，需证明。但在执行上较为宽松。
华中科技大学 XX 管理人员	因暂无专业型硕士，故在学术型研究生中采取两种形式，可在校内当公共体育课助教或在校运动队当教练等，也可以进公司实习。但均需开具相关证明且上交实习报告。因硕士生较少，执行情况较好。

6. 在学位论文方面，学术型硕士要求较严格，强调创新性、理论性、学术性，而专业型硕士强调实践性、应用性、指导性。

尽管各培养单位对两类研究生教育质量测评标准的差异性有所认识，但我们在深入的调查中发现，有些培养单位在具体的培养过程中，两类研究生在测评标准上存在一些趋同的情况，有些学校甚至按照学术型硕士研究生的标准和规范要求专业型硕士研究生，使专业型硕士研究生在测评上失去了原有的特殊性。例如，部分学校学术型硕士和专业型硕士学位论文在篇幅长短、选题类型、撰写格式、论文质量要求上存在趋同性。

（二）体育学学术型硕士研究生测评标准

由于我国体育学研究生教育质量测评基本按照国家相关政策和文件要求来实施，因此各培养单位的测评标准整体上趋于一致，但在具体标准的设置上存在一定的差异。

从不同类型的培养单位来看，师范类院校侧重于学生教研能力的培养，专业类院校则注重培养学生的运动技能和教学、训练等实践能力，综合性院校则重在培养学生的综合素质。本书以表 2-3 的 6 个标准维度为基本依据，将调查的 27 个培养单位的测评标准按匹配程度进行划分（具体见表 2-5）。

1. 政治思想素质方面

从表 2-5 可以看出，三类院校在政治思想素质方面都坚持马克思主义、毛泽东思想，坚持科学发展观，对遵纪守法、端正学风、培养良好的道德品行及修养等做出了要求。其中，师范类院校更为强调身心健康和科研品行，体育专业院校对科研作风、社会实践等做了要求，而综合性院校对治学态度、创新能力等方面提出了明确的要求。

2. 专业课程学习方面

课程学习是影响体育学硕士研究生教育质量的关键因素之一，从专业课程学习分析，师范类院校在课程设置上侧重于体育教学或运动训练理论以及实践能力的培养，专业实践上要求学生参加本科教学或训练课程、到指定中小学实习基地进行体育教学训练和科研技能训练。

表 2-5　不同类型院校体育学学术型硕士研究生测评标准

类型	调查对象	政治思想素质	专业课程学习	辅助能力（外语、计算机水平）	科研情况	专业实践	学位论文
师范类院校	北京师范大学	★	☆	★	☆	☆	★
	东北师范大学	★	☆	★		★	☆
	华东师范大学	★	★	★	★	★	☆
	华中师范大学	★	★	★		☆	☆
	陕西师范大学	★	☆	★		★	☆
	西南大学	★	☆	☆	☆	☆	☆
体育专业院校	北京体育大学	★	☆	★		★	☆
	上海体育学院	★	☆	★	☆	☆	☆
	成都体育学院	★	★	☆		★	☆
	广州体育学院	★	☆	★	★	★	☆
	首都体育学院	★	☆	★		☆	★
	天津体育学院	★	☆	☆		★	☆
	武汉体育学院	★	★	★		★	☆
	沈阳体育学院	★	★	★		★	☆
	西安体育学院	★	☆	★		☆	☆
	河北体育学院	★	☆	★		☆	☆
	哈尔滨体育学院	★	☆	★		☆	☆
综合性院校	上海交通大学	★	☆	☆	☆	★	☆
	苏州大学	★	★	☆		★	☆
	浙江大学	★	☆	★	☆	☆	☆
	四川大学	★	★	★		☆	☆
	华中科技大学	★	☆	★	☆	★	★
	武汉理工大学	★	☆	★		☆	☆
	湖北大学	★	☆	★		★	★
	湖北工业大学	★	☆	★		☆	☆
	延边大学	★	☆	★		☆	☆
	长江大学	★	☆	★		☆	☆

注：对 6 个标准的匹配程度用“★”表示高，“☆”表示一般，空格则表示对该内容未作硬性要求。

3. 辅助能力方面

在辅助能力方面，外语和计算机均为研究生进行科学研究、学术探讨的辅助工具，运用水平越强，掌握的前沿信息就越多越准，研究的方法就越科学可靠。调查结果显示，各类院校对外语等级水平都未作硬性规定，但都注重外语的应用能力，要求具备较熟练地阅读本专业的外文资料和基本的外语交流能力，能够对国外先进理念和科研现状进行分析，提高自身的科研阅读能力。对于计算机能力，少部分院校未提及或说明。大部分院校在计算机水平上较为强调计算机的运用能力，要求熟练掌握计算机基本应用技能，能对中英文文字进行处理、加工，能对相关研究信息进行数据分析。

从调查院校体育学学术型硕士研究生课程学习情况来看，师范类院校、体育专业院校、综合性院校之间都存在着不同，各培养单位依据国家制定的相关政策法规，再根据自身的实际情况实行了弹性的课程学分及合格成绩的要求。大多数体育院校都对学位专业课的基本及格分进行了规定，如成都体育学院、华中师范大学将及格分规定为 76 分，其他大部分学校仍以 60 分为基本及格分；在弹性课程总学分要求上，大部分院校的总学分要求为≥36 学分，有些要求在 32～36 学分之间，个别院校如成都体育学院的总学分定为≥40 学分；在公共课、专业核心课学分要求方面，几乎大部分院校都不一致，如成都体育学院对专业核心课程要求较高，而东北师范大学对公共课程的学分要求较高，大部分院校对公共课学分的要求在 8～12 学分之间。

4. 科研方面

从科研情况来看，大部分院校对学术型硕士研究生的科研水平未作硬性规定。在所调查院校中，仅有 4 所院校对学术论文提出了不同程度的要求。如华东师范大学要求学术型硕士研究生以华东师范大学为第一单位、学生本人为第一作者发表一篇及以上的学术论文，并且鼓励学生发表国内核心期刊论文；广州体育学院规定硕士研究生在读期间，必须以第一作者发表一篇学术论文，若非第一作者，需要有两篇及以上的科研论文；华中科技大学、武汉理工大学规定学生撰写两篇学术论文，且每年在科学报告会中至少做一次会议报告。不过，各院校对需申请提前毕业者的科研论文都有硬性要求，必须有一篇以上在国内核心期刊上正式发表的学术论文。

在学术活动上各个院校提出了不同的要求。如成都体育学院要求学生在读期间应积极参加各种学术讲座与学术会议，参加学术活动的次数不得少于10次，需撰写学术会议报告交由导师签字确认，培养单位的学位办再进行备案，否则不予答辩；北京师范大学等院校均要求研究生参加学术讲座不得少于8次；华东师范大学则要求研究生参加学术讲座30次以上。各校规定学术活动要求，也是对研究生学术投入和科研能力的一种关注和培养。

5. 专业实践方面

专业实践方面，体育专业院校要求学生获得运动员或裁判员等级称号，同时进行专项教学，获得实习经验。综合性院校则倾向于对技能知识的掌握，主要运用于参加体育教学活动、科研活动及社会实践活动。

6. 学位论文方面

从学位论文的要求上看，各培养单位都规定进行严格的开题活动，并提出了相关的要求。对学位论文撰写的时间规定不得少于1年，且部分院校规定篇幅不得少于25000字，华东师范大学规定体育学硕士研究生的论文篇幅不得少于30000字。但大部分院校对学术型硕士研究生学位论文篇幅未作硬性规定。

（三）体育学专业型硕士研究生测评标准

体育学专业型硕士研究生的测评标准原则上应与学术型研究生的测评标准不同。因本书调查的综合性院校大多在体育学专业学位硕士研究生培养上经验相对不足或不具备招生资格，致使各校测评内容差异较大，且部分学校较为笼统。因此，本部分将重点分析师范类院校和体育专业院校专业硕士的测评内容（具体见表2-6）。

从表2-6可以看出，体育学专业硕士对科研要求比较低，大部分院校未做硬性规定，除东北师范大学、陕西师范大学、沈阳体育学院对课程论文有要求外，其他院校均未提及。在政治思想素质方面，师范类院校和体育专业院校保持一致，均对马克思主义理论素养、专业素质、职业道德等方面提出了明确要求。在专业课学习方面，课程设置上侧重于

表 2-6　不同类型院校体育学专业型硕士研究生测评标准

类型	调查对象	政治思想素质	专业课程学习	辅助能力（外语、计算机水平）	科研情况	专业实践	学位论文
师范类院校	北京师范大学	★	★	☆		★	★
	东北师范大学	★	★	★	☆	☆	☆
	华东师范大学	★	★	☆		★	☆
	华中师范大学	★	★	★		★	★
	陕西师范大学	★	★	★	☆	☆	★
	西南大学	★	★	★			★
体育专业院校	北京体育大学	★	★	☆		☆	☆
	上海体育学院	★	★	☆		☆	★
	成都体育学院	★	★	☆		★	★
	广州体育学院	★	☆	☆		☆	★
	首都体育学院	★	★	☆		★	★
	天津体育学院	★	☆	☆		☆	☆
	武汉体育学院	★	★	★		★	★
	沈阳体育学院	★	★	★	☆	★	☆
	西安体育学院	★	★	☆		☆	★
	河北体育学院	★	☆	☆		☆	★
	哈尔滨体育学院	★	★	☆		☆	☆

注：对 6 个标准的匹配程度用“★”表示高，“☆”表示一般，空格则表示对该内容未作硬性要求。

运动技术领域或体育教学领域的课程；课程内容强调理论与实践的结合，注重提高学生解决实践问题的能力；课程成绩一律 60 分及格；课程学习形式主要采用讲授、讨论、见习等。师范类院校和体育专业院校在专业课学习上差异较小。在专业实践方面，各院校虽均对该环节做了规定，但侧重不尽相同。如华中师范大学、陕西师范大学、广州体育学院等对实践时间的要求是半年，而其他院校均在一年以上；师范类院校要求学生参加教学、训练实习与科研技能训练实践，而体育专业院校强调学生对本科学生进行技术教学或辅导，参加与本专业领域相关的实习或实践活动。在对学位论文的要求方面，各院校均要求论文撰写时间不少于 8 个月或 1 年，且在论文选题上需与体育教学和运动训练领域有关。

总体来看，体育学学术型硕士研究生和专业型硕士研究生在测评标准上存在着较大的差异，且不同类型院校对这两种类型的研究生测评也各有所侧重。

（四）体育学硕士、博士研究生测评标准区分度不大

2013 年国务院学位委员会、教育部发布的《博士、硕士学位基本要求》，从获得体育学博士学位应掌握的基本知识及结构、具备的基本素质、具备的基本学术能力、学位论文基本要求四个方面对体育学博士研究生提出了基本要求，对体育学硕士学位的基本要求大致也是从这几个方面展开的。相比较而言，两者具体表现出以下差异：

1. 基本知识及结构差异

体育学硕士研究生除了要求掌握马克思主义哲学、科学研究方法论、体育的基本概念和知识，还要求掌握与本学科相关的核心概念和基本知识。而体育学博士研究生要求在此基础之上有一个更深层次的提升，除了要掌握这些基本的核心概念和基础知识以外，还应该对这些知识有一个系统的认识和掌握，形成一定的知识体系。

2. 基本素质差异

体育学硕士、博士应具备的基本素质都包含学术素养和学术道德两个方面。在学术素养方面，博士研究生比硕士研究生要更具备实事求是的科学精神和严谨治学的态度，更加关注学术前沿和热点，其中最为重要的是对体育学问题，博士研究生比硕士研究生要更具有浓厚的兴趣、强烈的探索愿望以及知识创新和技术创新能力。在学术道德要求上无明显差异。

3. 基本学术能力差异

在获得体育学硕士、博士学位应具备的基本学术能力方面，体育学博士研究生和硕士研究生最大的区别在于：对硕士研究生，强调的是实践能力和合作能力；对博士研究生，强调的是学术鉴别能力和学术创新能力。此外，在获取知识的能力方面，博士研究生比硕士研究生要具备

更广泛且批判性地阅读文献、通过推导探究知识来源的能力。在科学研究能力方面，博士研究生比硕士研究生要更具备独立思考和发现问题的能力。在学术交流方面，对外语的要求，博士研究生比硕士研究生要求更高。

4. 学位论文基本要求差异

在学位论文基本要求方面，对体育学硕士研究生的论文规范性和质量两个方面作了相应的要求，而对体育学博士研究生的学位论文除了对规范性作了要求之外，还对其选题、文献综述和成果创新性等方面做了相应的要求。主要差异体现在对学术论文的成果创新要求上，硕士论文要求体现创新性和实践性，而博士论文要求更加突出独立性和原创性。

从整体上看，体育学硕、博研究生测评要求区分度不大，体育学研究生的特色没有得到充分体现，在具体操作上缺乏明确的标准和权重比例。

四、测评过程

研究生教育质量测评是一项技术性、专业性较强的活动，测评活动合理的程序、科学的手段是研究生教育质量测评效率的有力保障①。2012年教育部学位与研究生教育发展中心按照《学位授予和人才培养学科目录》，按数据采集、数据核实、信息公开、专家问卷调查、结果统计与发布的工作程序，评估具有研究生学位授予资格的各一级学科的整体水平②。长期坚持从事研究生院评价的武书连课题组为了保证测评结果的公平、公正、公开，在测评过程中坚持全部使用公开数据，彻底摒弃人为因素较大的各类问卷调查，保证测评人员的中立性和公正性，并

① 韩从梅. 专业学位研究生教育质量评估的研究［D］. 合肥：合肥工业大学，2007.

② 教育部学位与研究生教育发展中心. 2012年学科工作评估简介［EB/OL］. 中国学位与研究生教育信息网. http://www.cdgdc.edu.cn/xwyyjsjyxx/xxsbdxz/276985.shtml.

对裁判员与运动员的界限进行了界定①。

各院校对测评过程的控制和实施的方式，可以从研究生培养方案的考核方式上略窥一二。目前，各院校大部分采用传统考试、考查等方式评价研究生的学习效果。在课程学习上，重在考查学生的专业知识运用能力及综合能力，鼓励以撰写文献材料、学习报告、课程设计、实习心得或报告等形式严格课程考核，以课程论文等形式进行期末考核。考核的过程主要是由任课教师、导师、培养单位研究生院等按照所规定的标准进行。

中期考核成为许多院校研究生教育质量保障的一个有力手段。在中期考核方面，所调查的院校均对学生的政治思想素质、科研水平、学位论文的开题等内容进行考核，考核过程主要由培养单位负责人、导师小组、学生等共同参与。在测评内容及信息收集方面，信息材料主要靠申请人自行收集整理，申请人需按照要求认真填写“研究生自评总结”里的所有内容，并向导师、研究生教学秘书、导师组或其他执行部门提交相关申请表格、本人成绩单、荣誉证书、学术论文发表证明、毕业论文研究情况报告等材料。然后测评监管部门对测评对象收集到的信息进行核对，重点核对可量化的指标，如课程的学习成绩、科研论文发表情况、获奖证书、参与学术活动的次数等；对于难以量化的指标，如政治思想素质、教学实践能力等，则通过学生互评及导师组参评进行。

此外，研究生学业奖学金、国家奖学金以及各类优秀研究生的评定，也是测评体育学研究生教育质量的手段之一。具体的测评程序与中期考核差不多，由 3 名（含）以上教师按体育学各专业组成考核小组，制定考核的具体标准和体育学研究生考核测评的工作进度，凡参与测评的对象递交相关审核材料时，需导师签署意见方能进行测评，整个测评过程由体育学研究生主管领导、研究生教学秘书、导师小组等进行规范审核，协调、解决相关问题。

其他有关体育学研究生教育质量的授权点评估、专业评估、学位评

① 武书连 2015 中国大学研究生院各学科门类排行榜［EB/OL］. 搜狐教育网. http://learning.sohu.com/20150923/n421900949.shtml.

估等，大部分院校都是按照国家和学校的统一部署和要求，由各单位研究生培养主管领导在学位评定委员会或学术指导委员会的指导下，结合体育学学科专业发展实际情况，负责考核工作。

测评过程中，信息收集和整理是测评工作中最重要的环节，也是较为复杂和繁琐的工作。通过访谈可知，目前各校主要采用两种形式收集和整理信息材料。一类是整理上交纸质材料。材料审核主要靠负责研究生工作的秘书和相关负责人进行人工审核，工序比较繁琐，且人为操作性大，真实性相对来说会打折扣。一类是通过公共信息平台收集。华中科技大学、北京体育大学、华东师范大学等院校就是这样做的。这种方式首先需在网上申请测评资格，再将所需要的材料通过电子版或扫描件的形式上传，系统进行审核，再进行相关工作。整个程序较客观，且易操作。

五、测评结果处理

2012 年教育部学位与研究生教育发展中心按“精确计算、聚类统计”的原则处理研究生教育各一级学科的测评结果，引导单位淡化名次、关注学科建设，在公布结果时将高校和科研院校的结果分开排列①。武书连在对测评结果进行处理时，使用“归一”的方法直接比较不同学科，从而使不同类型大学的比较变得更为直接、科学②。

各培养单位在处理测评结果时，一般首先将审核的结果在院系进行公示，公示时间大多为 5—7 天，在公示期间无异议，再报送研究生院培养处，各院校学位办组织评定委员会，召开专题会议审议，经主管校领导审批后在本校的网站上进行公布，并将书面的自检报告发送至上级教育行政主管部门。

---

① 教育部学位与研究生教育发展中心. 2012 年学科评估工作简介［EB/OL］. 中国学位与研究生教育信息网. http://www.cdgdc.edu.cn/xwyyjsjyxx/xxsbdxz/276985.shtml.

② 武书连 2015 中国大学研究生院各学科门类排行榜［EB/OL］. 搜狐教育网. http://learning.sohu.com/20150923/n421900949.shtml.

在教育质量测评结果的处理中需发挥再次评价的功能。据调查，不同类型体育院校对测评结果的处理办法在标准上略有不同。

体育专业院校（如首都体育学院、成都体育学院、上海体育学院等）对研究生测评结果的合格与不合格制定了以下标准：第一，研究生在政治思想、课程学习成绩、科研水平、教学实践环节、身体健康等方面都达到合格标准，方可进行毕业论文的撰写。而对于在思想品行、课程成绩、科研能力等方面表现优异的硕士研究生，可获得提前申请学位、提前毕业的资格。第二，对于测评不合格的研究生，将终止研究生学习资格。有以下任何一种情况者，均为不合格：政治思想考核为不合格者；犯过较为严重的错误（如政治性的），或者违反了校纪校规，且因此受到过学校的记过以上处分者；在科研方面能力低弱者；在学位课程学习中有两门成绩不合格，或者一门成绩不合格，经补考后仍然没有达到课程的合格标准，或在选修课程的学习中有两门选修课程成绩不及格者；在进行开题报告时，研究的课题论证依据欠缺，开题报告未获得通过者；因身体原因，不能正常进行课程学习者；培养单位、研究生管理工作人员、导师考核组对学生进行综合测评后，测评结果表明不具备继续培养资格者。同时，对于在高校进行的自评活动（中期考核）中未通过考核的研究生，将不给予课题经费支持，并暂缓其学位论文的撰写，并按照学籍管理中的相关条例进行处置。

综合性院校对测评结果的处理侧重不一样。首先，对测评合格有以下要求：在思想上要坚持马克思主义，坚持科学发展观，并拥护党的纲领；在专业知识的学习上，要有明确的学习目标，端正的学习态度，优异的课程成绩，且具备较高的科研水平；在其他方面，要遵纪守法、严格遵守学校的规章制度和管理办法，积极参与各项文娱活动，关心同学，关爱集体，互帮互助。其次，测评结果不合格的主要有以下情况：政治思想素质低，纪律性和觉悟性差，专业学位课程学习能力差，科研水平、教学实践能力不强。此外，测评对象有以下任何一种情况均被视为不合格：在一个学期内旷课次数达两个星期及以上，或事假长达一个月及以上者；在一个学期内有两门或两门以上的课程成绩不及格者，或学位课程不及格后经重修、补考仍未及格者；违反学校相关管理制度，经教育仍未有所改进者；在科研工作等活动中表现出较差的能力与水平者；无任何原因且未向学校申请不参加中期考核者。

师范类院校（如北京师范大学、东北师范大学等）的处理方式较为简便。对测评合格者有以下要求：首先，在课程学习方面规定，学位基础课和学位专业课的考试成绩平均分均不得低于 85 分，学位论文开题报告审核为“优秀”，且在政治思想方面表现良好。其次，测评对象如在该次考核评价中有一门及以上课程考试成绩不及格，则该次考核结果为“暂时通过”，等下次补考合格后，方能视为“通过”。若在该次考核评价中不合格，需要导师、培养院系的主管领导审核并同意其申请后再参加第二次考核，并由考核小组公布考核结果，如果第二次的考核成绩仍未合格，将对该生予以退学处理。

可见，各培养单位对测评结果的处理大都比较严格，当然有些单位对不合格者的处理仍较为宽松。

第四节　中国体育学研究生教育质量测评体系分析

我国体育学研究生教育质量测评工作在研究生教育改革的大背景下不断发展，在体育学研究生教育规模化发展的潮流中价值日益凸显。综观我国体育学研究生教育质量测评的历史与现状，从整体上把握其发展特征，是完善我国体育学研究生教育质量测评体系的前提和基础。

一、中国体育学研究生教育质量测评体系的特征

（一）测评主体较为单一

1. 政府测评占主导

我国研究生教育质量测评体系是国家通过颁布一系列的规章制度自上而下建立起来的，各种评估活动也基本上是在政府各级教育主管部门的直接统一领导和组织下有计划、有组织地进行的，体育学科也不例外。而且，我国研究生教育质量测评体系形成于计划经济时期，具有浓厚的行政色彩，在相当一段时期内，包括体育学科在内的研究生教育质量测评几乎完全由政府负责。政府成为研究生教育质量测评活动的直接

倡导者、组织者、领导者和协调者。由于在实施测评活动过程中政府是直接领导者，高校是被领导者，高校为追求最终的评价结果，往往只是针对各项评价指标体系来被动地应付政府部门的各项评价，测评结果不可避免地带有某种不真实性。各大高校疲于应付，对评估的积极性不高，更有甚者在评估活动中弄虚作假，使评估活动有失公平、公正。政府主导评价模式主体单一，评价带有一定的封闭性。

2. 社会参与度低

政府在研究生教育质量测评中的主导性和权威性，有效地推动了研究生教育质量测评工作的贯彻执行，但也在很大程度上抑制了社会的参与。质量测评从本质上讲是一种价值判断，政府测评能代表政府，无法完全代表家长、用人单位、学校等其他社会主体的需求。政府主导测评模式决定着测评的目的、内容标准和所有环节，尽管测评过程中也会依靠少数体育学科专家的力量，但这些体育学科专家决策权很小。在政府主导的测评模式中，家长、用人单位、研究生培养单位等绝大多数的社会主体参与度低。

近几年，培养单位在体育学研究生教育质量测评中的主体地位有所提升，中期考核、学位论文考核、教学测评、导师考核等测评活动也逐步丰富，但是总体来说其自评机制还不够健全。各培养单位的测评组织、管理方式、指标体系、审核程序、测评程序、测评专家认定等都是在政府支持和领导下开展的，很多培养单位对自身评估的重要性认识不足，执行测评工作的院系对测评活动的客观性、严肃性重视不够，加上测评指标不完善、测评方法不成熟以及导师、学生、培养单位三方配合的契合度不高，致使很多测评活动的效果不尽如人意，测评往往成为一种评先、评优、评奖的手段，“为培养单位自身发展服务”的自主测评意识明显不足，从而使培养单位的研究生教育工作缺乏动力与活力。

3. 社会评估影响力小

社会评估是动用社会力量对研究生培养质量进行的评价。我国因政府主导测评模式的一贯影响，使体育学科的社会评估影响力极其有限。这与我国社会评估的整体影响力有关。当前，我国的社会评价既缺乏相关的政策与法律支撑，也没有真正意义上的社会评价中介机构做保障。

受高校自评评价机制和我国整体社会评价能力的限制，我国高校与社会的联动机制也未形成，致使高校的教育质量得不到社会的有效监督，社会测评也因缺乏高校的真实测评信息而使评估结果的影响力不够。

（二）偏重整体性测评

我国体育学研究生教育质量测评的政府主导模式主要以宏观测评为主，评价对象主要是体育学学位授权点和学科专业、体育学各具体二级学科专业、体育学专业学位，其中又以体育学学位授权点和学科专业为主，这在政府主管部门评估和一些有名的民间团体评估中可见一斑。这些评价基本上都是一些综合性、整体性评价，由政府主管部门组织与领导实施的具有权威性。

体育学研究生教育是研究生教育的组成部分之一，既具有研究生教育的一般特性，也具有体育学研究生教育自身的特殊性。这些特殊性表现在几个方面。一是体育学研究生培养单位的性质和学位点结构差异很大，如在培养单位类型上，有体育专业院校、师范类院校、综合类院校、科研所等；在结构上，各培养单位的学位点层次、专业和类型可能都有差异。二是体育学内部各二级学科各具特色，体育学包括体育人文社会学、运动人体科学、体育教育训练学、民族传统体育学四个二级学科，这四个二级学科有的属于人文社会科学，有的属于自然科学，有的属于体育专业性学科，学科性质和要求迥异，用统一的标准来评价可能欠妥。三是体育学研究生培养类型差异显著，学术型和专业型硕士研究生就是两种最典型的研究生类型，前者以学术实践操作能力和科研水平为主，后者以专项实践能力和教学水平为主，如果用统一的要求、标准和方案来测评，显然是不适合不同类型研究生教育的实际情况的。但是在实际的测评工作中，有些培养单位为了方便起见，对学术型硕士和专业型硕士采用同一种方案进行测评，学术型硕士和学术型博士测评的标准不具体、区分度不明显，使其测评工作的针对性大打折扣。总体来看，目前我国体育学研究生教育质量测评较为偏重整体性测评，对体育学研究生教育内部各二级学科的特殊性关注不够。

（三）测评标准的趋同性明显

测评标准是研究生教育质量测评的标尺。前面通过对现有研究生教育质量测评标准或依据的整理，发现我国研究生教育质量测评标准存在以下几个问题：

一是体育学研究生教育质量测评标准与其他学科趋同明显。2013 年《博士、硕士学位基本要求》的问世，使体育学硕士和博士学位标准从无到有，实现了我国体育学研究生教育质量测评工作的重大飞跃。但是，该标准还存在一些问题：①标准过于笼统；②学科特色不突出，未能体现体育学研究生区别于其他学科研究生的特殊性，很多要求放在其他任何学科领域都适用；③体育学硕士学位与博士学位要求区分度不大，在知识结构、基本素养、学术能力和论文要求上未能体现出硕士和博士的层次差异。

二是体育学研究生教育内部测评标准趋同。如前所述，体育学研究生教育内部存在着培养单位性质和学位点结构的差异，四个不同二级学科各自的特色鲜明，学术型与专业型研究生培养目标具有多样性。这就需要测评标准在关注通用标准的同时，充分考虑测评的可操作性。每个学校的办学思想决定了它的办学宗旨，办学宗旨不同，对所培养的人才会有不同的定位，且不同类型人才有其各自的质量内涵和评判标准。师范性院校、体育专业院校、综合性院校是我国体育学研究生培养的三大类培养单位，由于各类单位办学宗旨和体育学科整体发展水平的差异，对研究生测评的要求可以有所不同。但是，当前我国体育学研究生教育质量测评更多地停留在宏观的、整体的政府测评上，在统一的测评标准下评价所有的体育研究生培养单位，学校自我评价机制尚未建立。

最近国家已经颁布了学术型和专业型硕士研究生测评的两个标准，从文本上来看，这两个标准是各有侧重的。但是由于这两个标准颁布的时间很短，很多培养单位和测评机构还没有完全落实，导致这两类研究生培养质量测评在各院校的测评中差别不大，很多基本是按照学术研究生的标准来落实。我们在调查中就发现，有些培养单位研究生的专业实践环节，学术型研究生和专业型研究生的实践要求、落实过程等基本相同；在学位论文方面，有些培养单位对学术型研究生和专业型研究生学位论文的学术水平、撰写格式以及送审程序的要求差别不大。

三是各类型测评指标普遍较为关注“条件”指标，对“质量”指标未给予足够的重视。长期以来，我国体育学研究生教育质量测评一直较为关注学科专业和授权点的整体性评估，因此对研究生的发展规模、硬件设施水平、成果数量、教师队伍等“条件”性因素较为关注，而对研究生教育过程、研究生成果转化应用、研究生培养效果等“质量”要素关注不够。

（四）测评过程的科学性有待提高

研究生教育质量测评是一项投入很大的工程。各类型的研究生教育质量测评，政府以及被评单位都需要投入大量的时间、人力和财力。但是，为了促进研究生教育质量持续提高，这又是不得不进行的一项重要工作。因此，如何提高测评的效率和效果，这是研究生教育质量测评应该关注的问题。

研究生教育质量测评“是一项科学性与技术性并重的专业活动”①。因此，提高测评的科学性和技术性成为提高测评效率和效果的关键。

首先，信息采集的科学性有待加强。信息采集是研究生教育质量测评的基础。目前我国体育学研究生教育质量测评的信息收集主要通过两种方式实现：一种是自我评价，一种是专家评价。自我评价在统一的标准下便于操作组织，但由于被评单位对测评要求的理解偏差和趋利心理的影响，难免会产生以下问题：一是信息选取的数据来源不一致，如数据统计的时间、截止时间等不一致，导致测评信息检验不完整；二是为了追逐个人或被评单位利益而主观人为地对测评信息和数据进行篡改（改编或夸大），从而使获得的测评信息失真。专家评价有一定的权威性，信息相对比较可靠、专业，但由于专家数量有限，况且如果专家带有个人偏见或认识有偏差，也会使信息失真。

信息采集还可借助社会评价和公共信息平台。社会评价在我国研究生教育质量测评中才刚刚起步，还很不成熟，评价的影响力也不够。公共信息平台主要是通过电子信息技术来收集信息，公开透明，可靠客观。现在有些研究生教育质量测评机构和一些学校建立了研究生管理系

① 王战军，李明磊，李江波．研究生教育评估新思维［J］．清华大学教育研究，2012，33（1）：17-22．

统，但在信息技术管理上还很不成熟，国家统一的研究生教育公共信息平台尚未建立，一些研究生教育质量测评机构的公共信息平台也因资料不全、不规范、不准确等原因而尚在建设中。有些学校的研究生管理系统仍处于试运行阶段，很多成绩均采取人工录入，培养单位也只是在执行简单的机械化操作而已，对测评对象的测评信息的把控也较为主观。测评监管和执行小组大部分由研究生管理负责人、导师、任课教师、学生干部等组成，一般采取小会议式的培训，大体上只是对工作进行初步的介绍，并不透彻。

其次，测评专家库建设有待加强。在现有的测评中，各学科专业的研究生教育质量测评人员大多由国务院学位评议小组的专家、教育主管部门的管理人员和某些著名的学者担任。在现有的测评中，有因个人情感和好恶而影响结果公正性的，也有因相关人员缺乏专门的测评理论与技术而使结果的科学性受到影响的。此外，在研究生教育质量测评的某些具体环节上，目前开始采用一些较为严格的方法，如学位论文评审采用双盲评审方式，这对提高评审的公正性、科学性有所帮助。但由于体育学所涉及的基础学科较多，内部的四个二级学科之间差异很大，学科之间隔行如隔山，而大多数学校建立的测评专家库是整个体育学科的专家库，并未对其进行二级学科的分类，这就会导致有些论文会被送到非本学科领域的专家手上，从而导致因评审专家不熟悉论文研究主题而使测评结果欠科学。

此外，还需进一步加强测评的元测评活动。测评的元测评活动是对测评活动的再评价活动或后续测评活动。目前，在研究生教育质量测评上，政府更多地关注如何实施评价，如确定什么样的测评目的与理念，如何确定测评程序、测评方法、测评标准，如何对测评结果进行处理等；培养单位除了切实做好本单位的研究生教育工作外，更多地关注如何应对政府主管部门评价，如怎么收集数据，如何补救问题等。从某种意义上讲，当前体育学研究生教育质量的测评还处于“技术”层面，至于测评的理论、规律还没引起大家足够的重视。

（五）测评结果的社会服务性较差

由于我国研究生教育质量测评主要是政府主导型的，因此从整体上看，测评结果处理的出发点是如何统一管理研究生教育，而对不同学科、不同类型大学、社会公众需求等个性因素关注不够，社会服务性功能没有得到充分发挥。

高校是一种典型的承担着部分公共事务的非政府公共组织。高校的公共性质决定了社会公众对高校有一定的监督权，应该拥有对高校的知情权。然而当前高校体育学研究生教育质量测评的程序运行、测评信息的选取、测评结果的公示都处于相对封闭状态，测评工作结束后，审核的结果主要用作教育决策的参考，因此测评结果一般直接上交给主管部门，当主管校领导审批后再在本培养单位的网站上进行公布。这种公布一般很少对测评结果进行介绍和解释，且这种公示方式受众面较窄，供相关人员参考的有用信息较少，导致公众知晓度低。

此外，目前反映社会公众意见的第三方社会机构数量少、专业水平低、实践经验不足、参与性受限，也使体育学研究生教育质量的测评结果未能对体育学科规划、人才培养模式调整、公众体育教育消费等方面发挥参考和指导作用。

二、我国体育学研究生教育质量测评体系构建应注意的问题

针对我国体育学研究生教育质量测评体系的特征，特别是体育学研究生教育质量测评体系存在的不足，我们认为我国体育学研究生教育质量测评体系构建应注意以下问题：

（一）从注重“工具价值”转向注重“本体价值”

我国体育学研究生教育质量测评一直以政府为主导，测评对象主要是学位授权点、学科专业，测评形式大多是整体性评价，测评的主要目的是为政府管理服务，是一种典型的“工具价值”理性。而所谓研究生教育质量测评，应是按照研究生的既定培养目标、专业培养模式、培养方案对研究生教育质量进行全方位的测评。不言而喻，研究生教育质量才是测评的对象，研究生是测评的本体对象，培养研究生的单位和参与研究生教育的家长等影响研究生教育的主要利益相关者也应是测评关注的对象。因此，研究生教育质量测评理应更多地关注研究生自身，加强对与研究生发展紧密相关的家长、社会公众以及高校等利益主体的关

注，回归研究生教育质量测评的本体，实现测评的“本体价值”。

（二）建立测评主体的多元化协调机制

测评活动实质上是一种价值判断活动。研究生教育测评主体多元化的本质就是价值标准的多样化，从多个视角来衡量研究生教育的价值。长期以来，我国体育学研究生教育质量测评以政府为唯一的测评主体，测评主体的单一性使我国体育学研究生教育质量测评的“行政化”特色突出，从而导致研究生教育质量测评实践中社会参与度低、社会影响力小。

目前，随着政府社会职能的转变，我国研究生教育测评主体的多元化已成研究生教育测评改革的必然趋势。研究生教育测评主体的多元化，具体来说就是加强政府、高校、社会的协调配合，健全高校自我评价体系和社会评价体系，使高校自我监控、自我调节、自我完善的测评体系充分发挥作用，使社会层面的评价机构能够逐步提高水平，形成体系，共同建立多元评价体系，保证测评的公平公正。

（三）注重体育学研究生教育的特殊性

体育学研究生教育除了具有一般研究生教育的共性特征，同时还具有体育学自身的特殊性。只有关注到体育学研究生教育的特殊性，才能更好地完善体育学研究生教育质量的测评体系。然而长期以来，我国体育学研究生教育测评一直作为研究生教育测评的一个学科专业，依附于整体的研究生教育测评工作，体育学界外部因不了解体育学，只能按照他们的价值判断和评判标准对体育学研究生教育做整体性的笼统评价，体育学界内部也没有去深入挖掘这些特殊性因素。即使是 2013 年国务院学位委员会、教育部联合印发的《博士、硕士学位基本要求》和 2015 年出台的《体育硕士专业学位基本要求》，也存在标准过于笼统、硕博标准的差异性不明显、学术型研究生与专业学位研究生标准的差异性不显著等问题，需在具体的实践操作过程中进一步完善。

（四）兼顾测评标准的共性与个性

测评标准是研究生教育质量测评体系构建的核心内容，一切测评活动都要围绕测评标准展开。如前所述，我国体育学研究生教育测评标准对条件指标较为关注而对质量指标重视不够，与其他学科趋同明显。体育学研究生教育测评标准共性有余而个性不足，显得过于统一化。这种测评标准既不利于测评实施，也不利于有效地保障研究生教育质量。因此，在构建研究生教育质量测评体系时，要根据测评需要和测评对象的不同情况，建立有针对性、便于操作的质量测评标准。

（五）提高测评过程的科学性与技术性

测评过程的科学性与技术性对体育学研究生教育质量测评是十分重要的。由于我国体育学研究生教育质量测评工作还处于初步发展阶段，无论是在测评理论的积淀上还是在测评实践经验的积累上都显得非常薄弱，从而导致测评的科学性与技术性不强。因此，要完善体育学研究生教育质量测评体系，关键就是要提高测评过程的科学性与技术性。首先要提高测评信息采集的科学性。为了提高体育学研究生教育质量测评的效益，必须获取全面、可靠的测评信息，建立与测评制度相一致的信息收集制度，规范信息收集的程序，加强公共信息平台建设，创建测评专用信息数据库，使信息采集更便捷，更趋于标准化、网络化、科学化。其次就是要加强测评专家库建设并保持持续更新。测评的元测评活动是对测评活动本身的反思，它对进一步把握测评理论和测评规律，反思测评活动中的监督与管理问题，推动测评活动朝着理性、健康的方向发展大有裨益，因此理应加强。

总之，在体育学研究生教育质量测评过程中，为保证测评的效果和效益，在测评活动开展的前期，要明确体育学研究生教育质量测评的目标和具体的测评方案；在测评的实施过程中，要简化程序，尽量删减繁琐、无效的流程，保证测评活动开展的透明度，成立仲裁机构，对整个测评活动进行监督，提高测评的公正性。

（六）提升测评结果处理的社会服务功能

由政府主导的研究生教育质量测评，必然会对高校、社会公众等因素关注不够。研究生教育测评的相关利益主体不只有政府，还包括高校、社会公众、研究生用人单位、研究生本人等。因此，伴随政府职能转变和测评主体多元化，测评结果处理也应体现出社会服务功能，更好地为高校研究生教育改革和社会公众参与研究生教育工作提供参考。

第三章　美国体育学研究生教育质量测评体系

长期以来，美国研究生教育保持着较高的地位和较高的质量，这得益于它在世界上颇具代表性的、较为完善的研究生教育质量测评体系。对美国体育学研究生教育质量测评现状进行剖析，借鉴其成功经验，有助于改进和完善我国体育学研究生教育质量测评体系，提升我国体育学研究生教育质量。

第一节　美国体育学研究生教育历史简介

当前的研究生教育是随着近代高等教育的逐步发展和不断分化而产生的，一般认为它起源于19世纪初期的德国，最早形成于德国的柏林大学。而美国的研究生教育由最初借鉴德国的办学经验，到逐步形成独具美国特色的教育模式和办学理念并完善自己的教育体系，在长达百年的历史长河中始终稳坐世界研究生教育的头把交椅，且历来是世界上各个国家争相学习的榜样。

一、产生初期（19世纪中叶—19世纪末）

美国的研究生教育经验最初借鉴德国。德国大学的教育思想对美国的研究生教育的起步起到了巨大的启蒙作用，吸引了众多的美国留学生远赴德国求学。当这些美国留学生学成归国后，由于对美国高等教育落后现状的不满，而大力倡导对其进行改革。他们在德国学到的科学研究方法、新技术以及关于大学教育和研究生教育的新观念、新方法也随之在美国的大学和大学教育中普及开来，这些新颖的教育技术手段和观念，对于美国的高等教育大发展起到了积极的推进作用。

1876 年，美国约翰·霍普金斯大学在巴尔的摩创立。该学校由于深受德国柏林洪堡大学的影响，在注重科学研究的同时，也十分注重对于学生科研能力的培养，并将研究生培养工作列为院校工作的首要任务，在学院中开始推行研究生院这一先进的教育制度；同时，非常重视师资水平的提升，聘任具有较高学历的老师来校执教，其中很多是获得德国大学博士学位的人。因而，霍普金斯大学很快成为举世闻名的研究型大学。虽然霍普金斯大学的鼎盛时期很短暂，但是很多教育专家都一致认为霍普金斯大学创建了真正意义上的研究生教育，因此，它是美国研究生教育史上的一所里程碑式的学校。

霍普金斯大学的成功创建为美国的诸多院校树立了良好的榜样，随后许多著名的传统学院和州立大学步入了教育现代化的改造进程，一大批新兴的研究型大学，如芝加哥大学、克拉克大学开始涌现出来。这一时期，是美国经济飞速发展的时期，也是社会机构急剧变化的时期，伴随着中产阶级的壮大，社会也开始了更加细化的分工，随之而来的是不断涌现出的专业人员和专业组织，这同时引发了一系列的新兴职业。美国现代体育的发展随着美国社会工业化和城市化的发展而发展，在德国和瑞士体系的影响之下，逐步形成具有自身特色的“美国体系”(American System)①。

美国专门培养体育专业人才的院系历经了百余年的发展。1861 年，迪欧·路易斯博士在波士顿创办了美国第一所以培养体育师资为目标的体育师范学校，这是美国高等体育教育的开端②。当时美国的教师队伍规模较小，体育师资相当缺乏。随着社会的发展，越来越多的人关注到体育的重要性，美国的体育运动也随之快速发展，大学间的体育比赛活动逐渐频繁地开展起来。社会上对体育专业人才需求的不断增长促进了美国高校体育教育的快速发展，美国的高等体育教育也步入了发展的快

① William H Freeman. Physical education and sport in a changing society [M]. Boston: Allyn and Bacon, 2000: 121-125.

② 汪琼. 中美体育类硕士研究生培养模式比较研究 [D]. 武汉：武汉体育学院，2007.

车道，很多大学开始推出师资培养计划，如奥伯林学院、斯坦福大学、加利福尼亚大学等。

二、发展期（20 世纪初—二战结束）

20 世纪初期，美国社会经济得到了迅速的发展，逐渐从一个半农业、半工业的国家发展成为一个较发达的工业化国家，高等教育的人才培养和科研成果的研发已经不能满足社会与工业日益增长的人才及科研需求，因此，美国社会急需更加优秀的研究生教育。1900 年美国大学联合会成立，该会对大学开展研究生教育、统一研究生学位标准的必要性有了明确、充分的认识，这在美国研究生教育发展史上产生了重大影响。从此，美国研究生教育的发展更加有序、更加规范。在美国大学协会的倡导下，其他一些美国院校协会也纷纷开展学位标准的确立活动。随后，美国研究生教育学界开展了针对研究生学位的标准化运动，研究生学位的授予标准取得了广泛的一致。学位的标准化运动进一步助推了美国现代研究生教育的蓬勃发展。

在这一时期，美国研究生教育的学科和专业设置发展迅猛，培养研究生的大学数量倍增，这奠定了其研究生教育扩张的基础。这一阶段的研究生教育促进了技术革新，提升了科学技术研究的水平，对于社会和经济起到了积极的推动作用，创造了巨大的社会和经济价值。

进入 20 世纪初期后，美国社会的飞速发展为高等教育的普及带来了新的契机，美国高等体育教育也随之高速发展。这一时期，美国社会对于体育教师的需求越来越大，因此，美国加大了体育师资的培养力度，扩大了体育专业学生的招收规模。一战结束时，美国有超过 1000 人在体育运动方面获得了专业的训练。20 世纪初，美国开始制定与实施体育专业研究生的培养计划。1910 年，哥伦比亚大学给第一批体育硕士生授予了硕士学位。至 1933 年，美国共有 30 多所大学设置了体育研究部[①]。至此，美国体育专业的研究生培养初具规模。

---

① 汪琼. 中美体育类硕士研究生培养模式比较研究［D］. 武汉：武汉体育学院，2007.

三、繁荣期（二战结束至今）

二战中美国的社会生产力得到了前所未有的高速提升，其工业总产值迅猛增长。在这一时期，美国联邦政府、州（地方）政府开始通过教育政策、提供资助等形式介入研究生教育。由于联邦政府科技政策的支持，美国大学招生规模日益扩大，入学人数迅猛增长。伴随着大学教育规模的壮大，美国的研究生教育迎来了发展的繁荣时期。

二战后，大量的退伍军人和战争婴儿大批涌入美国大学，使得美国的大学生数量在短时期内剧增。为了培养与此相适应的大学师资队伍，美国加快了研究生教育的发展。同时，为了在美苏两国的政治、经济、军事、科技等领域的全面竞争中取胜，美国亟须培养大量的军事科技人才，美国的研究生教育也因此得以迅猛发展。这一时期，美国的社会、民间测评机构迅速发展并逐渐成熟，促进了美国研究生教育测评从以自我保障为主的大学内部评价体系转向内外相结合的研究生教育评估体系，促进了美国研究生教育质量的提升，使美国的科学技术迅速步入发展的繁荣期，特别是顶尖科技如航空航天技术得到了快速发展，基础科学和跨学科研究受到重视，科学研究人员越来越多，获得诺贝尔奖科学家数量也远超别国。20 世纪 80 年代末期，美国的研究生教育不仅规模日益壮大，而且教育环境和教育质量都名列前茅，也因此吸引了众多的海外留学生赴美求学。

二战后美国的经济迅速腾飞，社会各行各业迎来了发展的辉煌时期。为保持在政治上、经济上的世界霸主地位，美国更加重视教育，政府加大了对高等教育的投入。良好的基础以及二战的结束为经济和教育的发展提供了稳定的政治环境，新增人口对于教师的需求提出了新的更高的要求，对体育教师的需求量也随之激增。体育教师需求量的激增是促进美国体育专业研究生教育大发展的积极推动力量，政府的支持使得体育专业的研究生教育得以迅速发展壮大。到 20 世纪 50 年代末期，美国对于体育教师提出了更高的要求，质量较好的中学都要求体育教师取得硕士学位，对于在体育系任教的工作人员则必须持有博士学位。同时，联邦政府通过立法来加强对各州的体育管理①。到 1950 年，获得体育专业训练的人数达到了 76000 人，在 1952—1953 年间，有 6230 位男性和 2250 位女性取得了体育专业、健康教育和娱乐专业的学士学位，1539 位男性和 650 位女性取得硕士学位，60 位男性和 47 位女性获得了博士学位。

20 世纪 80 年代以来，随着美国社会经济的持续健康快速发展，体育在美国人的生活中发挥着越来越重要的作用，体育专业的细分体现了美国社会更加关注人的全面发展，美国高等体育院校的体育人才培养模式实现了由单一的体育师资培养模式向多方面体育专业人才培养模式转变，这是由新时期体育学科发展的大趋势所决定的。

在 21 世纪的今天，伴随着美国社会经济的高速发展，美国体育学在新形势下不断催生出多种新内涵与新目标，体育学科的专业进一步细化，不断地丰富着体育学科的内涵，促进了体育学科的科学化发展。美国的体育学研究生教育及其专业设置能够随着社会对人才需求的变化而调整，这说明了及时满足社会的需求才是促进教育发展的根本动力。

第二节　美国体育学研究生教育质量测评体系概况

美国研究生教育质量测评体系主要包含测评制度、测评主体、测评程序等方面，以下将分别逐一介绍。

一、测评制度

（一）政府调控、社会参与、高校自治

美国研究生教育质量测评实行的是政府宏观调控、间接干预，社会市场调节、直接参与，高校充分自主的制度。联邦政府不直接参与评估，以高等学校自我评估和自我管理为基础，以社会机构参与组织和实施评估，并且占据着主导地位。

① William H Freeman. Physical eduction and sport in a changing society [M]. Boston: Allyn and Bacon, 2000: 156-159.

首先，政府是美国研究生教育质量评价体系中的支撑与保障。美国联邦政府与州政府分别以合适的方式参与研究生教育质量测评。联邦政府通过立法、建立数据库、提供经费、成立资格认证与机构评估办公室来评估鉴定相关机构的资格等方式参与研究生教育质量测评，推动社会评价和高校评价的发展。各州根据地区鉴定组织的意见审批本州研究生教育及其学位计划，制定相关的评价标准和评价方式，对评定过程进行监督和管理，依据绩效评估结果给高校拨款，以这种方式参与研究生教育质量的测评。相对于联邦政府，各州对研究生教育的监管力度更大，管理权限更宽，承担责任更大。

由于美国政治分权、经济自由，美国的公民社会发展较为完善，社会力量在美国各领域都扮演着重要角色，从而使得社会评价在美国研究生教育质量测评体系中占据着主体地位。在社会评价中，来自地区性或全国性的一些非官方鉴定机构与组织进行的鉴定（或资格认定）保证了研究生教育质量的最低标准，新闻媒体进行的大学测评和排名满足了公众的需求，各民间机构、学术团体、专业协会、私人团体也参与研究生教育质量测评。社会评估的目的很明确，就是以评估活动为手段，将最终的评估结果向全社会公布，以便社会对高校进行更好的监督，为社会上比较关注评估信息的用人单位提供有效信息。

此外，高校自我评价是美国研究生教育质量测评体系的基础。美国非常重视高校的作用，政府和社会都充分重视高校的自我评估和学术自由，在对研究生教育质量进行评估和鉴定之前，都要求各大高校的老师、学生和管理人员进行内部的自我评估。自我评价不仅是社会对高校的要求，也是高校向社会证明自己的质量、保护自主权、维护学术自由、促进质量持续提高和自我改进的重要手段①。在全美各大学，尤其是重点大学，都有评价委员会通过专门的自我评价程序定期对研究生计划的质量进行检查，并提交自我评估报告，从入学招生、课堂教学、师资建设、教育科研与实践、考试、毕业论文中的淘汰制度和奖学金制度

① 潘武玲. 我国研究生教育质量评价体系研究 [D]. 上海：华东师范大学，2004.

等几个方面层层把关，根据不同的培养目标培养出满足社会各种需求的高水平研究生。

因此，从整体上看，美国在研究生教育质量测评上，实行的是政府与社会共治的测评制度，且社会（含高校）在研究生教育质量测评体系中扮演着主体角色。

（二）高校淘汰制

随着美国研究生教育规模的扩张，研究生教育质量越来越被美国高等教育界所关注和重视。美国研究生教育实施淘汰制，它是保证研究生教育质量的有效机制之一。

教育淘汰制是指在高等教育领域，在实施教学任务的各个环节中，高等学校严格遵循科学性、灵活性、系统性、实用性等教学原则，遵照国家、教育部颁布的相关法律法规和适用条例，对在校的学生开展必要的指导及合理的监督，对于违反法律法规和条例的学生或达不到学院相应标准的学生进行淘汰的一种教育管理制度①。

美国研究生教育早期，硕士和博士学位管理不规范，学士或硕士学位获得者只要继续缴纳学费，就有可能在不参加专门的考试和学习的前提下获得荣誉上的硕士学位、博士学位。这在一定程度上导致了早期的美国研究生教育质量低，培养现状不尽如人意，不能满足社会对于高质量优秀毕业生的需求。与此同时，大批留学德国、学成归国的美国留学生对于美国的高等教育现状非常不满，锐意改革高等教育。1876 年伴随着约翰·霍普金斯大学的成立，美国的研究生教育步入正轨，对研究生教育培养的标准提出了更高的要求。已经获得学士学位、准备攻读硕士或者博士的学生必须继续一至三年的学习；通过学校的课程考试和学业期末考试的人可提交论文，且该论文在专业领域应具有一定水平，这样的人才能获得硕士或博士学位，那些不能达到要求的学生将会面临被淘汰的结局。这一时期，对于研究生教育提出的高要求适应了美国社会对于高素质人才需求的现状，保障了美国研究生教育质量的提升。

---

① 王晓陆. 建立并实施研究生培养淘汰制的研究［D］. 南京：河海大学，2005.

1900年，美国的14所著名高校组建成立美国大学联合会，其目的在于建立统一的、用以规范各个学校的硕士、博士学位教育的标准。联合会对研究生培养过程的各个环节做了进一步的探讨和规范，在美国大学联合会各个成员院校的共同努力下，美国的硕士和博士学位的授予标准很快就达成了广泛的一致①。

随着美国研究生教育的发展，经哈佛大学、耶鲁大学、哥伦比亚大学和普林斯顿大学四所知名大学共同研究，于1937年达成了共识，决定开始采用统一的研究生入学试题，这就是美国研究生入学资格考试（Graduate Record Examination，GRE）。至此，美国的研究生教育拥有了统一的入学资格考试。

如今，美国研究生入学考试成绩包括笔试和面试、大学时期的表现、推荐信、科研计划说明书、社会活动等方面。研究生院的招生主管部门负责研究生招生和录取工作，招生和录取需要考生按照学校的要求提供多种申请材料，考试成绩往往不是唯一的录取标准，申请者的一技之长、发展潜力、领导才能、科研能力等综合素质都是考察的主要因素。美国研究生入学制度逐步由“宽进”向“严进”转变。2011年，US News在美国大学研究生录取率综合排名中指出，在前100所大学中研究生平均录取率为40.04%②。

美国的研究生培养，无论是学术研究型还是实践应用型，都特别强调研究生基础课程的学习。课程不仅多而且复杂，研究生往往要收集很多资料、阅读相关文献进行预习和复习。此外，学生还要面临一系列考试压力，如学习资格鉴定考试、课程考试以及综合考试，只有经过一系列关卡和考核才能进入论文写作阶段。

美国研究生教育评价体系最为关注论文考核。对于学位论文，要求表现出在该研究领域内的独创性和较强的科研能力。在论文撰写过程中

① Burton R. Clark. The Research of Graduate, Berkeley, Los Angeles, London [M]. California. University of California Press, 1993: 156.

② US News Word Report. http://www.usnews.com/education. 转引自：王真. 美国研究生教育淘汰制及启示 [D]. 石家庄：河北师范大学，2011.

要接受论文指导委员会的多次讨论和指导，并要求达到论文指导委员会的标准规范；在论文答辩之前，要在多次评阅和修改后进行多方专家参与的预答辩；答辩时要详述论文的结构和创新点，要现场回答答辩委员会提出的尖锐问题；答辩后要根据专家建议修改论文并经专家审阅一致同意后，方能呈交系学位委员会。其中如果任何一个环节未达到相应要求，则面临被淘汰的危险。对于答辩没有通过者给予一次补答辩机会，若还不能通过则不能授予学位并面临被淘汰的结局①。

美国在经过长达百年的高等教育发展历程后，逐渐形成了一套严格的教育淘汰制度。该制度遵循着从入学制度、培养过程到评价体系的阶梯秩序，各个阶梯之间环环相扣、贯穿始终。

二、测评主体

美国研究生教育质量测评体系受分权制政治制度的影响，呈现出了明显的美国特色，存在三大测评主体：一是政府机构，主要代表力量是联邦政府、州政府以及其下属的教育管理机构；二是社会测评机构，主要是各种民间组织与机构；三是高校自身，主要是以高等学校为代表的高等教育培养单位。其中，美国研究生教育质量的内部测评和外部测评是彼此制衡的关系，它们之间具有明确的具体分工，同时又有着紧密的合作，两者协同为美国研究生的教育质量提供外部保障。

美国的政治影响着社会生活的方方面面，包括高等教育。联邦政府和州政府在研究生教育评估方面以恰当的角色和合适的方式参与其中，并发挥着重要的作用。研究生教育的测评机构不仅仅是美国高等教育测评制度下的产物，更是在美国社会大环境作用下的产物。测评机构的产生、形成和发展与美国高等教育以及整个美国社会存在着无法割裂的紧密关系。

美国研究生教育质量测评中的一个重要特点就是研究生教育测评的中介机构发展成熟，且充分地参与到了教育质量测评活动过程中，在保障美国研究生教育质量持续、健康、快速地提升过程中起着非常重要的

① 王真. 美国研究生教育淘汰制及启示［D］. 石家庄：河北师范大学，2011.

作用。美国研究生教育质量测评体系中社会力量作用突出，如社会机构、学术机构、个人团体和新闻媒体等都是美国研究生教育质量测评的重要组成部分。

在教育高度自治的美国社会中，培养研究生的各个单位能够自主地决定自己的培养使命，制定各自的培养标准。在研究生教育测评中，最初的质量测评源于高等教育内部的专业测评和大学自我测评，研究生教育质量外部测评则由专门的鉴定机构和专业协会等采取同行评价的形式进行评估。

正如美国没有全国性的高等教育制度一样，美国的研究生教育质量测评也没有全国性的从事各种测评的全能型测评机构。民间机构和官方机构均可对研究生教育质量测评机构进行资格认定。民间机构主要是经高等教育委员会（CHEA）认证的地区性或院校鉴定机构以及专业鉴定机构；官方机构是联邦教育部下设的“资格与机构评价办公室”；任何一所美国高校只有通过这两个机构鉴定，才能获得授予学士、硕士和博士学位的权利，才能获得权威，取得社会公认。

1. 联邦政府

美国的政治制度决定了联邦政府并不直接参与具体的研究生教育质量的鉴定。联邦政府通过提供经费支持或财政资助、收集全国测评信息并建立国家数据库等方式，间接地参与到研究生教育质量测评的过程中来，是高等教育质量测评中的管理者和协调者。联邦政府为了规范各个民间和社会鉴定组织的质量测评活动，运用法律形式对其建立的组织和制定的测评标准提出要求，以加强对高等教育测评的管理与监督。美国联邦教育部设置了专门的学位办公室，负责审核鉴定机构的资格，只有通过审核鉴定的机构才能开展研究生教育质量的测评工作。

2. 州政府

美国宪法规定高等教育的责任归属于州政府，而非联邦政府。各州对研究生教育的管理权限要大于联邦政府。因此，相较于联邦政府，州政府在高等教育质量测评过程中承担着更多、更具体的职责。

州政府手握对本州辖区内的高等教育学位计划进行审批的权力，通过社会测评组织的测评结果来代替审批。州政府参与研究生教育质量测评的过程实际是一个与社会机构的良性互动过程。因而，州政府在发挥政府作用的同时，既提高了社会测评的权威性，又激发了各个院校参与质量测评的积极性和主动性。

3. 美国高等教育鉴定委员会（CHEA）

美国于1996年成立了高等教育鉴定委员会（CHEA），该机构的主要任务是对高等教育的各个社会测评机构进行资格审查和认定并协调各个机构，它不直接进行教育质量测评的活动，而是承担着为地区性、全国性和专门职业性鉴定机构提供资格认定的重要职责。它的主要作用体现为审核各个测评鉴定机构的鉴定能力和评估质量，规范其测评行为，从而保障美国研究生教育质量的提升。通常来说，高等教育鉴定委员会对教育质量测评鉴定机构的认可是测评机构开展教育质量测评活动的前提，只有通过其鉴定，才表明测评机构在教育质量测评方面具有可靠性。高等教育鉴定委员会对高等教育质量测评机构的认可，对保障研究生教育质量起着重要作用。

4. 社会测评机构

美国研究生教育质量社会测评体系中的主体是社会测评机构，在测评体系中起着主导性作用。对美国研究生教育质量进行测评的社会测评机构大多经过CHEA认可，主要有以下几类：一类是区域性测评中介机构，它负责对全国所有具有学位授予权的高等学校实施院校测评。全美共分为6个地区，6个地区性院校协会下设8个院校测评委员会，它们分别负责本区域的高校测评，这在美国的高校测评体系中占有非常重要的地位。一类是全国性高等教育测评中介机构，共11所，其中一部分负责对全国职业化院校实施测评；另一部分负责对全国信仰性院校实施测评①。还有一类是专门进行职业测评的社会机构，全美共61所，它们分别对各学科领域的专业或学院进行测评，也对单一学科的高等院校进行测评。专门职业评估机构评估的专业点（学院）多，涉及范围广。

---

① 肖莉萍. 美国高等教育评估中介机构的研究［D］. 桂林：广西师范大学，2008.

美国有许多非营利性的组织和一些企业基金为了履行企业的社会责任会对高等教育进行资助，其中最主要的两个是大西洋慈善总会和皮尤慈善信托基金。它们也会对研究生教育质量进行相应的评估。

5. 学术团体测评

美国的学术团体测评机构对研究生教育质量进行同行评价。美国对于研究生教育学位点的质量测评历史悠久，最早开始于 20 世纪中期，随后受到高等教育界的重视，并得到了快速发展。学术团体测评机构主要包括：美国国家研究委员会、美国大学协会及其下属的专业协会等。学术机构进行的测评活动因其具有较高的学术地位，测评结果的影响力较大。

1961 年，美国研究生院理事会（CGS）的成立标志着美国研究生教育步入了一个较为成熟的阶段。美国研究生院理事会在研究生院联合会的基础上扩大而成，通过理事会协商和培养单位商讨，为提高研究生教育质量建言献策。不过，美国研究生院理事会只提供咨询服务，它不是一个测评组织，不提供测评、认证服务。美国研究生院理事会是各有关学校研究生院的代表机构，是一个代表研究生教育权益的国家级协会，致力于促进和提高研究生教育质量。

6. 个人团体测评

在美国研究生教育质量的测评活动中，不仅有政府鉴定机构和社会测评机构的参与，同时也不乏私人团体的积极参与。最为知名的当属在美国加州大学北岭分校政治学教授司曼的倡议下成立的一个对高等教育质量进行测评的私人团体。该团体不仅对美国高等学校的本科生教育进行测评，同时也关注美国的研究生教育。根据其调查和测评结果，该团体定期对大学进行排序，测评对象不仅仅局限于美国，同时还包括加拿大、英国、日本和法国等国家的一些学校。

7. 新闻媒体

在美国新闻界，对研究生教育质量测评具有较大影响力的媒体是《美国新闻与世界报道》周刊。该刊曾组织全国性的研究生院测评，其测评按学科门类、学科的级别分类进行。《美国新闻与世界报道》周刊每年对美国最好的大学和最好的研究生院进行一次排名，并出版研究生院排名结果。此外，还有《商业周刊》及美国 Yahoo 网站等新闻媒体也会对研究生教育质量进行评价。

8. 高校测评

美国高校自评一直是美国研究生教育质量测评体系中的中坚力量，在教育质量测评中有着举足轻重的地位。美国高校自评，主要通过高校研究生院直接管理。美国高校研究生的招生、培养、就业、监管，研究生教育质量的各项管理政策均由研究生院负责，它还在保证公平的前提下组织研究生教育测评，负责学科建设与项目开发等，为研究生教育质量的提升提供保障。作为研究生培养单位的各个高校在美国体育学研究生教育中拥有较大的自治权力和非常充足的学术自由。以院校教授、研究生导师、研究生指导委员会等学术人员为代表的院校自评力量，在美国体育学研究生教育质量测评中起着不容小觑的重要作用。

三、测评标准

由于美国研究生教育质量的测评主体多元，因此形成了各种不同的测评标准，这些标准也适用于整体意义上的体育学研究生教育质量测评。此外，美国各高校在研究生教育上奉行多元自治，因此，各高校内部体育学研究生教育质量的测评标准也存在一定的差异。本书通过搜寻一些著名大学的官方网站、访谈美国研究生培养单位和导师，尽可能地去反映美国高校体育学研究生教育质量测评标准的实际。

（一）研究生教育质量的普遍标准

1. 社会机构的测评标准

区域性评估中介机构在对培养研究生的各个院校进行社会测评时，会按照预先制定好的测评标准来展开测评活动。美国最早开展教育质量测评的机构是中北部的大学和中学学校协会，在开展教育质量测评之初，它所推行的测评标准对美国区域性教育的测评产生了巨大的影响力，对全方位推广教育质量测评活动起到了重要的启发和助推作用。

该机构现行的测评标准主要是由五个一级指标组成，这五个一级指标分别是：办学理念和整体性；面向未来；学生学习和有效教学；知识的学习、运用和创新；承诺和服务。其中每个一级指标包括三个构成要素，分别是：标准表述、核心部分以及证据实例。

2. 学术团体的测评标准

美国研究生院对于研究生教育质量的调查和测评主要通过三个方面进行：首先是利用“声誉”指标来评判某一个学校或者专业的培养质量的高低，“声誉”的调查主要是通过对用人单位、学校校友以及同行专家的调查和访问来获得与研究生教育质量相关的声誉调查结果；其次是充分利用一些客观指标，例如学院教师的科研成果数量及质量、对学生的甄选标准等；最后是确定与质量相关的一些客观指标，通过测评那些与质量水平有关的因子，更为全面地了解和测评研究生的教育质量①。

在美国研究生院的诸多测评指标中，培养单位规模和学术科研成果是最常用的两个指标，另一个重要的指标就是经费问题，拨给各个学校的经费是按在校学生数进行平均分配的。此外，图书馆的建设水平以及图书藏书量历来都是衡量高等院校教育水平的重要标准之一，学校的授予学位数、高等学校的毕业生在毕业后的就业安置情况也均在测评指标的考虑范围之内。

3. 个人团体的测评标准

《哥曼报告》是当今美国研究生教育质量测评领域中最具权威性的教育测评出版物之一。它涉及的专业和学科众多，测评的内容相当丰富，且测评的范围较为广泛。《哥曼报告》的主要测评指标为：师资、教学保障条件、课程、管理和总体质量。《哥曼报告》根据这些测评标准对研究生培养学校进行测评、排名并公布结果。

4. 新闻媒体的测评标准

在1992年到1994年之间，《美国新闻与世界报道》周刊按照四个学科门类进行测评，并对研究生教育质量进行排名，1995年又增加了对教育学院的测评和排名。由于各学科门类在科学研究、学生培养和学科

① 潘武玲．我国研究生教育质量评价体系研究［D］．上海：华东师范大学，2004．

发展上具有不同的特色，所以，它们的测评指标体系的设计、测评中的主要指标在排序中所占的比重以及最后全指标上榜名次数都不尽相同①。其中，普遍采用的测评指标主要有：学术声誉排名、用人单位给出的声誉排名、学科资源排名、毕业生成功就业排名、录取率和毕业后6个月内的就业率排名。

5. 高校的测评标准

高校的内部测评逐渐由“宽进严出”转向“严进严出”，从研究生的入学招生把关、优化课程设置、重视科研情况、严格中期考核、规范学位论文的写作等方面对研究生的培养质量进行全方位的监控。美国大学内部一般都成立有专门的委员会，定期对研究生学习项目进行评价。例如西弗吉利亚州立大学成立了五年项目审查委员会，对优秀项目和合格项目进行评价，评价标准主要包括课程、入学情况及学生、教师、资源和评价信息四个方面，并在这几个指标下建立若干二级指标，按照实际情况，将各指标评价结果分为不合格、良好和优秀三个等级②。

美国高校的研究生测评具有非常严格的测量标准，因此每年都会有一部分研究生由于考试成绩达不到学校的要求、学分不够或学位论文答辩不能顺利通过而无法顺利地获得硕士或博士学位。有关研究统计显示，一般的研究生院拥有10％—15％的淘汰率，一些知名大学的淘汰率甚至高达30％—40％。为了顺利地拿到研究生学位，学生会全身心投入研究生课程学习和学术科研之中，这是高校确保其取得较高的研究生教育质量的重要途径③。

（二）高校内部保障体育学研究生质量的测评标准

作为高校内部质量自我检查的一项活动，研究生教育质量的内部

---

① 沈红．美国研究生教育评价的第二层：分学科级别的评价［J］．学位与研究生教育，1996（5）：67-69.

② 詹春燕，王志强．美国研究生教育质量评价体系探析［J］．吉林广播电视大学学报，2011，111（3）：15.

③ 张继平，余丹丹．美国研究生教育的发展及特色探析［J］．大学研究与评价，2009（8）：103-104.

测评广泛存在于各个研究生培养单位，且形成制度定期开展。这种自下而上的自我质量测评从基层学术单位开始，强调全员参与和支持，注重测评程序的审核和改进，注重测评内容的学科特色。各个自评单位充分重视测评结果，并利用测评结果不断地改进研究生教育。高校开展的研究生教育质量自我测评对于提升研究生的教育质量起着非常重要的作用。

1. 招生录取标准

美国研究生招生考试是由若干大学的研究生院相约实施而成。攻读体育专业硕士研究生的申请者需要参加规范化的GRE考试。在招生中，各大学研究生院设有全面负责申请者的资格审查、认可财政支付能力和为各院系提供申请人的申请材料等工作的专门的招生与经费资助主管部门（office of admission and financial aid）①，各院校会综合考量各种相关的变量因素，在一定数量的申请者中选出优秀的入学者，从源头上保障体育学研究生的输入质量。

美国的体育学研究生招生制度与其他学科一样，学生申请入学时的成绩既有笔试，也有面试，各个体育学研究生招生单位在考核学生是否适合攻读研究生时，也注重考核申请者在大学或硕士阶段的学习表现，以及入学推荐信、科研计划说明书、社会活动等诸多方面，学校会对学生各方面素质与科研潜力进行综合测评，而不单单只重视学生的考试成绩。如佐治亚州立大学教育学院在招收体育学研究生的申请阶段，会对申请者进行佐治亚教育者道德程序条目评估，这意味着申请人必须接受这个评估，完成此项目的评估，然后将获得一个证书，同时申请者还要完成GACE的标准化考试。美国对于研究生的面试要求非常严格，学校将会根据申请者的面试表现、科研能力水平来考察和鉴定学生的各项综合素质；在特殊的情况之下，存在着破格录取学生的情况。

---

① University of Northern Colorado [EB/OL]. http://www.unco.edu/sptadm/admission.html.

表 3-1 美国部分院校体育学硕士研究生招生要求

院校要求	专业方向	学历要求	成绩要求	申请材料
肯塔基大学	生物力学、运动生理学、健康促进、体育教学和训练	健康、体育、或相关领域专业学士学位	GRE成绩286 GPA2.75	录取通知书、成绩单、个人陈述（500字内）、三封推荐信
美国体育学院	运动训练学、体育健康和健身、体育管理、体育研究	体育或相关专业学士学位	GPA2.5 托福550（针对留学生）	在线申请表格、传真/扫描非官方的成绩单、个人陈述、推荐申请表、三封推荐信
爱达荷大学	身体活动教育学、运动和休闲科学、运动科学和健康、运动训练学、娱乐	获得地区认证协会认证的学士学位	GPA3.0 托福成绩550、机考79、雅思不低于6.5、通过UI美国语言与文化（ALCP）6级	大学成绩单、个人陈述、三封推荐信
佛罗里达州立大学	体育管理、娱乐	相关专业本科毕业	托福网考100分或笔试600分、雅思7.0分	三封推荐信、个人陈述、学历证书复印件、国家标准硕士考试成绩、个人兴趣陈述
佐治亚州立大学	健康和体育教育、运动科学、运动医学、运动管理	获得相关的学士学位	完成三个基本技能领域GACE项目的入学评估 五年内的GRE成绩2.5以上	两封推荐信、个人声明（必须注明感兴趣的特定区域的简历）、具有体育专业技能学习经历

美国体育博士生招生以硕士学位获得者或优秀的本科毕业生为主要招生对象，且对招生对象没有年龄限制①。非本专业的申请者也可申请

① Education Commission of the States [EB/OL]. http://www.ecs.org/.

攻读博士学位，但入学后必须补修一定数量的该学科硕士学位课程。美国申请攻读体育博士学位时，首先必须根据申请学校要求填写有关申请材料、个人自述（personal statement），如本人的学历、经历、硕士阶段的学习成绩、已取得的科研成果、兴趣和爱好、对将要学习专业的了解及研究设想等。学校通过材料审查，对申请者的知识与能力背景、专攻方向的动机、兴趣及目的、特殊经历和成就等方面进行全面了解。个人自述在博士生的入学资格过程中非常重要，对于GRE和TOEFL成绩不理想的申请人来说，良好的学术背景、高质量的科研成果、全面的个人自述作用至关重要。美国报考博士和硕士研究生一样，也需要GPA证明和推荐信。招生考试形式主要是GRE（Graduate Record Examination），对于母语为非英语的外国留学生，还要求申请人提交TOEFL（Test of English as a Foreign Language）和TWE（Test of Written English）成绩以考查申请人的英语听力、语法和写作能力①。

2. 课程设置要求

首先，在课程学分上，我国体育学研究生一般要求学生修满36—38学分（16学时/学分），美国一般要求36-40学分（或40以上）。由于我国体育学研究生教育课程中包含了政治、英语等公共学位课程，所以实际上我国体育学研究生的专业课程学习少于美国体育学研究生。美国春田学院的体育教育和健康教育研究生的培养计划中，设置了教育学、运动学习和发展、运动心理学、体育社会学、体育管理等众多的学科领域的课程。这种多学科的培养方法结合深入研究和坚实的野外工作经验，为该学院毕业生未来的成功奠定了基础。

其次在课程类型上，美国体育学研究生教育十分注重培养学生的科研能力和学术研究水平。例如在美国春田学院的课程要求中，研究基础与方法是各个专业研究生的核心必修课程，占3个学分。美国体育学研究生培养方案中非常注重课程设置的多样性，除了一些常规的课程外，还有很多教学研讨。为了培养研究生的独立思考及学术研究能力，通常在开展研讨会之前，老师会事先给学生一个题目，对学生进行分组，让

① Education Commission of the States [EB/OL]. http://www.ecs.org/.

学生去查阅相关资料，学生在课堂上各抒己见，进行汇报和讨论，这有利于充分调动学生对于学习新知识的积极性和主动性，有利于提升体育学研究生的科学研究能力。

在对实践课程的要求上，美国体育学研究生教育将学生的实践课程计入学分。教学实习和体育实践内容在美国体育学研究生的课程设置中占较大的比例。例如，美国春田学院的体育硕士研究生的教学实习历来受到学校的高度重视，教学实习课程在专业体育教师的指导下完成，学生可以选择到小学或中学进行体育教学实习，实习占 3—6 个学分，实习时间至少七周。美国体育学博士教育的授课形式大致可分为以下几种：研讨教学、实验轮转、教学实习和课外实践。研讨活动主要是由教师对某一问题说明情况后，由学生提问并解答，然后让学生进行讨论学习。实验轮转是指学生在学习课程的同时也需要安排一定时间的实验室轮转，在实验室中学习，做实验，最后提交学习报告、心得体会和今后努力的方向等论文。教学实习与课外实践旨在培养学生的实践探索能力，让学生将所学的理论运用到具体的体育管理实践中。美国体育学研究生教育理论与实践相结合的教育方式，对锻炼学生的实践能力、提升体育学研究生的教育质量起到了至关重要的作用。

美国体育学研究生教育非常重视培养学生的宽阔视野和从多个角度来进行科学研究的能力。在课程设置方面，学校历来重视跨学科选课，且跨学科选课的比例较大。例如，在加州大学洛杉矶分校的体育学硕士课程设置中，选修课程可以进行跨学科课程的选择；在体育学硕士培养计划中，体育教育专业（论文选项）的跨学科课程比例最高可达 22%，论文的学分比例达到 13%①。学校注重拓宽学生的视野，支持学生进行跨学科课程的选修和学习，学生不仅可以从本校其他学院的课程中进行选择，甚至也可以选修外校的课程。这种选课方式有利于拓宽研究生的知识广度，帮助学生打造坚实的理论基础，有利于让学生掌握系统深入的专业学科知识，促进体育学研究生教育质量的提升。

---

① 宋冬昱，中美体育学硕士课程设置及培养方式比较研究 [D]. 南京：南京师范大学，2013.

3. 中期考核标准

美国体育学研究生教育质量把控的一个重要方法就是实行严格而明晰的中期考核和淘汰制。按照中期考核的相关规定，学生如果不能达到研究生学位所规定的要求，就有可能被淘汰。美国体育学研究生教育质量中期考核的内容非常具体、丰富，考核形式多种多样，是保障学生高质量完成学业的重要方式，能够及时有效地发现并解决学生在学习过程中遇到的问题，使学生在研究生的培养过程中接受及时有效的学习指导。

明尼苏达运动学院培养的体育学硕士研究生类型多样，其中教育学硕士分为两类：其中第一类是专业学位，专业学位的学习时间为两年半，主要研究方向为人体运动学、体育管理学；第二类硕士学位专业设置比专业学位广泛，有体育教育、健康教育和发展、适应性体育教育专业，这些专业的研究生在修完一年的课程时，会取得州颁发的教师执照。在每年秋季的学期结束之前，运动学院会对硕士研究生的学习情况进行统一的检查。在检查之初，学院的教师会制定一个时间表，学生在规定的时间内填写一个报告，汇报自己一年来的学习进度和学业进展，回顾并总结自己一年的学习情况，制订新学期的计划，并由导师签字，在学院学习顾问的指导下继续实施制订好的计划，以期促进学生在学业上取得更大的进步。

明尼苏达运动学院实行严格的研究生中期考核和研究生教育淘汰制度，如果学生不能达到学院的要求，将有可能会被淘汰。中期考核的具体要求为：学生按照要求及时地完成课程作业，课程的三分之二成绩在C以上，平均学分绩点不低于3.0；积极参与学院组织的活动；学生需要定期提交自己的年度学业进展报告；在学院规定期限内完成其他需要完成的任务①。

在美国，目前，每年有5—6万人获得博士学位，从开始博士学位课程到获得博士学位一般需要五年左右时间。博士生除课程学习考核要合格外，还需要通过一次具有关键意义的考试，即博士生资格考试

① 宋冬昱．中美体育学硕士课程设置及培养方式比较研究［D］．南京：南京师范大学，2013.

(Qualifying Examination)，也称综合考试（comprehensive examination)。资格考试是美国体育博士生培养过程重要的考核和淘汰手段，是整个培养过程的一个分水岭，也是获取博士学位最难的一关。该考试一般安排在课程学习结束或实验轮转结束后，由各校（系）组织进行，博士生只有通过资格考试才可进入论文写作。博士生资格考试内容广、要求高、极具深度，通常比论文答辩的内容和范围还要广博得多，虽与课程学习有一定关系，但又不同于课程考试，它要求博士生对有关专业有很宽的知识面。博士生资格考试的目的在于考查博士生知识的深度、广度与学术能力，判断其是否具备撰写博士学位论文的条件，具有强度大，知识面综合而广泛、深入而灵活的特点。考核和淘汰能促使学生竞争和更加努力学习，也是博士生培养质量保障体系的一个重要组成部分①。

4. 学位论文要求

美国体育学研究生培养模式有两类：第一类是学分制研究生，又叫课程制研究生，这一类的研究生只需要通过课程考试，顺利地拿到学分即可。同时学院会将这类学生在攻读学位期间的综合表现和平时成绩作为获得学位的重要测评标准，如学生在课堂上回答问题的情况，学生在研讨课上的表现等。另一类就是论文制研究生，这一类研究生不仅需要上课，同时还需要在老师的指导下完成论文。论文通常需要用两个学期来完成。关于论文制和学分制的相应申请，学院或者系的官网主页上大多有直接的说明，方便申请者进行选择。由于论文制和学分制的录取标准不尽相同，因此不能随便转换。

美国体育学院在它的官网上对相关问题做出了明确的阐述。参加研究生学位培养计划的学生必须在三种学术计划中做出选择，这三种选择分别为：①论文选项；②非论文选项，即学生需要选修三个额外的课程来代替写论文或者完成一个指导，并且需要在完成学位培养计划时参加综合考试；③指导选项，即学生完成一个指导用来代替论文和非论文选项，学生必须在完成研究生培养计划时参加相应的研究生学位综合考试。

① 卢亮球. 中美体育博士培养比较研究［D］. 北京：北京体育大学，2005.

美国各培养单位对研究生学位论文持谨慎态度，特别是博士研究生。博士学位论文要求选题具有现实意义和理论意义；论文在导师指导下由研究生本人独立完成；论文要有充分的论证、立论正确、论据确凿、数据可靠，要有创新和较大的理论建树；论文应具有出版价值，是一份完整的科学著作 ①。

在美国硕士研究生教育培养的结果评定中，尽管研究生的学位论文不起决定性的作用，但美国各个院校还是对所培养的硕士研究生的论文审阅、答辩以及通过的程序做出了一系列非常严格的规定。首先，评判研究生对现有的相关文献的了解程度，是否对于研究现状进行了深入的分析；其次，让学生阐述其学位论文的研究方法、研究创新之处以及研究理论的应用价值和推广范围。例如，美国体育学院在体育学硕士研究生的论文要求上做出了细致的要求，在引言、信息的质量、论点的支持、论点的发展思路、结论和语言的运用（语法、标点、拼写）上都提出了具体的、严格的要求，且将每个部分都分为五个等级，分别为超越标准、高于平均标准、符合标准、最低限度符合标准和未达标。

加利福尼亚大学体育与健康系对体育学研究生论文的实证和理论框架、方法和数据分析、独创性内容和论文对于本领域的意义和贡献做出了严格要求，以保障研究生的毕业论文质量。

美国佛罗里达州立大学体育与健康系对学位论文做出了如下要求：学术研究与已有的研究现状具有明确的联系，研究背景清楚，作者能够将研究理论和研究实践相结合做全面的分析，从而形成新观点、新方法、新概念；恰当合适的理论应用，逻辑上易于理解；文献综述全面新颖，并且展现出优秀的文字应用能力；学位论文应反映当下要解决的问题，研究课题的方法有趣，能够让读者在阅读整个论文的过程中保持兴趣；论文的内容全面、准确、具有强大的说服力，论据充分且来源准确，大多数来源于高质量的和备受推崇的学术期刊；专业术语使用适当有效，论文解决的是有趣的、有意义的和潜在的体育教育问题。

美国韦恩州立大学对专业学位研究生的教育比较灵活，充分考虑学

---

① 陈学飞．西方怎样培养博士［M］．北京：教育科学出版社，2002：227.

生的实际情况而安排晚上授课，对于专业学位研究生的论文要求也相对简单，攻读专业学位在职教师的学位论文可以通过撰写工作案例来替代以满足学院的学分要求；这一类的研究生培养切合实际，对于科研要求不高，容易进也容易出，对于此类硕士的评审主要以市场为导向。另一类硕士是培养攻读博士的后备人才，在科研方面要求较高，对学位论文的要求也较为严格。

美国体育研究生每年都有相当一部分学生因论文不合格难以获得学位。美国研究生院一般具有一定比例的淘汰率，而知名的大学要求更加严格。这种研究生论文测评制度，对激励研究生不断地刻苦学习、努力钻研起到了积极的作用。

四、测评程序

（一）社会机构的测评程序

美国高等教育质量测评中介机构的测评程序会随着社会和高等教育的发展及社会民众的要求而变化，不断地进行调整。然而，测评的基本程序没有发生太大改变，主要有：申请测评、学校自评、现场考察、测评公告、后续追踪、院校复评。

（二）学术团体的测评程序

美国研究生协会（CGS）的调查和测评通常是在每年冬天开展，然后在下一年的春天公布各个参评学科最好的研究生院排名榜，便于民众及时了解，也激励各个研究生培养单位努力提升自己的教育质量。研究生院理事会对每年录取研究生的情况进行调查，提供有关的数据和资料，制定出不同学科的报考手册，供报考研究生的人员使用。研究生院理事会的调查和测评是按照学科的分类分别进行的，这个调查和测评根据每年的具体情况略有差异，一般均包含有商学院、法学院、工学院和医学院这四大类，另外还会选择性地对文科、理科、卫生或艺术类等院校进行调查和测评。

（三）个人团体的测评程序

《哥曼报告》在对研究生教育质量进行测评之初，先参照各个高等教育培养单位对研究生的培养计划，了解其对于研究生教育质量的衡量标准，再对研究生的教育质量开展测评。然后，按照不同的学科进行综合测评和评比，对各个参评单位进行排名，并公布排名结果。

（四）新闻媒体的测评程序

《美国新闻与世界报道》周刊自 1990 年开始，每年冬季对研究生教育进行调查和测评，并在第二年春季公布测评结果。《美国新闻与世界报道》在对美国研究生教育质量按照学科、专业测评的同时，还根据测评结果对开设这些学科专业的各个院校进行综合排名，这一做法充分体现了《美国新闻与世界报道》对研究生教育测评的全面性、发展性和动态性。《美国新闻与世界报道》是在社会上有一定权威、经验丰富的测评，它的测评结果会引导广大师生正确地选择研究生院校。这对于完善我国的研究生教育测评体系有很好的借鉴价值。

（五）高校的测评程序

高等院校开展教育质量的自我测评是教育质量测评体系的基础，内部质量测评活动的开展更便于外部测评活动的开展，内部测评是外部测评的先行步骤。自我测评不单单是外部教育测评机构对于高校的要求，同时也是高校向外界展示自身教育质量的一个途径。它保护高校的学术自主权，维护高校的学术自由，是高等教育促进自身教育质量提升和自我改进的一个重要手段。

美国的各个大学，特别是美国的许多重点大学，均有专门的测评委员会。委员会制定一套专门的测评程序，并根据这一专门的测评程序对研究生培养计划进行测评，对高校的学术培养计划进行全方位的检查，以保障其所培养出的研究生具有较高的质量。如亚利桑那州立大学的评议委员会要求至少七年进行一次学术计划评审，这一定期的项目评审为学术项目的进展和持续发展提供教育测评机制的基础。亚利桑那州立大学的副教务长作为测评程序的审查认证官，负责监督项目的测评，学校办公室助理监督副教务长的学术计划评审过程。

学术计划评审包括以下阶段：准备阶段、现场参观和现场参观报告、单位响应报告和总结。

(1) 准备阶段：在审查之前，审查官将通知学术单位和负责的教务长并确定审查已经成功预定，然后是会见教务长和学术院长，讨论任何请求的特定信息或者问题，最后是单位与大学项目评审人员会面。

（2）现场参观和现场参观报告阶段：访问团队将分析院系的学术计划报告文档，同时收集更多的相关信息，会见合适的教师、管理员、学生和社区团体，并准备一份报告来进一步识别项目的优势、问题和提出相应的建议。访问完成后，访问者要提交一个访问报告，访问小组还要为其评估项目提供未来方向和战略计划。访问报告提交电子版到审核官那里进行审核和适当的分配。现场参观的报告按照签名页的顺序，每个访问者均需要提交他们赞同的报告或认为有分歧的报告。

（3）单位响应报告和总结阶段：学术计划的部门负责人应该及时地对访问报告做出回应，院长应该回顾和与教师讨论访问报告，准备一个报告来回应访问报告所呈现出的问题和建议（如项目优势和不足、教师和学生的质量、资源需求、未来计划、战略举措等）。总结阶段还包括测评小组发现的问题和学院官员做出的回应，这个阶段可能还包括单位负责人会议，如果有问题或者需要进一步澄清，应在每年的 4 月做出最后的总结。最后，永久记录学术计划的测评报告和现场参观报告，教务长的报告、院长的响应报告也将被电子存储，由总结报告官转发到亚利桑那州评议委员会。

第三节　美国体育学研究生教育质量测评特征分析

一、以社会为主，严格淘汰

美国在经过长达百年的高等教育发展历程后，逐渐形成了一套以社会为主体、政府和社会共同参与研究生教育质量监管、内部实施严格教育淘汰制的测评制度，有效地保证了研究生的教育质量。

高校淘汰制度遵循着从入学制度、培养过程到评价体系的阶梯秩序，各个阶梯之间环环相扣、贯穿始终，逐渐形成一种对研究生循序渐进式的合理科学的淘汰方式，且淘汰率较高。这种优胜劣汰的策略，一方面激发了学生对于课程学习和科学研究的奋斗动力，另一方面也是及时有效检查学生学术能力的标尺。合理的淘汰制可以形成一种公平竞争的良好氛围，促进学生之间的良性互动。如今，美国大学中的在读研究生面临着“严出”的难题，学生们唯有通过不断刻苦而努力的学习，顺利地通过所有的考试和关卡，才能获得相应的学位，否则会面临着被淘汰的惨淡局面。严格的淘汰制成为保证美国研究生教育质量重要的管控机制。

二、参与主体广泛

美国的测评体系深受政治上分权制的影响，呈现出了明显的美国特色，具有层次性。测评体系的组成部分较为丰富和复杂，测评体系与美国研究生教育的发展相适应，且逐步成熟稳定。总的来说，美国体育学研究生质量测评以民间中介机构测评和高校自主测评为主，各种社会中介机构和高校测评对于促进和帮助提高研究生质量具有积极的作用。社会测评机构对于各个专业的测评有相应的具体分类，分类较为完整齐全，测评指标能够满足政府要求，且能保障高等院校自身的效益；测评的连续性较好，能够及时准确地对院校进行测评。美国高等教育测评的社会测评机构主要由社会机构、学术机构、个人团体和新闻媒体等组成。在保障美国研究生教育质量持续、健康、快速地提升中起着非常突出的作用。另外，在教育高度自治的美国社会中，培养研究生的各个单位能够自主地决定自己的培养使命，制定各自的培养标准。

在研究生教育测评中，美国最初的质量测评起源于高等教育内部，主要是专业测评和大学自我测评。不同于我国体育学研究生招生考试的全国统考，美国的各个大学具有高度的自主招生和自主对学生进行入学资格测评的权利，各个高校内部的自我质量测评机制从研究生招生入学到获得学位的整个过程，对研究生教育提出各个环节的具体要求并进行实时动态的监测。

三、标准与其他学科基本趋同

在肯定美国体育学研究生教育质量测评成功经验的同时，也要看到其中存在的一些问题。美国体育学研究生教育质量测评的标准大多与其他学科无显著差异，对于研究生的运动技术缺乏具体的要求；美国研究生测评指标的制定更多是从学生发展的角度考虑来制定，体现人本主义教育思想的同时，客观硬性指标的测评相对较少。美国青少年的业余时间较为充裕，中小学实施素质教育，家庭体育和社区体育发展较为完善，使美国学生的体育参与程度较高，很多学生在中小学阶段就掌握了几项运动技术项目。因此，到大学后，美国就没有专门的体育课，就更别说在研究生阶段再加强技能发展了。这可能就是美国体育学研究生教育没有提出专门的运动技术要求的原因。此外，美国各高校硬件设施等硬性指标的校间差异、州间差异相对比较小，因此客观硬性指标相对较少。

中国体育的发展背景与美国有所不同。由于中国应试教育的影响和中小学体育教育一体化体系不够完善，致使学生对体育知识和运动技术的学习不连贯、不系统，到了大学很多学生几乎没有掌握一项运动技能，加上中国家庭体育和社区体育的薄弱，很多学生离开学校就等于终止了体育运动。因此，中国到了高等教育阶段，还得给体育补课；对于体育专业的学生来讲，更要好好地补好运动技能的课。这样一来，是否应该学习运动技术、掌握运动技能，仍是中国体育研究生教育讨论的一个问题。此外，中国高等体育教育的硬件设施等硬性条件，因学校层次、学校性质、学校地域而存在较大的差异，故在体育学研究生教育质量测评中很多硬性指标受到关注。

四、程序运行高效

美国研究生教育质量的测评程序会随着社会和高等教育的发展及社会民众要求的变化而不断地进行调整，各个参评学科根据测评结果公布最好的研究生院排名榜，按照不同的学科进行综合测评和评比，对各个参评单位进行排名，便于民众及时了解。社会机构在参照各个高等教育培养单位的研究生培养计划、了解其对研究生教育质量衡量标准的基础上，展开对研究生教育质量的测评。社会机构的测评遵循着申请测评、学校自评、现场考察、测评公告、后续追踪、院校复评的程序，严肃进行教育质量的测评。高校内部的教育质量测评中的学术计划评审包括准备、现场参观和现场参观报告、单位响应报告和总结几个阶段，在各个阶段遵循着各自的程序高效地进行教育测评活动。美国的这种高效运行的测评程序在保障美国的研究生教育质量方面起着关键的作用。

第四节　美国体育学研究生教育质量测评体系对我国的启示

美国在市场化的大背景下综合多种测评手段和方法、严格测评过程和测评指标的测评体系，值得学习和借鉴。我国应从实际国情出发，根据体育学研究生的教育现状，积极学习美国体育学研究生教育质量测评的可取之处，促进我国体育学研究生教育质量测评体系的进一步发展和完善。

一、政府简政放权，提升高校自主测评能力

由于中国实行中央集权制的教育政策，在研究生教育质量测评活动中，政府具有较强的权威性，社会外部测评未得到应有的重视，社会机构的测评发展缓慢且不成熟。目前，我国体育学研究生教育质量测评工作中，各个培养单位在测评程序上，严格按照国家和学校的统一部署和要求开展测评工作，各研究生培养单位的主管领导在学位评定委员会或学术委员会的指导下，结合体育学研究生培养单位和专业的实际情况，负责研究生考核工作。

伴随着我国高等教育发展步入快车道，高等教育所处的外部环境也已日趋复杂多变，必须正确处理随之而变的政府与民众、社会和学校的关系。在对高等教育的质量测评上，政府应该积极转变职能，下放直接的事务性管制等职权，通过信息咨询和服务等手段，对高等教育实施间接性的监督和指导，逐步提高高校主动测评能力，发挥高校在研究生教育质量测评体系中的基础作用。

二、引导社会参与，提升社会机构测评能力

社会机构测评在美国研究生教育质量测评体系中起着主导作用。首先，美国社会机构的资格认可机构主要负责制定美国研究生教育质量的

最低标准，学术团体和专业协会以同行身份对学科点进行测评，新闻媒体和私人团体对研究生培养单位进行排名并发布，以满足公众根据排名选择学校的需要。

客观真实的研究生教育质量测评离不开民间自发的不以盈利为目的的外部教育监督和评估机构。相比较于美国，我国研究生教育质量测评中缺乏社会机构的参与，社会测评主体功能未能被各个体育研究生培养单位推广和运用。究其根本原因在于，目前我国的社会测评机构少且不具备权威性，测评结果不能得到很好的采用，对教育部门及培养单位难以起到积极的推动和指导作用。

为了提高我国的社会测评参与程度，应不断地创造开放的测评环境，积极地引进社会力量参与教育质量测评，在测评环境好、测评条件成熟的地方，鼓励开展资格认证、国际合作测评等多种方式的测评。同时，政府在新形势下要适当地下放权力给社会测评机构，让社会测评机构对研究生教育做出最客观的质量测评，并将其测评结果予以公开。运用社会测评机构建立起广泛的社会监督，形成完善的测评指标体系，对研究生教育质量产生积极有效的激励机制，以求在公众压力下和市场竞争条件下促进培养单位教育质量的提升。

三、严格校内测评，健全校内自我测评体系

高校不仅是研究生教育质量测评的主体，同时也是测评的客体，处理好二者的关系是做好高校内部测评的重中之重。培养单位不仅要注重研究生生源质量的监测，还要重视对培养过程中的动态质量监控，定期对研究生的教育质量进行检查。测评的指标体系设计要能够全面反映教育质量，能对研究生教育的整体质量进行评估。指标设计不能过分复杂，要把握能够真实反映体育学研究生教育质量最本质、最主要的测评指标。严格校内测评，健全校内自我测评体系是保障体育学研究生教育质量的关键环节。

1. 改革入学招生制度

美国的体育学硕士研究生在入学申请上虽然有许多具体的要求，然而与我国招生制度相比，依然是比较灵活的，体现了不唯分数录取、约

束力与灵活性相结合的招生机制。美国学生可以同时申请多所大学和学院，有利于实现真正意义上的双向选择。我国的体育学研究生在国家统一的研究生招考政策下，严格按照成绩录取，成绩分初试和复试，并以一定比例综合折算出总评成绩，最后以总评成绩排序依次录取。这种招考政策较为严格、严谨，相对而言比较公平公正。但与美国研究生录取相比，我国的研究生招考显得灵活性不够，“唯成绩”标准比较明显。

各类体育学研究生教育对学生的学科背景、学科基础、专业发展和职业发展取向的不同要求，应该在研究生录取上有所体现。目前中国较为严格的“考试成绩”筛选标准，使各种具体的招生需求无法体现出来。例如体育学中部分二级学科对运动技能的要求，部分二级学科对专业母学科背景和基础的要求，还有专业硕士对理论联系实际与实践应用能力的要求等，都是无法用单纯的考试成绩反映出来的。近年来，有很多招生单位开始提高研究生复试成绩在研究生录取中的比重，但复试的内容、复试的具体评价标准仍然不够规范，有些标准也不能体现研究生类型和二级学科发展的自身要求。

因此，在体育学硕士研究生的入学制度中，各培养单位应转变招生观念，保证招生考试的公平性、公正性、公开性。从“唯成绩”转向对学生专业背景、学科基础、创新思维、科研潜力、理解应用能力等综合素质的考核，招生单位在通过国家初试考试申请者中适度扩大参与复试的比例和人数，并逐步增加研究生复试成绩（特别是面试等综合考核成绩）在招生录取中所占的比重，建立适合各高校自身实际的、适合各类型研究生需要和各学科专业发展要求的、可操作的复试考评标准。同时，高校应协同研究生政府主管部门建立良好的研究生招生调剂制度和信息调剂平台，使培养单位和考生有充分的选择权。

2. 严格关卡考核，注重培养过程

中国研究生没有实行类似美国严格的教育过程淘汰制，研究生基本都能顺利毕业拿到学位，“严进宽出”成为我国研究生教育制度的主要弊端。这可能是造成我国体育学研究生教育质量下滑的一个重要原因。近两年，由于我国研究生教育综合改革的启动，国家确定了研究生教育内涵式发展的思路，质量监管受到了前所未有的重视。国家在质量保证、学位授权评估、论文抽检等方面陆续出台了一系列质量监管的文件，并将建立研究生教育质量绩效拨款制度，促使我国研究生教育向“严进严出”方向转变。

研究生教育质量的提升，仅靠国家政策支撑是不够的，还需要各类培养单位将质量落实到研究生培养的各个环节与教育过程中。具体来说，可以从以下几个方面考虑：

首先，在入学初期对学生进行多方面的考核，考核研究生对专业基础知识的积累程度、掌握情况以及对新知识的渴求程度，导师结合每个学生的专业背景和学科基础做出适合每个研究生发展的学业指导并引导学生做好个人发展方案，以帮助学生确立自己的专业和职业发展规划，建立合理的研究生发展目标。

其次，重视课堂的教学质量，对学生的课堂学习严格要求，重视学生对课程学习的投入度、课堂表现等过程性因素的评价，激发学生学习的主动性和积极性。对期末课程考试提出明确具体的要求，考试内容要尽量反映学生学习的效果和创造性表现。对缺课次数过多、课堂表现较差的学生及考试中态度不端正或作弊的学生，做出严厉的惩戒。

此外，采取更为严格的研究生中期考核制度。对研究生进行中期考核是研究生培养过程中非常重要的一环，各培养单位应该建立明确的测评标准，建立测评委员会并严格测评程序，对研究生的基本素养、课程学习成绩、外语水平、专业实践能力与教学实践能力、科研能力等多个方面进行全面考核。对于考核不合格的学生要有明确的、严厉的处罚措施。

3. 加强论文监督，规范测评体系

（1）严格实行选题和开题考核。论文的选题是学位论文的一个重要环节。尽管不同的学科专业方向有不同的具体要求，但选题总体来讲应当具有创新性、符合时代特征、反映体育发展的理论与实践问题，即体现出研究方向的前沿性、时代性和可操作性，具有一定的理论和实践价值。

定好选题后，学生需要根据选题内容做好开题报告，针对论文的研究目的、研究意义、研究方法、研究的创新点及难点、研究思路、研究内容、研究框架等问题向研究生导师和学科组进行汇报，并要求通过开题考核才能进入论文研究和撰写阶段。在论文撰写之初，对论文的选题和开题报告进行严格把关，可以从源头上保证论文研究的可行性，避免因论文的选题不当而影响后期进展。

（2）加强论文指导和中期检查。加大对学位论文的指导力度，适当地进行论文的中期考核和淘汰，可以保障研究生学位论文的质量。在对论文的检查中，教师和学生要能够及时发现论文撰写过程中存在的问题，并努力寻找解决问题的办法。研究生要与导师做好积极有效的沟通，便于及时发现问题、解决问题，保证论文研究工作的顺利推进。

（3）建立论文评价标准，完善论文评审和答辩制度。论文是研究生学习成果的集中反映，因此各培养单位应该按照国家和各培养单位自身对不同类型研究生学位论文的要求，做好学位论文的评审、答辩和抽检工作，明确不合格、合格、良好、优秀的标准，对学位论文复制问题比较明显或严重的抄袭现象实行零容忍，对在盲审或者抽检中被评为不合格者实行淘汰或推迟答辩的处罚。

为保证论文质量，还需进一步完善导师责任制、答辩责任制、培养单位责任制。对于研究生学位论文，研究生本人和导师应负主要责任，培养单位负连带责任。在答辩过程中，答辩主席和委员对论文质量实施最后把关，凡是不能清晰地回答答辩委员问题或者答非所问的学生，应给予不合格的答辩结果，然后根据情况实行淘汰或推迟毕业或给予学生一次补答辩的机会。

严格论文开题、做好中期检查、建立明确标准、严格执行学位论文评审和答辩制度，保证从论文撰写的源头到答辩的结果实行更加严格的监测，这样才能保证学位论文的质量，使学位论文更加规范。

第四章 德英两国体育学研究生教育质量测评体系

第一节 德国体育学研究生教育质量测评体系

德国兼具研究生教育强国和体育强国的双重身份，且是发达国家中少数单列体育学科为一个独立学科门类进行招生的国家。因此有必要对德国体育学研究生教育的质量测评体系进行介绍分析。

一、德国研究生教育质量评估

德国是现代研究生教育的先行者。德国的研究生教育对美国等其他国家研究生教育的起步具有启蒙作用，为德国社会发展和科研能力的提升提供了良好的保障。早在 19 世纪初期，普鲁士的教育大臣洪堡就提出了注重科学研究的教育理念，推动了德国高等教育的快速发展，使德国研究生教育成为世界各国争相学习和模仿的对象。

20 世纪 90 年代以前，德国高校还没有开展专门的高等教育质量评估。90 年代中期以后，德国高等教育评估制度得以建立，这主要取决于三个方面的原因：一是美国、英国等高等教育评估成功促进了高等教育质量的提升，促使德国随之效仿，这是德国建立高等教育评估制度的外部动力；二是德国高等教育发展的公共经费短缺，增加了政府的财政压力；三是公众对德国高等教育质量表现出越来越多的不满，对高等教育的无为产生了质疑。后两者是德国高等教育评估制度建立的内部动因。德国高等教育评估制度的建立，一方面得益于政府赋予高校越来越多的自主权，另一方面高校也有接受政府和社会问责的义务及责任，政府与高校的关系也逐步由输入式管理转向输出式调控。在高等教育质量评估上，实现了从系统的教学评估向高等教育认证制度的转变。

二、德国体育学研究生教育质量测评体系的发展现状

（一）测评制度及各测评主体的关系

一次完整的高等教育评估一般包括内部评估、外部评估、评估结果的执行、后继性评估四个阶段。德国从 20 世纪 90 年代中期以后才逐步建立高等教育质量的评估体系。德国政府是高等教育质量测评管理系统的主导力量，但不是一元化或集权力量。联邦政府与州政府之间、各州政府之间、州政府与高校和专业机构之间建立了多种形式的责任分担、协作与沟通机制，形成了特有的政府监督、学校自治、社会参与的互助协作测评制度。

德国政府主要包括联邦政府与州政府两级体制。联邦政府对高等教育具有较大的质量控制权力。其一，通过课程方面的新学程批准和高等教育机构认可程序，政府对高等教育质量进行事前控制。其二，政府视导员对有关高等教育过程的政府规章执行情况进行事后控制。其三，通过事前制定标准和事后实施国家学位授予方面的考试，政府对高等教育质量尤其是毕业生水平进行质量控制。近些年来，德国政府在高等教育领域施展权力的方式正在发生改变。首先，政府从直接管理转向合作监督。2007 年《综合大学自由与责任法》颁布，要求提高大学的自主权。这意味着政府角色将从以往的直接管理者、主导者转变为大学的合作者、监督者。其次，政府运用评估实现对高等教育的治理。进入 21 世纪之后，德国联邦政府把对高等教育的直接管辖权逐步下放给州政府，联邦政府主要运用财政杠杆对高等教育实施评估和管理，政府既让高校保持高度的自治，同时又对高校实施严格的问责。最后，政府将权力让渡给一种新的资源配置主体——第三方评估机构，政府只对第三方评估机构实行有限度的干预①。

目前，德国第三方评估机构主要包括以下几类：第一类是联邦层面

---

① 孙进．德国高等教育认证——机构、程序与标准［J］．高等教育研究，2013，34（12）：88-95.

的半官方或非官方机构。如联邦大学校长会议（HRK）、科学审议会（Wissen-schraftsrat）、德国高等教育发展中心（CHE）、大学信息系统组织（HIS）等，这些机构都属于全国性的由政府或基金资助的独立的权威性教育咨询和协调机构①。其中高等教育发展中心是唯一一家把体育学科单列并进行排行评估的机构，它曾经于2012年完成了对德国开设体育学科的47所综合性大学的评估②。此外，还有州政府授权认可的评估机构、民间自愿组成的评估机构，以及由各类学科专业委员会成立的评估组。德国设立了一个全国性的认证委员会，即国家认证委员会（Accreditation Council），负责审核和监管第三方评估机构的认证工作。第三方评估机构具有较强的独立性，不直接接受政府管理，在政府和高校之间起到协调与缓冲作用。

德国研究生教育机构只有在接受认证中介组织认证合格后，才能由国家认证委员会授予在一定时期内开展研究生教育的资质，期满后须再次接受认证审核以确定下一时期内的教学资质。参与研究生教育项目认证的高等教育机构要提供一份自我评估报告作为外部认证的基础，认证中介机构会组织一个由多人组成的认证专家小组，通过对被评机构所提交的自我评估报告的分析，以及实地调研和访谈来进行外部评估。

高校自主、教授自治是德国研究生教育的主要特点。自20世纪80年代以来，面对着日益激烈的国际人才竞争，借助博洛尼亚进程的推力，德国开始全面构建高等教育质量保障和质量评估机制，越来越重视高校的自我评估。在自我评估过程中，高校既是评估的主体又是评估的客体。高校作为评估主体，先根据自身需要设定测评目标，然后对作为客体的自身现状进行测评，总结成绩、发现问题并寻求问题的解决方案以达到自我调整、改进和完善的目的。研究生教育自我评估一般由高校

---

① 吴艳茹. 德国高等教育评估制度及其特点［J］. 高等教育管理，2008（5）：22-25.

② 王雷，李平平，方千华. 德国高等教育发展中心（CHE）体育学科评估解析及启示——兼评德国体育学科发展现状［J］. 武汉体育学院学报，2015，49（11）：93-99.

质量管理部门负责，评估前先成立自我评估组织。对研究生项目的自我评估，由项目负责单位内部组织管理者、教师、学术人员和学生开展。内部评估在为高校、院系、教师和学生发展服务的同时，也为认证、审批、排名等外部评价提供基础，被称为“前导评估”①。德国政府虽然不直接参与研究生教育质量的评估，但在体系建构过程中充当了立法者、组织者和监督者的角色，帮助建立了高度专业化的第三方评估机构，全面整合了本国高等教育质量保障体系，在赋予高校自主权的同时，形成了以评估为手段、运用财政杠杆对高等教育进行管理的现代大学治理模式②。“质量”是德国高校测评的灵魂，导师在研究生教育与管理上具有绝对的权威，这就是德国颇具特色的教授自治。总之，德国高校在研究生教育质量评估中享有高度的自治权，测评制度也是高校依据学校特色发展需要去调整与完善的，标准日趋严格，评价逐步客观。

（二）测评标准

不同的测评主体和测评对象，因测评思想、目的不同，所依据的测评标准也是不一样的。下面以几个典型测评主体的评价指标来分析德国研究生教育的测评标准。

1. 认证委员会评价指标

依据 2002 年由各州文教部长联席会议通过的《认证组织法》，认证委员会负责在相对分散的认证过程中，对学士学位培养计划和硕士学位培养计划方面的课程设置提供一种可资比较的质量标准。认证委员会由 17 个代表组成，它包含 4 名州代表、4 名高等教育机构代表、5 名实践者代表、2 名国际专家代表和 2 名学生代表。它的任务是批准进行认证的机构，并审核认证结果。认证委员会的决议包括：其一是确定对认证机构予以批准的标准；其二是确定对学士学位和硕士学位计划进行认证的标准；其三是学士学位和硕士学位计划评价的参照系；其四，处理好评

① Angelika Schade. Recent Quality Assurance Activities in Germany [J]. European Journal of Education, 2003 (3): 285-290.

② 刘晶. 法、德高等教育评估中的政府角色 [J]. 比较教育研究, 2014 (10): 61-66; 72.

价和认证的关系等①。德国国家认证委员会一般在参照《欧洲高等教育质量保证标准和准则》的基础上制定标准、程序和规则，以获得国际认可。

德国高等教育认证包括专业认证、体系认证和认证代理机构认证三种。在专业认证标准方面，通常对专业的培养目标、是否符合相关规范和要求、培养方案、可完成性、考试制度、与专业相关的合作、人员和物质及空间配置、透明性与存档记录、质量保证与发展、特色专业、性别平等和机会公平等指标进行综合评定；在对高校和院系整体的质量管理体系认证方面，一般对培养目标、教学与学习的管理体系、内部质量保证程序、记录制度和数据收集、职能分工、汇报制度、合作专业七个方面进行评价；在对认证代理机构进行认证的标准方面，通常采用的七个指标分别为：自我定位以及对认证任务的理解、结构和程序、独立性、资源条件、内部质量管理、内部的申述程序、信息公开②。德国每一种认证形式都有规范化的程序和完备细致的标准，体系完备，推进了新公共管理改革所要求的由“干预式政府”向“支持性政府”的角色转型。

2. 德国高等教育发展中心的评估指标

德国高等教育发展中心（The Centre for Higher Education Development，CHE）属公益性机构，1994年由德国大学校长联合会议与贝塔斯曼基金会联合而成，其目的在于为德国高校的全面改革和国际竞争提供帮助和指导。1998年起，德国高等教育发展中心推出了CHE大学排名，2014年该中心完成了对包括体育学科在内的41个学科的评估。

CHE大学排名打破了传统排名的方法，以学科为导向构建了大学动态排行榜。CHE大学排名有以下三个特征：一是评价结果的动态性。CHE体育学科的评价指标体系分为6个大项，20个细化指标，评价结果在CHE网站上对外公布，查询人可以根据自身需要在20个指标中按顺序选取6个指标进行查询。二是评价层级的模糊性。在CHE体育学

① 孙进. 德国高等教育认证——机构、程序与标准［J］. 高等教育研究，2013，34（12）：88-95.

② 孙进. 德国高等教育认证——机构、程序与标准［J］. 高等教育研究，2013，34（12）：88-95.

科评估结果中，并未对每个指标进行量化打分，而是根据评估结果对每个指标进行了优秀、中等和较差的三级评定，淡化了名次概念，提升了评估对象的认同感。三是目标群体的特定性。CHE 体育学科评估明确表明其服务群体为全球范围内准备报考德国高校的学生，评价指标体系衡量标准的设立以更好的服务学生为目的①。

3. 高校自我评估指标

德国政府与大学关系的处理就是寓自治和控制于一体。德国的《高等教育总纲法》是非常宽松的基本法，大学对科学研究、人才培养、专业设置等事务享有高度自治权②。德国高校也依据 ISO 9000 标准或者欧洲质量管理基金会提出的模式进行质量保障。2007 年 1 月 1 日，《高校自治法》在德国正式实施。自此，国家放弃微观掌控，高校制定独自的战略与发展计划，其自我责任得到强化。

德国高校自我评估会形成一个综合性的教学报告。教学报告的指标具体包括申请者人数、新生数、毕业生数、考试通过率等；报告的内容包括维持高水准教学的措施、学生咨询、对规定的修学年限的遵守、学生对教学质量的反馈、教学人员对学生反馈结果和考试结果的反应、学校根据学习信息采取的后续措施等③。

研究生的自我评估是高校自我评估的形式之一。在德国，研究生自我评估的标准主要是由国家认证委员会制定一个总括性的认证参照标准，各认证中介机构在此基础上对参与认证的项目制定具体的认证标准。例如，认可、认证和质量保证学会（ACQUIN）针对学习项目认证设计的标准包括以下几个方面：①对学习项目清晰的定义和有效的目标；②有促使目标有效实现的项目概念；③有足够的资源和必要的组

---

① 王雷，李平平，方千华. 德国高等教育发展中心（CHE）体育学科评估解析及启示——兼评德国体育学科发展现状［J］. 武汉体育学院学报，2015（49）. 11：93-99.

② 马健生.《若干发达国家研究生教育模式的国际比较研究》成果报告［R］. 北京：全国教育科学规划领导小组办公室，2013.

③ 彭江. 德国高等教育质量的混合管理模式分析［J］. 重庆高教研究，2014，2（6）：87-92.

织；④有相应的项目实施程序；⑤使用合理的评估工具检查目标实现与否，是否需要完善修正①。这些标准成为高校自我评估（包括研究生自我评估）的参考指标，自评报告大体上围绕这个标准框架来撰写。

（三）测评程序与过程

1. 认证委员会的测评程序与过程

德国认证委员会无论是对专业认证、体系认证，还是对认证代理机构的认证，其基本程序和认证过程如下：(1) 高校或认证代理机构提出申请；(2) 预审查，看是否具备提交申请的基本条件；(3) 成立评估小组；(4) 评估小组实施鉴定和评估；(5) 撰写详细的评估鉴定书并做出决议；(6) 终裁之前高校或认证代理机构对评估结果的表态和反馈；(7) 做出最终的认证决定；(8) 对最终认证决定、评估鉴定书以及评估者名单予以公开发表，并将认证结果录入专业数据库。

2. 德国高等教育发展中心的评估过程

德国高等教育发展中心（CHE）自 1998 年实施第一次排名以来，获得了较高的声誉，成为德国高等教育界公认的优秀排名机构。CHE 排名主要提供学科专业信息，质量导向较为明显。在排名测评中，CHE 选择多维的评价指标，数据来源既有学习专业的客观数据，也有学生和教师对专业的主观性评价信息；既有来源于专业、学校、学生、教授四套调查问卷获得的基础性数据，也有德国科学委员会（WR）提供的比较性数据。在统计工具的使用上，CHE 使用专门的统计工具。本质上，CHE 排名不是一种声誉性排名，因此高校数据作假的可能性大大降低，而且 CHE 还具有严格的制度来保障数据的真实性。CHE 独立负责排名的数据、方法和设计，保证排名的学术合法性。

CHE 排名结果的发布和营销由出版商进行。排名结果的公布形式有三种：一是每年在《时代周刊》上发布排名概要；二是每年出版《时代周刊学术指南》，公布每个学科最重要的 4—5 个评估指标的分数，按各高校首字母顺序排序，同时提供高校的一般性信息；三是每年在交互

---

① ACQUIN. Guidelines for programme accreditation procedures [EB/OL]. [2014-5-22]. http://www.acquin.org.

式网站上对排名结果进行发布①。

3. 自我评估过程

德国研究生自我评估的过程包括4个部分，依次为组建自我评估组织、设计自我评估指标体系、搜集材料撰写自我评估报告、使用自我评估结果②。研究生教育自我评估开展前，要成立自我评估组织。自我评估组织的工作流程为：发现自我评估需要解决的关键问题，确定评估计划，组织具体的工作小组，协调自评工作的开展，建立问责机制对自评工作进行检查，形成自评报告。自评组织建立后，一般都要对组织中的相关评估人员进行培训，增强其对自评工作的责任意识。设计好自我评估指标体系后，根据工作需要，疏通信息交流渠道，建立协调与沟通机制，搜集、整理资料信息。在信息搜集完成后，自评小组就可以根据评估指标体系，对数据进行定量分析，对定性材料进行归纳整理，初步形成自我评估报告。相关人员对自评中的问题进行核实，听取汇报、反馈后，形成最终的自评报告。自评报告完成后一般会对内和对外公开。对内公开就是将自评报告所反映出的问题逐一反馈给相关的机构、部门和人员，自评小组会敦促相关部门及时改进相关问题。对内公开会对涉及研究生教育的相关部门形成监督和约束，同时，也帮助这些部门进行自我认识和改进。对外公开一方面是在信息平台上展示信息报告的内容；另一方面是将自评报告向外评机构公开，外评机构以其为基础开展评估。

三、德国体育学研究生教育质量测评体系的基本特征

（一）质量导向明显

德国是国际上公认的体育强国，在世界体育舞台上占有重要地位。德国体育学研究生入学门槛很高。“高标准，严要求”的质量导向在一定程度上可以激发学生努力地学习，积极上进，也保证了研究生教育质

① 彭江. 德国高等教育质量的混合管理模式分析 [J]. 重庆高教研究，2014，2（6）：87-92.

② 刘晶. 研究生教育自我评估制度探析——德国和法国的经验 [J]. 学位与研究生教育，2014（11）：57-62.

量的不断提升。

在测评体系的建构上，形成了政府监督、学校自治、社会参与的互助协作测评制度，凸显了高校的质量培育基础，发挥了政府、第三方社会评估机构在体育学研究生教育质量保障中的监督与参与作用。在测评过程中，一般设置了明确的测评标准和测评程序，测评数据的获取途径多种多样，保证了多维主体的参与和数据的可靠性、真实性。测评结果的公开透明保证了质量评估的合法性、公平性。测评过程的严密有序充分体现了鲜明的质量导向。

（二）多重主体互助协作的混合式测评模式

世界研究生教育质量测评模式大致可以分为三种：一是社会测评主导型，二是政府测评主导型，三是高校与政府双重评价型。德国作为研究生教育的先行者，在 20 世纪 60 年代，其高等教育就开始步入大众化阶段，高等教育的规模扩张、结构调整导致了高等教育质量的下降。20 世纪 80 年代德国高等教育的竞争、评估和问责被提到议事日程。90 年代末，德国高等教育系统逐步建构起了特有的政府监督、学校自治、社会参与的多重主体互助协作的混合式测评模式。

这种多重主体互助协作的混合测评模式，既体现了高校、联邦政府与州政府、认证机构、专业机构、商业机构等测评主体之间的合作与协调，也体现了评估、认证、排名、审批、考试等管理工具的综合与平衡。高校的内部评估与政府的外部评估、专业认证与学校认证和系统认证、高校的内部考试和政府考试、商业化排名和学术化排名之间实现了较为合理的均衡。德国政府逐步从高等教育的“审批政府”转变为“评估政府”与“认证政府”，在研究生教育质量管理中发挥着主导、基础和保障作用①。

（三）认证体系颇具特色

德国高等教育质量认证机构是保证高等教育质量的重要机构。当然，目前德国高等教育质量认证机构也存在很多问题，如认证委员会和

---

① 彭江．德国高等教育质量的混合管理模式分析［J］．重庆高教研究，2014，2（6）：87-92.

认证机构的法律地位不明确，认证机构之间缺乏公平竞争等①。然而，从整体上看，德国的高等教育质量认证体系是颇具特色的。

德国在博洛尼亚进程中引入高等教育认证制度，经过十几年来的探索和发展，已建立起一个非政府性的、分权式的认证体系，拥有高度规范化的认证机构和程序、多元化的认证形式以及详尽而完备的认证标准②。现今的德国高等教育认证体系包括一个认证委员会和十个认证代理机构，分为专业认证、体系认证、对认证代理机构的认证三种主要认证形式，每一种认证形式都有规范化的程序和完备细致的标准。同时，德国高等教育认证还具有非政府性、分权式、元认证、多元性、民主化、国际性、规范化等特点，对我国高等教育认证体系的建立具有一定的参考价值。

第二节　英国体育学研究生教育质量测评体系

英国研究生教育在其发展过程中呈现出两个基本特征：一是研究生教育并没有单独构成体系，与本科生教育在同一个系；二是英国的研究生教育与国家科研的联系十分密切，研究生教育的资助、管理等方面与科研机构联系紧密，评价主要由科学研究生委员会负责③。英国研究生教育的特征决定了英国研究生教育质量测评与高等教育评价和科研体制密不可分的关系。

一、英国体育学研究生教育质量测评现状

（一）测评制度

英国的高等教育质量在世界上一直拥有较高的声誉，这与英国较为完善的教育质量评估制度是分不开的。英国研究生教育质量评估制度可

① 杨明，赵凌．德国教育战略研究［M］．浙江：浙江教育出版社．2014：4．

② 孙进．德国高等教育认证——机构、程序与标准［J］．高等教育研究，2013，34（12）：88-95．

③ 潘武玲．我国研究生教育质量评价体系研究［D］．上海：华东师范大学，2004．

以从横向维度和纵向维度这两个视角进行剖析。

首先，在横向维度上，政府、社会、高校有着十分密切的关系，尤其是英国的社会团体和中介机构（如高等教育质量保证署 QAA）在政府和高校之间建立了一道沟通的桥梁。英国有着高度自治的传统，政府对高校的评估一般是以隐性的形式存在，主要表现为通过制定政策和资助科研来引领评估同行、促进高校的合作与竞争，利用机构建立一种协调与干预参半的研究生教育质量评估的宏观调控制度。政府干预被中介机构领导人的聘用以及学术人员在此过程中的流动所掩饰。

其次，在纵向维度上，英国研究生教育质量评估制度的形成是受多因素作用的历史积淀，是许多教育先驱探索、开创、努力的结果。一方面，通过高校内部建立自治机构，形成了自我管理、自我约束的教育质量评估制度；另一方面，在政府、社会、高校的共同参与下形成了内外结合的研究生质量评估制度。

从整体上看，“政社校共治，内外结合”是英国研究生教育质量测评制度的主要特征。英国经历了从大学自治到加强外部控制，再到以大学自治为主、内外部共治结合的演变过程；经历了当代高等教育的变革之后，政府、社会、高校作为测评主体共同参与研究生教育质量测评，形成一个内外结合、多层面、复杂的质量保障制度，在功能维度上具有统一性和多样性相统一的特征，治理维度上保持自治性与制约性的平衡。

（二）测评主体及其相互关系

政府、社会、高校是英国研究生（包括体育学研究生）教育质量测评的三大主体。1991 年前英国政府对研究生教育质量的监控主要是通过全国学位授予委员会（CNAA）进行。1992 年以后，英国高等教育双轨制取消后，CNAA 解体，政府对研究生教育质量评价的干预主要通过推动研究生教育的外部质量评价体系建设来实现。政府通过把评价结果与办学经费挂钩，使高校能在政府的推力、市场的引力和社会的压力下自觉负担起质量保证的责任，并把这一责任以法律形式规定下来①。

---

① 潘武玲. 我国研究生教育质量评价体系研究 [D]. 上海：华东师范大学，2004.

作为英国研究生教育质量测评的传统力量，英国高校的自我评价在保障英国研究生教育质量中发挥着中坚作用。英国工业革命带来的工业质量管理领域对“质量保障”的关注，也对英国高等教育产生了深刻的影响，使质量管理理念深入英国高等教育系统而发展成为一个优良传统。质量管理就是对影响研究生教育质量的各个因素进行质量评估与监控。高校内部的质量评估主要有学校评估和课程评估两类。课程评估就是高校通过规定课程审批、课程实施、课程监控和课程评估的程序来确保专业教学标准与质量得以落到实处。多数学校既采用定期的课程评估，也进行常规的课程监控。学校评估通常是五年一次。各高校都会聘请校外考核专家向高校领导做本校教育质量报告，校外考核专家会通过参考国家质量体系框架、学科综述、高校课程说明和其他相关项目，对高校学位授予标准的合理性、学生成绩的标准与其他高校相似课程的对比、学位评估、考试和授予过程的公平合理性进行分析。

作为校内自治与自我管理的机构，各高校都设立了从学校到院系所的分层质量评价和保障机构，建立了自己的学位授予标准和课程标准，设有自己的课程教学与学校质量评估体系。体育学院学位委员会和研究生学位委员会对体育学研究生资格的质量负责。英国内部的质量监督体系较为专业、全面，一般包括教学目的、培养目标、学习资源、课程设计内容和组织、教学和学习的评估、学生成绩、学生支持和指导、质量管理和标准①。此外，英国各高校内部还设立了校外监考人制度，参与研究生的学习成绩和学位论文的考核。

目前，英国绝大多数高校由政府提供资助。政府主要是通过学术审核单位（AAU）和高等教育质量委员会（HEQC）等质量审核单位对各高校所承诺的教育质量进行外部检查，施加间接影响。总体来说，英国高校的体育学研究生教育质量测评与保障是高校研究生院及体育学院、系、研究所以及教师等共同的责任，形成了一套制度化的、有组织的、由校内人员和校外人员共同实施的分层次、全方位的质量评价体系。

---

① 熊玲，李忠．发达国家研究生教育质量保障体系的分析和借鉴［J］．华南理工大学学报（社会科学版），2010（12）．74-78.

社会团体和中介机构是英国政府与高校沟通协调的桥梁。英国的社会团体和中介机构主要有四类：（1）亲政府的中介机构，如高等教育基金委员会，包含英格兰高等教育基金会、苏格兰高等教育基金会和威尔士高等教育基金会。（2）亲高校的中介机构，如高等教育质量保证署（QAA），主要负责学校和学科专业评价。（3）各种科学研究委员会。由于英国研究生教育与科研制度的关系密切，因此科学研究委员会的评价具有较强的专业性和权威性，它们常常把教育质量与奖学金资助联系起来。（4）各种专业团体鉴定及民间组织排行。专业认证是由一系列政府认可的专门职业机构或其他法定机构负责实施的，对学科领域的质量监督是细致而严格的。民间团体组织的一些高校排名，通过新闻媒体为学生选择学校和专业提供依据①。

（三）测评标准

测评标准是指人们在评价活动中应用于对象的价值尺度和界限。研究生教育质量的测评标准即评价主体用一定的尺度和界限来评价或评估研究生教育质量的好坏、水平的高低。总体来说，英国体育学研究生教育质量的测评标准呈现多样化特征，这主要是由其多元的评价主体、多样的评价方式、多种评价目的和丰富的评价内容决定的。下面重点介绍一下 QAA 的测评标准。

QAA 每六年对英国的高校进行一次测评，测评方式是打分制。QAA 的质量保证框架包括质量控制、质量审核、质量评价三个方面的内容。它主要是通过审查各高等学校管理其整体教育服务的质量和标准的方式以及评估每一学科领域内的教与学的质量来实现。英国从2002 年开始，对 QAA 外部质量保证体系进行了重大的改革。以院校审核为特色，取代原先使用的持续审核和学科评估，把质量保证的责任重新回归到学校自身②。QAA 的使命是向学生、家长和社会相关的人士保证高等

---

① 姚云，王鱼琼. 当代英国高等教育评估历史与制度［J］. 大学（学术版），2011（8）：71-82.

② 唐霞. 英国高等教育质量保证体系［M］. 北京：北京师范大学出版社，2012：92.

教育的质量，并与其他的高等教育机构保持合作，维护公共利益。

由于英国高校教育质量测评的认证机构大多受到由 QAA 制定的《专业规格》、《学科基准》以及《高等教育质量框架》的影响，因此，其测评标准也具有相对的统一性和通用性。

QAA 的评估标准设置较为科学合理，其评估内容包括院校内部质量保证体系与机制的有效性，教育质量与学术标准定期评估方式及执行方式，院校提高研究生课程质量措施的有效性，院校对其内部质量保证结果的使用效果，对外部评估结论以及来自学生、毕业生、雇主信息的利用效果，院校公布的学位学术标准，教育质量信息以及教学质量信息的准确性与完整性等①。

本书着重介绍 QAA 的院校审核、学术评估、院校评估、专业教学的标准。

1. 院校审核标准

院校审核标准可分为三个等级：广泛信心、有限信心、缺乏信心。当审核报告给予广泛信心评价时，标志着审核的正式结束。在一年之后，QAA 将对院校活动予以反馈性调查。如果评为有限信心，则在审核报告发布之后，还有一个后续活动安排。若评价结果是缺乏信心，被审核院校在审核之后不但要在 3 个月之内提交行动计划而且还要上交有关问题的整改报告，直到 QAA 对行动计划满意，审核才正式结束②。

2. 学术测评标准

学术测评分为三个独立的领域：①学术标准，具体包括合理的学习成果预期（与教育所服务的目标和学科资质框架有关）、课程设计和测评安排的效果、学生的学习效果与成果。②学习质量和机会，具体包括教学效果、学习资源是否丰富、学习中获得学术支持的情况。③高校对学术标准和质量的管理，具体包括对课程的批准与测评的安排、对学术

---

① 唐霞. 英国高等教育质量保证署新院校审核述评［J］. 国家教育行政学院学报，2007（3）：92-96.

② 唐霞. 英国高等教育质量保证体系［M］. 北京：北京师范大学出版社，2012：74.

信用和质量的保障机制、测评程序的安排①。

3. 院校评估标准

院校评估标准是评价学校学术质量的标准，学校是评估的对象。在测评中，特别关注高等院校在授予学位和颁发其他资格方面的质量控制。院校测评的内容涉及专业课程批准、审核和测评程序，外部审核人员、专业评估和其他形式的外部审核实施程序，考核过程管理、各种学分制系统的全面管理，对与其他院校协办工作的管理等②。

英国目前存在六种博士类型，主要包括学术型博士和应用型博士两大类。学术型博士更注重公开发表的学术论文的独创性，包括哲学博士（Doctor of Philosophy）、论著类博士（PhD by Publication work）和新路线博士（New Route PhD）。应用型博士则侧重在应用领域内的专业独创性，更重视在专业技能与专业知识上的创新与创造性贡献，包括专业博士（Professional doctorates）、课程类博士（Taught doctorate）和基于实践的博士（Practice-based doctorates）③。这六种博士类型都各有其具体的质量评价标准。对博士学位标准的评估是十分关键的，英国各大学分别按照不同的评估标准对学生授予不同博士学位。

4. 专业教学标准

QAA 对研究生专业的教学评价包括：①课程设置、内容和组织；②学生进步与成就；③学生支持和指导；④学习资源；⑤质量管理和提高；⑥教学质量评价。

此外，新闻媒体在研究生教育质量测评中也有较大的影响力。各新闻媒体在对高校的教育质量进行测评时，在公平、准确和客观等方面难以达成一致。比较有影响的新闻媒体是《泰晤士报》、《卫报》、《星期天泰晤士报》等。它们会对英国各高校进行排名，主要通过收集一些数

---

① 唐霞. 英国高等教育质量保证体系［M］. 北京：北京师范大学出版社，2012：65.

② Quality Assurance Agency for Higher Education . Handbook for Academic Review［R］. 2000：18.

③ 孙玉琳，陈欣. 英国博士研究生教育：类型和特征［J］. 外国教育研究，2011（12）：39-43.

据，拟定若干指标，采用一定的数学方法进行处理和计分，最终得出排名结果，供社会大众使用。通过发布各高等院校教学质量信息，不但可以为学生提供便利，还可以将高校置于社会公众的舆论监督之中，提升高校对提高自身教学质量的主动性和自觉性，促进自身教育质量水平的进一步发展。以《泰晤士报》为例，其测评标准主要依据：学生满意度、科研评价、入学标准、师生比、图书馆与计算机费用、设施费用、学位级别、毕业生目的以及学习效率这九项指标。根据这几项指标对大学进行打分，最后将这些分数按照一定的计算方法得出总分，对各学校进行排名。

（四）测评程序

1. 院校审核程序

院校审核组织包括审核员 4—7 名，外加审核秘书 1 名，具体人数由 QAA 根据院校的规模和复杂程度决定。院校审核旨在确保高校提供的高等教育具有合格的教学质量和适当的学术标准，同时合理行使其学位授予权力。其审核程序可分为三个阶段：准备、调查、发布报告以及后续活动。

在评估准备阶段，院校向 QAA 递交自评文件和院校情况综述。

在评估实施阶段，评估人员将对高校进行一次实地考察，并对院校所递交的自评报告和以后三年学科评估的模式进行讨论。

在发布公告阶段，其工作内容主要是高校管理课程质量、评判标准和授予学位职能的有效性，确定优秀实践案例以及要改进的问题。另外，评估报告也包含对信心指数的评价。信心指数是针对院校对其课程质量和授予学位的学术标准管理的完善性以及院校发布的有关其课程质量和授予学位标准的信息的正确性、完整性和可靠性而言的，分为有信心、有限信心和无信心三个等级。在审核报告发布之后，还有一个后续活动安排。若评价结果是“无信心”，被评价单位在审核之后不但要在 3 个月之内提交行动计划而且还要上交有关问题的整改报告，直到 QAA 对行动计划满意，审核才正式结束。

2. 学术测评程序

学术评估可分为评估准备、评估实施和评估报告发布三个阶段。在评估准备阶段，院校向 QAA 提交自我评估文件；在评估实施阶段，评估人员收集足够的证据来评估院校自我评估报告内容的可靠性；在评估报告发布阶段，评估人员将对院校每门课程和学术标准做出评估结论；学术评估考查结束时，评估小组的评估结论将以报告的形式公开发表①。

3. 新闻媒体评估程序

新闻媒体对高校教学质量测评并排名存在些许争议，政府和质量保证机构一般都不对大学进行排名。现有的排行榜通常是由媒体运作的。媒体进行测评时，它只是拟定若干的指标，利用可能收集到的公开数据，采用一定的数学方法进行处理和计分，并得出排名结果。尽管这种结果不一定准确、公平，但大众需要简明易懂的高校信息，排行榜正好满足了社会大众的需求。

二、英国体育学研究生教育质量测评体系的特点

（一）评估主体广泛，内外关系协调

英国的高等教育质量评估体系是全方位的，将政府、高校和社会结合起来，全面调动各方面的积极性，综合各种意见，从不同角度对高校的教育质量和学术标准进行评估和监控，并注重发挥评估的服务功能。

英国的政治制度决定了英国政府并不直接参与具体的研究生教育质量评估鉴定工作，政府更多的是起宏观调控的作用。政府通过立法的形式，规范各鉴定组织的评估工作行为，并对其提出相应的要求，以提高研究生教育的测评水平。整体上讲，英国研究生教育质量评估是以高校自主测评和社会中介机构测评为主的，呈现出明显的英国自立、自治、自足的特点。各种社会中介机构的测评特别是以高等教育保证署（QAA）为主的高校自我评估对于保证英国高校的教育质量起到了至关重要的作用。另外，新闻媒体对保证英国高校研究生教育质量的良性发展也起了重要作用。

英国研究生教育的历史比较悠久。在经过大量的实践活动之后，英

① 姚云，王鱼琼. 当代英国高等教育评估历史与制度［J］. 大学（学术版），2011（8）：70-82.

国的研究生教育质量测评逐渐形成了由外部质量保障体系和内部质量保证体系两个体系组成的内外结合、互相合作又相互制衡的体系框架，既保证了测评的公平性，又为英国研究生的教育质量提供了保障。

（二）政府的间接控制

英国的高等教育质量评估与其他大部分国家的教育质量评估的区别在于政府不直接介入高教评估工作。高等教育质量保证署（QAA）的高等教育质量评估工作由非政府人员主持，通过 QAA 这个中介机构，英国政府实现了它对高等教育的间接干预和控制。政府的测评工作主要表现在由政府部门及公共机构主持的评估与监控。其中公共机构与高等教育院校订立合同，由高等教育院校提供某些领域的高等教育，主要目的在于培养英国社会生产发展所需的专业人才。其领域主要在教师培训、健康职业以及继续教育等方面，以便更好地迎合市场不断变化的需求。

此外，英国政府通过亲政府的中介机构（如高等教育基金委员会）负责专业教育质量的统一评价，然后根据测评结果进行经费分配，以此来实现对高校或研究所的间接控制。如英国高等教育基金委员会（HEFCs）下属的英格兰高等教育基金委员会联合所有的英国拨款机构每四到五年对高校进行一次科研工作的评估。科研评估活动的目的是在对研究单元（等同于我国的学科点）进行水平评估的基础上对高校分配科研基金。科研质量的评估结果是进行科研拨款的依据和基础，英国每所高校可自由选择向多个评估小组提交评审材料。专业评估小组用相同的标准对材料进行评估定级，主要根据科研成果达到国际、国内优秀标准的程度来进行判定，并非常关注对高校内和不同高校科研人员之间的科研合作及跨学科研究的评估。

（三）院校评估颇具特色

2002 年 4 月，英国高等教育质量保证署（QAA）发布了新的评估方案——院校评估。2003 年，院校评估开始正式实施，这对于英国来说是一次教育评估的重要变革。由于实施了院校评估，英国每个高校都有着符合自身院校特点的评估标准。各高校对自己的学历、学术标准和教学质量负责，因而就出现了不同的评估标准，这对形成英国完善的高校自我评价体系发挥了重要作用，为保障高校的研究生教育质量发挥了重要作用。另外，为了突出学生的主体地位和人本主义教育思想，英国实施了全国学生民意调查活动，让学生自行对学校的教育质量进行评估，包括课堂教学、考核与反馈、学术支持、组织与管理、学习资源与个人发展等项目，这无疑是一种社会的进步。

（四）强调公平、公开、透明性

英国研究生教育质量评估体系，无论是内部质量保证体系还是外部质量保证体系，都体现出一种高度的平衡。由于参与质量保证的人员广泛，在审核和决策的过程中不是一个人说了算，而是多数人说了算，保证了高等教学质量评估的公平性。在这种覆盖全局、全过程、终而复始的质量保证和持续改进的良性闭合环路的运行下，英国研究生教育质量得到了有力的保障。

英国高校在进行教育质量评估时，审核评估的结果都会以评估报告的形式向社会公开，以便公众了解各高校的水准和质量。例如，高等教育质量保证署每年都把评估结果发布到 QAA 的网站（www. qaa. ac. uk）；其他一些英国高等教育官方网站也会及时公布有关高等院校教育质量的评估结果，以便于社会大众根据英国高校教育质量信息网以及大众媒体排行榜对高校进行评估的结果，来比较和确定哪所高校更适合自己，同时也方便了用人单位对人才的选择。英国高校教育质量测评的公开和透明度，进一步促进了英国的教育质量管理，推动了英国各高校不断奋力向前发展。

第三节　德英两国体育学研究生教育质量测评体系的启示

从研究生教育的发展历史来看，德、英两国的研究生教育一脉相承，具有很多共性特征。它们在体育学研究生教育质量测评体系发展中的成熟经验，可为我国体育学研究生教育质量测评体系的建构提供一些有益的启示。

一、政校社多方参与是制度保障

政校社多方参与是指政府、高校、社会多种测评主体都积极参与到研究生教育质量的测评体系中，三者保持着明确的责权划分和互通协作的关系。三者的共同参与、互通协作既是一个完整的研究生教育质量测评体系的基础，也是完善测评体系的制度性保障。

德国高等教育系统自 20 世纪 90 年代就建立起了特有的政府监督、学校自治、社会参与的多重主体互助协作的混合式测评模式，高校、联邦政府与州政府、认证机构、专业机构、商业机构等测评主体之间协调合作，评估、认证、排名、审批、考试等管理工具的应用，高校内部评估与政府等外部评估，商业化排名和学术化排名都体现出较强的综合性与平衡性。英国研究生教育质量测评将政府、高校和社会等多元主体调动起来，并在经过大量的实践活动之后逐渐形成了由外部质量保障体系和内部质量保证体系两个体系组成的内外结合、互相合作又相互制衡的体系框架。无论是德国的混合式测评模式还是英国内外结合的体系框架，都充分发挥政府在测评体系中的监督、引导和调控作用，突出高校在研究生教育质量保障中的自主性、自治性并形成了一些颇具特色的院校评估方案，强调第三方评估机构在研究生教育质量测评中的透明性、合法性及协调沟通作用。

我国目前的体育学研究生教育质量测评采用政府主导的模式，高校在体育学研究生教育质量测评工作中尚处于从属和被动地位，加之社会主体参与整体缺位，从而使我国体育学研究生教育质量测评表现出较为明显的一元性特征。因此，从整体上看，我国尚未建立起体育学研究生教育质量测评体系的基本框架，从根本上无法适应当前国家治理现代化进程和研究生教育质量内涵式发展取向。尽管我国与德国、英国的政治、文化体制存在一定的差异，但德、英体育学研究生教育质量测评体系的基本框架及参与主体的责权划分，都可以为我国研究生教育和体育学研究生教育质量测评体系基本框架的建立提供启示和参考。

二、明确具体的测评标准是前提

德国和英国的研究生教育质量评估体系相对完善，测评标准严格。例如，德国高等教育发展中心（CHE）的大学排名打破了传统排名的方法，以学科为导向构建了大学动态排行榜。它的评估标准明了，具体参照了大学生的学习情况，学校教学、设施、研究等客观数据，还参照了逾 25 万名大学生对所在高校学习条件的主观评价及各专业教授所在院系的知名度等。英国单单高等教育质量保证署（QAA）就拥有院校审核、学术评估、院校评估、专业教学四种评估标准。

德国和英国无论是院校评估还是第三方评价机构的测评，都强调在测评正式实施之前确定明确细致的测评标准并对外公布。以德国高等教育的认证标准为例，它不仅针对不同的测评对象（如专业、管理体系、认证代理机构）确立了不同的测评标准体系，而且每一个标准体系的内容明确具体，针对性、可操作性较强。

然而，我国的“国标”《体育学博士、硕士学位基本要求》和《体育硕士专业学位基本要求》测评的针对性、可操作性还有待增强。因此，我们还需结合体育学研究生发展的实际情况，进一步研究和制定适合不同测评对象的各种具体标准，使标准真正地为质量保障服务。

三、注重测评的公开透明性

德国和英国的体育学研究生教育质量测评，无论是从体系的多主体参与上，还是从测评程序与结果的处理上，都表现出了较强的公开性和透明性。只有保证了测评的公开透明性，才能避免一些人为因素的影响，保证整个测评环节的公平公正，使质量保障工作真正地落到实处。这是我国在建构体育学研究生教育质量测评体系的过程中要注意的问题。

第五章　治理理论与体育学研究生教育质量测评体系的未来发展趋势

党的十八届三中全会以来，推进治理体系和治理能力现代化成为包括体育在内的各领域、各行业、各部门的改革总目标。体育学研究生教育质量测评体系的建构也应在治理视角下寻找新的逻辑起点。

第一节　何谓治理

一、治理的兴起

治理理论的兴起与经济全球化、市场失灵、国家作用不足、传统官僚体制失败、政治民主化进程加快以及公民社会发展等多方面因素有关。自 1989 年“治理危机（crisis in governance）”一词被世界银行首次使用后，“治理”一度成为国际学术界最前沿、最热门的主题词，被广泛地应用于政治学、经济学、社会学、公共管理学等多个学科领域和实践领域。

中国学术界也对治理理论有着广泛关注和积极探索。党的十八届三中全会在《中共中央关于全面深化改革若干重大问题的决定》（以下简称《决定》）中明确指出：“全面深化改革的总目标是完善和发展中国特色社会主义制度，推进国家治理体系和治理能力的现代化。”在《决定》中治理理论所倡导的各方参与、政社合作、良性互动、多元共治等观念和精神已被广泛认可和接受。《决定》既强调“科学的宏观调控，有效的政府治理”，也看重“社会治理体制创新”和“社会治理方式改进”，这预示着未来中国国家治理体系将是政府治理与社会治理的有机结合，并更突出“社会治理”的作用。在学术界，学者们更是将治理理论与中国现代国家建构、区域治理、地方治理、社区治理、环境治理等社会各领域的现代化治理理论与实践联系在一起，进行了大量的研究并涌现了大量成果。

二、治理的内涵

治理（governance）原意为控制、引导和操纵，被广泛应用于国家公共事务管理活动中。随着治理理论在实践中的应用，治理的内涵越来越丰富多样，人们对治理的认识也逐步趋于模糊、复杂。例如，罗茨（R. Rhodes）列举了治理的六种不同定义：作为最小国家的治理；作为公司治理的治理；作为新公共管理的治理；作为“善治”的管理；作为社会-控制论系统的治理；作为自组织网络的治理①。另一位研究治理理论的权威学者格里·斯托克（Gerry Stoker）在对流行的各种治理概念进行梳理之后形成了自己的观点，他认为：治理意味着公共权力的中心不仅仅是政府，还有社会公共机构和行为者；治理意味着原来国家承担的责任正逐渐转移到各种私人部门和公民自愿团体，且存在界限和责任的模糊性；治理意味着具有集体行为的各个社会机构之间的权力相互依赖；治理意味着参与者将形成一个自主网络；治理意味着对公共事务的管理除了政府权威，还有其他技术和方法②。我国研究治理理论的著名学者俞可平认为：治理是指在一个既定的范围内运用权威维持秩序，满足公众的需要，其目的是在各种不同的制度关系中运用权力去引导、控制和规范公民的各种活动，以最大限度地增进公共利益③。

当前，尽管人们对治理内涵的把握存在多种观点，但总体来看，对治理所包含的内容和强调的重点已达成一些重要共识：（1）强调主体的多元化，国家不是唯一的权力中心；（2）主体间存在责任界限的模糊

---

① R. A. W. 罗茨. 新的治理［J］. 马克思主义与现实，1999（5）：42-48.

② 格里·斯托克. 作为理论的治理：五个论点［J］. 国际社会科学杂志（中文版）. 1999（1）：19-30.

③ 俞可平. 治理与善治［M］. 北京：社会科学文献出版社，2000：5.

性；（3）民主协商和谈判将取代正式的强制性管理，自主自治的网络体系逐步建立；（4）强调“善治”，各个治理主体通过互信互利追求公共利益的最大化，在公共利益实现方式上具有自愿性、一致性、责任性和公开性、透明性特征。

第二节　治理理论对本课题的适用性

治理作为公共事务治理中的基本理论、基本方法和基本逻辑，对完善和重构我国体育学研究生教育质量测评体系具有启发意义。

一、社会改革的方向

党的十八届三中全会提出的“推进国家治理体系和治理能力现代化”成为引领国家行政体制、经济体制和社会体制改革的总纲领，标志着中国政治从“统治”向“治理”的根本性转变。

从“统治”走向“治理”，政府放权成为国家政治体制改革的核心方向，政府逐步从进行政治领导和进行社会资源权威性分配的强大政府转向专注于提供公共产品和服务的权责一致的有限政府；在经济体制改革上关键是要处理好政府和市场的关系；在社会改革和创新社会治理体制上，处理好政府与社会的关系以及市场与社会的关系成为核心议题。从“统治”走向“治理”，是人类社会政治发展的普遍规律。

随着国家治理目标的推进，国家政治、经济、社会体制改革进一步深入，社会结构转型加剧，人们生活需求逐步提高，利益格局深刻变化，使社会主义民主政治、市民社会、网络社会迅速发展，也促使体育学研究生教育的价值主体、利益主体、权力主体逐渐从一元走向多元。而当前体育学研究生教育学术团体、教育评价中介机构、民间团体和个人组织以及各种网络组织等各种非政府组织的兴起，更是为我国体育学研究生教育从“统治”走向“治理”、从“善政”走向“善治”提供了社会基础和发展方向。

二、政府行政化倾向的体育学研究生教育测评在质量评估上的失效

中国科学技术大学前校长、南方科技大学创校校长朱清时大胆直言“大学要去行政化”，并猛烈抨击了教育部组织的高校教育评估，指出：由行政力量主导的教育评估活动不仅会带来高校普遍造假，还会“重创学术诚信”、摧残学术道德、摧毁学校对学生的人格塑造，必须立即纠正①。朱校长坦诚犀利地指出了强烈行政化倾向的高等教育评估存在的主要问题。

体育学研究生教育测评是高等教育评估的组成部分，一直以来都是政府测评占据着主导地位，政府主管部门成为体育学研究生教育的直接投资者、管理者与监督者。体育学研究生教育质量测评的目的、内容、测评对象的选择、测评指标体系的制定、评价专家的遴选、测评程序的设计以及评价结果的使用等，都要受到政府主管部门的管控。这既增加了政府的财政负担，也容易滋生腐败和官僚主义，从而破坏教育质量测评的公平、公正、公开。

政府行政化倾向强烈的体育学研究生教育质量测评，坚持的是社会价值取向。这种社会价值取向将国家价值与广大市民社会价值统一起来，将社会价值等同于国家价值。行政化倾向强烈的体育学研究生教育质量测评是一种典型的国家价值取向，它在测评目标上突出强调“为教育管理服务”，在测评形式上重视整体性的宏观测评（如体育学学位授权点和学科专业发展评估），测评标准很难兼顾体育学科的特殊性，测评指标往往忽视了教育作为一种培养人的活动促进人的全面发展进而提升研究生质量的终极价值，测评结果也很难真正地对研究生培养发挥反馈效应而促进研究生自身素质的提高。因此，从整体上看，“在目前的

① 傅剑锋. “高校评估该停了”——专访中科大校长朱清时［EB/OL］. 南方周末，2008-05-05. http://www.infzm.com/content/trs/6192.

制度背景下，行政主导的教育评估总体上说是失效的”①，就其根本原因，是社会力量监督的缺位。

对于市场和政府，西方国家都曾有过长期信赖的历史。早期的古典自由主义按照自由主义经济理论和政治自由主义思想设计制度，促进了西方社会的快速发展，但 20 世纪初的经济危机充分阐释了“市场不是万能的”。由于“市场失灵”，不能在市场经济体制内部找到解决方法，于是诞生了新自由主义，将政府推向前台。新自由主义的政策在一段时间内是奏效的，但它不可能解决西方社会的所有问题。政府过度地介入经济领域又造成经济的成长缺乏活力，结果便是政府失去了有效制约，公权力无限扩大，经济活动偏离市场的客观规律而后劲不足，所推行的国家福利政策、实行高额累进税和遗产税开征也影响了资本投资的积极性。西方社会用政府来救市，又使政府陷入了“无能”的境地。于是，治理作为配置社会资源的新方式，作为处理政府、市场与社会力量关系的良药，受到了西方社会和西方学者的高度重视。

分析治理理论的缘起，发现西方治理理论兴起与当时的“市场失灵”、政府作用不力有很大关系。西方社会市场自由的教训使我们不会选择“用市场来救政府”的道路，而且这在中国现有国情下也行不通，在教育领域更是如此。这正如著名学者唐贤兴所指出的那样：“在很长时间来教育市场（不是其前些年搞教育市场化改革所主张的“市场”）极度混乱的情况下，缺少政府的监管只会让这种混乱摧毁整个中国的教育”②。如今，中国的教育体制陷入了两难的境地：没有政府监管，教育市场更加混乱；而政府实施监管，则教育领域便乱上加乱。这种情形与治理理论在西方兴起之时西方社会的“市场失灵”和“政府失效”极为相似。因此，选择治理理论来重塑政府、市场与非营利性组织等社会力量的关系，既是对西方社会发展经验的借鉴，也符合当今中国政治经济

① 唐贤兴. 高校评估行政化背后是政府监管失效 [EB/OL]. 南方日报，2008-04-25. http://cpaper. southcn. com/nfdaily/html/2008-04/25/content_6528462. htm.

② 唐贤兴. 高校评估行政化背后是政府监管失效 [EB/OL]. 南方日报，2008-04-25. http://epaper. southcn. com/nfdaily/html/2008-04/25/content_6528462. htm.

发展的实情，更是当前完善我国体育学研究生教育质量测评体系的新途径。

三、体育学研究生教育的特殊性

体育学研究生教育的特殊性表现在两个方面：一是研究生教育的特殊性，二是体育学研究生教育的学科特色。

（一）研究生教育的特殊性

研究生教育最初是建立在研究高深学问、促进科学发展、培养科学研究接班人的基础上，学术性价值是其最初的价值体现，也是其永恒追求。实施研究生教育的高校作为一个高度自治、学术自由的特殊组织，在高度行政化手段干预下必然会丧失活力和生机，甚至陷入僵化的境地。

《国家中长期教育改革和发展规划纲要（2010—2020年）》在向全社会公开征求意见时提出，要“推进政校分开、管办分离”，“逐步取消实际存在的行政级别和行政化管理模式”。“高校去行政化”一度成为教育界、各大媒体和学术界关注的焦点。“高校行政化”一方面表现为政府行政权力对大学办学自主权的剥夺和干预，另一方面表现为大学内部行政权力对学术权力的凌驾和挤压。“去行政化”就是淡化甚至突破高校行政约束，主张高校自治和学术自由。这实际上是对研究生教育本位价值的回归。

研究生教育培养的是具有一定创新能力的高素质、高层次专门人才，担负着传道授业、发展科学技术、知识创新、追求真理的使命，完全的市场调节将使高校在“追求利益最大化”的市场机制刺激下忽视教育育人的本质，研究生教育的社会效益、学术发展、基础研究、教育公平等也将受到极大的挑战，研究生教育最终将因迷失方向而陷入困顿或失败。

由此可见，政府调节与市场调节都会在研究生教育管理中失效。目前，在研究生教育质量测评的制度体系上政府与社会关系失调，在测评体系的管理上社会功能缺位，高校诉求、研究生利益和公众利益常常被忽视。而治理也许是更契合研究生教育特点的第三条道路。它冲破了政府管理或市场调节的界限，引入高等院校自己的力量进行自我管理与质量控制，以及非政府组织等市民社会的力量进行民主化监督，一方面更符合高校学术自治与学术自由的特点，另一方面更能满足社会需求。更重要的是，这种多元权威主体、协商合作式的管理能够较好地实现权力的制约与平衡，同时满足不同价值主体和利益主体的需求①。

（二）体育学研究生教育的特殊性

对于体育学硕士研究生教育，张瑞林教授曾将其本质特征定位为：以体育及其现象为研究对象、以体育学为学科基础的专业性教育；带有学术性和应用性双重色彩的时代性教育；推动人类健康发展和文化进步的精英性、创新性教育②。可见，体育学研究生教育除了具有一般研究生教育的学术性、精英性、创新性特征之外，还具有自身的学科特色，即具有较强的专业性和应用性。从学科层次上讲，体育学研究生教育是研究生教育的下位概念，属于其应用性层次，而这种应用性层次往往是强调宏观整体把控的政府行政化测评无法充分体现的；从学科专业性上讲，体育学科内部的管理体系、学科分类体系、研究生教育类型、研究生教育层次、“学”“术”协调、体育学研究生的主体需求等都较为复杂，如果采取从上而下的政府主导测评模式，用评价一般研究生教育质量的统一标准来评价体育学研究生教育质量，既容易出现因“水土不服”而导致针对性不强、切不中要害，也会因无法满足不同价值主体和利益主体的需求而使测评僵化无效。

治理的核心是善治。善治实际就是国家权力向社会的转移和回归，它有赖于公民自愿的合作和对权威的自觉认同③。近年来，体育学研究生教育质量测评的各种非政府组织纷纷兴起，体育学研究生的主体需求

① 潘武玲．我国研究生教育质量评价体系研究［D］．上海：华东师范大学，2004．

② 张瑞林．我国体育学硕士研究生培养模式研究［D］．福州：福建师范大学，2009．

③ 俞可平．治理与善治［M］．北京：社会科学文献出版社，2000：11．

和价值追求日趋多样化，为实现“善治”提供了公民社会基础。因此，运用治理理论对当前体育学研究生教育测评的内部机制与外部体系进行研究，是协调体育学研究生教育测评的政府与社会力量、完善测评体系的最佳途径。

四、国外研究生教育质量测评中的治理思想

治理理论早在20世纪90年代就流行于西方发达国家。市场失灵和政府作用不力使他们努力寻求解决政府与社会关系的第三条路径，治理理论应时而生。体育学研究生教育作为教育的重要组成部分，必须与国家的社会政治、经济体制改革相适应，因此，在西方发达国家体育学研究生教育质量测评体系发展中也体现了一定的治理思想。例如，美国最初的研究生教育模式是以自我保障为主，后来由于美国大学联合会的诞生带来了研究生教育的跨校联合，政府通过提供资助和政策支持对研究生教育测评的介入，以及社会民间机构的参与和成熟，使美国研究生教育质量测评逐步与外界评价相结合，政府参与、高校自治、社会为主三方共治的研究生教育质量测评体系逐步建立起来，而且随着改革的深入，在管理方式上逐步由直接调控与管理走向合作和协商，充分体现了治理的特征。

德国政府是高等教育质量测评管理系统的主导力量，但不是一元化或集权力量。近些年来，德国政府在高等教育领域行使权力的方式正逐步从直接管理转向合作监督。德国联邦政府把对高等教育的直接管辖权逐步下放给州政府，自身通过评估运用财政杠杆对高等教育实施管理。高校自主、教授自治是德国研究生教育的主要特点。20世纪80年代以来，德国开始全面构建高等教育质量保障和质量评估机制，越来越重视高校的自我评估。政府既让高校高度自治，又对高校实施严格的问责。此外，德国还具有完善的第三方评估机构，第三方评估机构作为一种新的资源配置主体，接受政府的权力让渡和有限干预。至20世纪90年代，德国高等教育系统逐步建立起了一个特有的政府监督、学校自治、社会参与的多重主体互助协作的混合式质量测评模式，体现了治理的思想。

英国研究生教育测评长期以来坚持大学自治、学术自由，以高校内部测评为主，在高校内部由各院、系、研究所以及教师等共同负责研究生的教育质量，政府和社会很少参与。后来由于新保守主义抬头，强化公共领域的干预政策，而使政府逐步介入研究生教育质量测评并成为测评体系中的一支重要力量。由于政府常常把评价和经费拨款挂钩，从而导致了高校自治与政府控制之间的矛盾。英国的社会团体和中介机构在协调高校和政府矛盾上犹如缓冲剂发挥了重要作用，政府通过半官方的评价中介机构即高等教育基金委员会来缓冲对高校质量直接控制所造成的矛盾，亲高校力量组成的评价中介机构高等教育质量委员会则负责对质量评价的程序及方法进行审核来保证质量，从而形成了政府从外部对质量进行评价、高校对最终质量负责、由高等教育内部学术团体对质量评价的程序及方法进行评价和审核的双重质量评价体系，形成了政府与高校互动、互制的沟通交流机制，既能一定程度保障高校学术自由不受侵犯，又能满足政府以及社会公众的需要，满足外界问责。不过，尽管当前政府通过提供资助、利用中介机构对大学的控制在不断增强，但当前英国大学仍有较大的自治权。总体来看，英国研究生教育测评经历了从大学自治到加强外部控制，再到以大学自治为主、内外部结合的演变过程，体现了较强的治理思想。

美国、德国、英国等欧美发达国家体育学研究生教育质量测评体系发展中所体现出的治理思想，为治理理论在我国体育学研究生教育质量评价体系建构中的应用提供了借鉴。

第三节　治理视角下体育学研究生教育质量测评体系的发展取向

一、从管理到治理的权力转移

从统治到管理再到治理，是人类社会权力关系转移的基本路线。在前资本主义社会，权力关系的核心是“统治”，政治与行政高度统一，政府是全能政府，公共管理权力来源于最高统治者或尊崇“君权神授”

原则，公共权力的行使方法和手段较为单一。在资本主义工业化时代，权力关系的核心是“管理”，政治色彩淡出且变得越来越隐蔽，管理与服务的职能日益凸显；公共管理的权力自下而来，来源于人民对权力的让渡与授予；政府的公共管理职能逐步分化且按类别行使；公共管理方法趋于多样，特别是法律制度的全面建立与执行。现代社会，“治理”成为公共管理活动的主流，治理是一个上下互动的过程，强调政府与社会通过合作、协商、建立伙伴关系、确立认同和共同目标等方式实施对公共事务的管理，强调参与性、合法性、公开性、回应性、法治性和责任性①。我国自党的十八大以来，国家或政府从上至下的行政式管理模式逐步发生变化，国家或政府不再是唯一的权力源，社会公共机构和行为者等社会力量逐步参与权力运行，“治理”模式在悄然形成。

测评标准是研究生教育质量测评的基本依据。标准如同一张无形的权力网，链接测评者与被测评者的权力关系，从而使研究生教育质量测评具有了一定的约束性和强制性。制度设计与质量保证一直是推动我国研究生教育发展的两大动力。在体育学研究生教育质量测评体系初建期，由于受计划经济的影响，政府对各级各类学校拥有绝对的管理权和控制权，政府及有关部委在体育学研究生教育质量测评活动中占主导地位，它们既是测评标准的制定者，也是测评活动的组织者和测评标准的执行者。这一时期的制度设计与质量保证具有简单的一致性，制度设计就是为了质量保证，通过体育学位授权点的审批和学位授予要求来把控质量，体现了较强的集权性。集权性的制度设计，对确立与保证体育学研究生教育质量声誉有一定好处，但也使质量保证中渗透了过多的制度因素，从而使研究生教育质量的多元文化因素、学科特质无法彰显。

在体育学研究生教育质量测评体系的发展期，由于计划经济向社会主义市场经济的转型及政府机构改革和职能的转变，制度设计与质量保证开始出现分化，制度设计的权力中心逐步由中央政府下移到省级政府及研究生培养单位，某些社会及民间机构等社会力量也开始进入权力

① 张小劲，于晓虹．推进国家治理体系和治理能力现代化六讲［M］．北京：人民出版社，2014．

圈，参与研究生教育质量保证。

近十多年，我国研究生教育得到了快速发展。2005 年基于《2003—2007 年教育振兴行动计划》提出要“实施研究生教育创新计划”，教育部专门下发了《关于实施研究生教育创新计划，加强研究生创新能力培养，进一步提高培养质量的若干意见》，对实施研究生教育创新计划的指导思想、主要任务和组织措施提出了详细的意见。2013 年全国又启动了研究生教育综合改革，提出到 2020 年，基本建成规模结构适应需要、培养模式各具特色、整体质量不断提升、拔尖创新人才不断涌现的研究生教育体系①。2014 年国务院学位委员会和教育部颁布了《关于加强学位与研究生教育质量保证和监督体系建设的意见》（学位〔2014〕3 号），进一步要求加快政府职能转变，促进管办评分离，明确质量主体职责，不断创新机制，促进研究生教育质量提升②。

随着研究生教育改革的深入发展，制度设计正逐步实现从强制性、指向性制度向引导性、保障性制度转变，质量保证也开始更多地依赖于研究生培养单位、导师的自主创新与自我约束、社会监督。可见，未来的研究生教育质量测评的权力主体即将发生转移，由原来的政府主导转向政府与社会共治；权力运行轨迹多样化，不同的轨迹之间交织成一个权力网络；权力主体之间的关系也更加平等。体育学研究生教育质量测评在研究生教育综合改革、权力主体发生转移的整体背景下，也应当是从强制性管理走向强调互动协调的治理，从质量的事后评价转向质量的前期建设。

治理也存在着治理失效的可能。对此，一些西方学者和国际组织提出了“善治”，认为“善治”是克服治理失效的有效方法。要达到“善治”的目标，必须依靠法治。对体育学研究生教育质量测评体系的治理要达到“善治”的目的，也需要依赖法治。当前，在体育学研究生教育

---

① 教育部，国家发展改革委，财政部. 关于深化研究生教育改革的意见（教研〔2013〕1 号）[Z]. 2013-3-29.

② 国务院学位委员会、教育部文件. 关于加强学位与研究生教育质量保证和监督体系建设的意见（学位〔2014〕3 号）[Z]. 2014-01-29.

质量测评中，存在着牺牲质量来维护师生情感的情况，致使中期考核淘汰、学位论文淘汰等措施难以真正实行，从根本上说，这是一种法律法治观念缺乏、责任规范意识淡薄的表现。此外，由于体育学研究生教育的学科专业划分问题，使体育教育训练学、民族传统体育学的研究生培养存在偏重技术学习与训练的职业发展导向，体育人文社会学、运动人体科学的研究生培养存在偏重理论学习与研究的学术发展倾向，这种研究生培养思路严重割裂了“理论”与“技术”的内在联系而不能顾及体育科学发展的规范以及研究生教育质量的评价和保证。

质量测评与保证是权力的社会化结构领域。对研究生教育质量的审视不能纯粹立足于教学、科研和人才培养上，还应该以理性的态度关注质量测评和质量保证中的权力关系。2013 年教育部、国家发展改革委、财政部《关于深化研究生教育改革的意见》提出的总体要求是：“优化类型结构，建立与培养目标相适应的招生选拔制度；鼓励特色发展，构建以研究生成长成才为中心的培养机制；提升指导能力，健全以导师为第一责任人的责权机制；改革评价机制，建立以培养单位为主体的质量保证体系；扩大对外开放，实施合作共赢的发展战略；加大支持力度，健全以政府投入为主的多渠道投入机制”①。可见，这次研究生教育综合改革过程本身就承载着质量评价与质量保证的权力格局调整。

随着研究生教育质量测评从管理到治理的权力关系转移，我国体育学研究生教育质量测评要关注以下问题：一是构建政府、研究生培养单位、社会力量三者和谐、互动的运行机制；二是实行研究生培养质量“导师负责制”，建立研究生管理部门、研究生和导师三者的和谐关系；三是规避质量测评中的感情因素，建立基于法律规范的质量问责制度。

二、对象层次化：个体与体系

根据我国体育学研究生教育质量测评对象的类型，体育学研究生教育质量测评大致可以分为两个层次：体系质量测评与个体质量测评。所

① 教育部，国家发展改革委，财政部．关于深化研究生教育改革的意见（教研〔2013〕1 号）[Z]．2013-03-29．

谓体系质量测评，是指对体育学研究生教育质量的整体性评价。自20世纪80年代以来，我国体育学研究生教育质量测评体系一直以体系质量测评为主，如对体育学研究生学科专业质量的整体性评价、对体育学研究生学位授权点的整体性审核与评估等。相对于体系质量测评，个体质量测评更为关注事前设立的质量标准的达成程度，它立足于个体自身以寻求个体价值与利益的最大化，更多的是一种内部质量标准。体育学研究生教育质量测评对象的选择应当明确，该选择体系质量测评就选择体系质量测评，该从个体质量角度考虑就从个体质量角度展开，反之亦如此。

个体质量与体系质量的相对重要性，与研究生教育规模的变化过程有着密切的关系，也与各学科具体的现实情况有关。研究生教育规模快速扩张与结构调整期，体系质量是研究生教育质量测评的重点；研究生教育发展规模稳定时，个体质量相对会比较重要。当前我国研究生教育正从规模扩张向提高质量转型，走内涵式发展道路是研究生教育综合改革的未来方向，研究生教育结构优化是当前研究生教育的重点，因此，在现阶段体系质量应该成为研究生教育质量测评的核心任务。

对于体育学研究生教育质量测评而言，除了考虑研究生教育的整体趋势外，还要注意体育学研究生教育发展的实际水平和对质量的具体诉求。近年来，我国体育学研究生教育的内部不平衡性表现得越来越突出，体育教育训练学和体育人文社会学发展保持着良好的势头，但民族传统体育学和运动人体科学则前景堪忧；学术型研究生教育相对比较成熟，而专业学位研究生教育才刚刚起步，很多环节仍待完善。可见，体育学研究生教育面临着两类结构性调整，一类是研究生教育的类型结构调整，一类是体育学内部的学科专业调整。此外，由于研究生教育在社会服务对象层次上的下移，使体育学研究生教育面临着学术发展和职业发展的双重压力，在人才培养上具体表现为“技能”倾向和“学术”倾向问题。因此，从体育学研究生教育的实际发展状况来看，还需在体系质量测评的建构上下功夫。

在一定程度上，个体质量与体系质量可以相互弥补但不能互相代替。党的十八大以来，中国社会的战略转型以及研究生教育测评的权力转移，要求体育学研究生教育质量测评在政府、研究生培养单位、社会力量之间建立一种互动机制，在研究生、导师、研究生管理部门之间形成一张自组织网络。因此，仅仅关注宏观的体系质量而不注重体系质量与微观的个体质量之间的互补互助，既不符合当前社会发展和研究生教育综合改革的整体趋势，也不符合个体与体系之间的逻辑机理。

个体质量与体系质量的关系可以反映在不同的层面。例如，在研究生培养单位内部表现为个体教育质量与整体教育质量之间的关系；在体育学研究生教育系统内部表现为培养单位质量与教育体系质量之间的关系；在体育学研究生导师测评上则表现为导师个体质量与培养单位导师整体质量或全国体育学导师整体质量之间的关系；等等。

当前，体育学研究生教育质量测评体系的发展，要在突出体系质量测评的同时，加强不同层次的个体质量测评，如对体育学研究生主体的教育质量测评、体育学研究生培养单位的自我评价、各体育学二级学科专业的研究生教育质量测评等。只有这样，才能形成个体质量测评与体系质量测评之间的互补效应，架构起一个自上而下、自下而上的互动测评体系。

三、标准变化：统一与多样

（一）标准的统一性

标准是研究生教育质量测评的准绳，是开展测评工作的重要依据。我国体育学研究生教育质量的测评标准相对比较统一，常常是政府主管部门为了把控体育学研究生教育质量而制定的整体性的测评标准，如体育学研究生学位授予单位审核评价指标体系、体育学研究生学位授予质量检查评价指标体系、体育学科专业评估指标体系以及《体育学博士、硕士学位基本要求》、《体育硕士专业学位基本要求》等。

统一性的质量标准是保证我国体育学研究生教育质量的基本诉求。它既要体现研究生教育及体育学研究生教育的品性，也要反映特定历史发展时期国家和社会发展对体育学研究生教育的基本要求。它是国家为评判各高等体育院校或体育科研所的教育质量而设置的基本底线。自

2013 年以来，教育部出台了一系列有关研究生教育改革的措施和规定，并组织了两次重要的研究生教育会议，如 2013 年 7 月 10 日以三部委名义召开的全国研究生教育视频会议和 2014 年 11 月 5 日首次召开的全国研究生教育质量工作会议。这些文件和会议，巩固了研究生教育在创新型国家建设中的战略地位，确定了研究生教育内涵式发展道路，把构建政府、学校、社会新型关系作为研究生教育事业发展宏观管理工作的核心任务，在发展方式上实现从注重规模发展转向注重质量提升，在类型结构上实现由单一的学术学位为主转向学术学位与专业学位协调发展，在培养模式上实现从注重知识传递转向知识学习与能力发展并重，在评价内容上从关注在学培养质量转向强调在学培养质量与职业发展质量的统一。此轮改革着力分类推进培养模式的改革，指出：学术学位研究生的培养要以提高创新能力为目标，要注重对研究生进行系统科学训练，注重培养问题意识；专业学位研究生的培养要以职业需求为导向，以实践能力和创新能力培养为重点，注重对研究生进行面向特定职业领域和专业岗位的职业综合素质的训练。根据国家研究生教育综合改革的要求，现阶段我国体育学研究生教育质量的重点要求是创新能力培养和实践能力培养，且对于学术研究生和专业学位研究生的要求各有所侧重，前者更突出创新能力培养，后者在强调创新能力培养外还要加强以职业需求为导向的实践能力培养。

研究生教育作为高等教育最高层次的专业教育，其本质就是一种创新教育，其根本目的就是把研究生教育的受体——研究生这一特殊群体培养成为涵盖自然学科、人文社会学科等实践领域和理论领域的具有创新能力的高层次人才。体育学研究生教育除了具有一般研究生教育的学术性、精英性、创新性特征之外，还具有较强的专业性和应用性。因此，无论是从当前国家和社会对研究生教育的基本要求来看，还是从体育学研究生教育的本质特性来看，创新素质和实践能力将成为未来衡量体育学研究生教育质量的核心要素，其他要求都围绕着这一核心要素展开，体育学研究生教育质量可以操作、可以测量、可以评价的指标体系也是以此为核心的具体化和延伸。

（二）标准的多样性

统一的质量测评标准对建立具有公信力的体育学研究生教育质量测评体系具有重要价值。然而，统一的质量测评标准用同一规格打造同一产品，既不能满足社会对体育人才的多样化、特色化、个性化需求，也无法兼顾学生的个性发展和特长发挥。“衡量质量高低的标准主要取决于客体本身的性状和特定主体的需要。”① 从体育学研究生教育的性状来看，它是一个多类型、多层次、多特质、多专业的复杂系统，不同类型、不同层次、不同特质、不同专业的体育学研究生教育具有不同的教育目标、不同的培养规格和不同的教学任务，相应地就应有不同的质量标准。

研究生教育质量的最终评判是满足特定主体需求的程度，主体的多元性决定了研究生教育的多元化，也就决定了研究生教育质量标准的多样性。从体育学研究生教育的主体需求来看，它要同时满足国家、社会、家长、用人单位及研究生自身等多方面主体的需要，这就形成了各种不同需求的质量标准。体育学研究生教育质量标准的多样性主要表现在三个层面：

一是国家层面质量标准的多样性。研究生包括硕士和博士两个层次。近些年社会的发展和高等教育大众化进程的加快，使体育学硕士研究生教育发生了一些重要转变，由原来的精英教育逐步转向大众教育，由重视培养学术研究型人才转向学术型与专业型并重、研究型与应用型人才并重的培养模式，由高等专门人才培养转向基层专门人才如中小学体育教师、教练员培养等。体育学硕士研究生教育的类型逐渐多样化。现阶段我国体育学硕士研究生教育已经分化为学术型研究生和专业型研究生两类，专业型研究生又分为教育硕士、专业硕士、高校硕士等多种类型。体育综合院校、体育专业院校等不同类型高校的学科、专业建设也在不断分化，体育学博士研究生教育也已成规模。我们不能单纯运用某一种标准统一地评价各层次、各类型体育学研究生教育质量，而是要

---

① 董泽芳，陈文娇. 论我国高等教育质量标准的多样性与统一性 [J]. 高等教育研究，2010，31 (6)：20-24.

因学校、因研究生层次和类型的不同，确定发展目标和重点，制定体育学研究生教育的分类评价标准和相应的政策措施，引导并鼓励办出体育学研究生教育的特色。

二是体育学二级学科专业质量标准的分化与多样性。1997 年国务院学位委员会颁布的硕博研究生学科专业目录将体育学列为教育学门类下的三个一级学科之一，下设四个二级学科。这种学科专业体系一直沿用至今，体育人文社会学在学科分化中逐步建立整体观念，运动人体科学以自然学科为基本框架构建了众多分支学科，体育教育训练学以各运动项目为载体发展教学训练理论与方法，民族传统体育学以武术项目为核心力图建立民族传统体育理论与方法体系①，各个二级学科的学科基础、发展范式和发展要求差异较大。因此，我们不能用一个统一性的标准来评价各个具体二级学科研究生的质量，而对于各培养单位在二级学科种类与数量不同的情况下，更不能以统一的标尺对其研究生教育质量进行评价。

三是个体层面质量标准的多样性。体育学研究生教育的质量最终体现为教育对象——研究生的质量，研究生作为一种高级专门人才最终都要进入社会，因此研究生教育质量主要表现为研究生对社会需求的适应性。多种多样的需求主体（如用人单位、家长、研究生自身等）必然要求多样性的质量标准。判断个体层面质量高低或好坏的标准，是社会成员主体对研究生教育质量的满意度。多样性的质量标准为体育学研究生创造能力的培养提供了保障，是使体育学研究生教育富有时代活力、提升质量内涵的必由之路。

（三）统一性与多样性相结合

体育学研究生教育质量标准的统一性与多样性是相辅相成、相互促进的辩证统一关系。体育学研究生教育质量测评标准的统一性必须落实到多样性之中，没有多样性的质量标准，用传统的精英教育标准来衡量多种形式的体育学研究生教育质量，显然是不科学的。如果说统一性标

① 鲁长芬，杨文轩，罗小兵. 对体育学科分类的分析与调整建议［J］. 体育学刊，2009，16（4）：6-10.

准反映的是体育学研究生教育的本质特征的话，那么体育学研究生教育质量测评标准的多样性就必须建立在统一性之上，因校制宜、因人而异、特色建设必须以保证其内在特质和基本规格为前提，没有统一性的质量标准，片面强调多样性质量就等于放弃质量要求。

党的十八届三中全会以后，在推进国家治理体系和治理能力现代化的进程中，政府职能转变，权力主体发生转移，研究生教育质量保障体系也应实现从传统的学位授权审批向政府引导、高校自治、社会多元共治模式转变，从而为形成多样化的质量测评标准创造条件。治理理论强调治理主体的多元化，但并不否定政府在公共事务治理中的主导地位。因此，政府还需在体育学研究生教育质量测评标准制定中发挥重要作用，建立基本的、具有公信力的质量评价标准。可见，在国家治理和研究生教育综合改革、权力主体发生转移的整体背景下，构建统一性与多样性和谐统一的质量标准体系是我国体育学研究生教育发展的必然抉择。

构建多样性与统一性和谐统一的体育学研究生教育质量测评标准和工作体系，理应包括政府、培养单位（高校或体育科研所）、社会中介机构三个层面。从政府层面来讲，一是根据国家政策与教育方针对体育学研究生教育提出总体要求，确定统一的、基本的体育学研究生教育质量标准；二是突出“质量、成效、特色”，针对不同类型、不同层次、不同特质、不同专业的体育学研究生教育提出不同的评价标准。从培养单位来讲，应该成立专门的体育学研究生教育质量评估处或监控处，其主要任务就是根据国家总体要求确定培养目标，并结合学校自身实际研究本校的测评标准，完善内部质量管理制度，集中精力和财力提升研究生质量。从社会中介机构层面讲，主要任务就是根据国家总体要求和社会发展需求，研究和制定体育学研究生教育质量测评的社会评价标准，并定期采集和公布体育学研究生教育质量测评的相关数据和排名等。

四、平台变化：从技术到公共治理

治理的典型特征是多元主体参与的共同治理，即“共治”。共治是路径，善治是目标。所谓善治，就是使公共利益最大化的社会管理过程，其本质特征就在于它是政府与公民对公共生活的合作管理①。党的十八届三中全会提出“推进国家治理体系和治理能力现代化”目标，标志着中国社会即将迎来治理时代。治理时代是以互联网为基础的信息革命的产物，是一个经济全球化、世界多极化、社会网络化的时代②。2011 年 5 月，美国麦肯锡咨询公司《大数据：创新、竞争和生产力的下一个前沿领域》报告的发布，迎来了一个崭新的大数据时代，信息技术将迎来新的发展春天。大数据时代将为“共治”提供全新的环境和保障。

体育学研究生教育质量测评处于“共治”背景和大数据时代，也将从传统的技术层面上升到公共治理的层面。目前，我国体育学研究生教育质量测评在信息采集方面以自我评价和专家评价为主，社会评价和公共信息平台建设不成熟，存在信息不全和信息失真的问题，测评结果的社会服务性也较差。因此，从某种意义上说，当前我国体育学研究生教育质量的测评还处于“技术”层面，对这种“技术”的理论、监督和管理还没有引起足够的关注，这显然已经无法适应治理时代的大数据要求。

大数据是一个大小超出了传统数据库软件工作能力的数据集，具有大量化、多样化、快速化、价值化四大特征，其核心价值在于对海量数据进行存储和分析，体现了一种快速搜集、处理和利用复杂信息的能力。以大数据为基础的治理时代，必然加快体育学研究生教育质量测评研究的量化进程、技术更新和方法改进，促进质量评价的数据化、直观化、个性化，以推动质量测评的彻底变革。

（一）公共治理信息平台建立

对公民或公民社会而言，大数据造就了一个权力开放式社会，以更多的时间、更广的空间、更高的效率助力公民参与社会政治事务；大数据时代又是“人人时代”，是人人都握有“话筒”的舆论场，个体可以将个人重要的问题演绎成公众的议题，既凸显了个体的主动性和能动

① 俞可平．治理与善治［M］．北京：社会科学文献出版社，2000：8.

② 程冠军．走向善治的中国——十八大以来治国理政观察［M］．北京：中共中央党校出版社，2015：178.

性，又极大地增强了集体行动的能力①。对政府而言，大数据要求颠覆传统的、线性的、自上而下的决策过程，建立一个非线性的、去中心化的、自下而上的、发现群体智慧的方案编制模式②。大数据使信息更为公开、透明。在大数据时代，公民不但是数据的受益者，也是数据的提供者。政府要充分利用公民数据源，打造一个自己与社会和公众良好沟通互动的公共中枢平台，从而为国家集中群众智慧、维护与社会和市场的和谐关系发挥重要作用。

在以大数据为基本特征的治理时代背景下，体育学研究生教育质量测评也将打破传统以政府测评为主导的自上而下的、单线性的、封闭式的测评模式，并以大数据技术和治理社会的基本取向为依据建立一个个体与集体、社会与市场、社会与政府互动交流的公共信息治理平台，使各种数据来源渠道通畅、信息透明公开、传递快捷方便、利用效率倍增，真正促进我国社会测评在体育学研究生教育质量中的参与性、监督性和基础性，推动我国政府测评与社会测评在体育学研究生教育质量测评中的互动发展。

现阶段，我国体育学研究生教育质量的社会测评参与度低，具体表现在：（1）测评的主要目的是服务于政府的各种授权点考核、学科评估和专业测评等；（2）研究生和研究生导师在测评活动中参与度低，主体作用得不到体现；（3）高校测评的价值有待进一步开发与显现；（4）不能全面顾及不同地域、不同类型、不同学科、不同高校研究生教育目标的差异。以大数据为基本特征的治理时代为体育学研究生教育质量社会测评主体的多元化发展提供了契机，研究生自身、高校、社会、人才市场将逐步参与到研究生教育质量测评中，以往由于用人单位众多和分散所带来的评价困难将逐步被克服，高校对毕业生入职后的跟踪评价途径将更为广泛，反馈的信息将更加全面真实。

---

① 孙粤文．思维与技术：大数据时代的国家治理能力现代化［J］．领导科学，2015（2）：19-23.

② 涂子沛．正到来的大数据革命［M］．桂林：广西师范大学出版社，2012：279.

此外，大数据还将带来体育学研究生教育质量测评专家库的建设，为研究体育学研究生教育质量测评活动提供更好的技术手段、信息来源和理论基础。

（二）量化测评标准促进评价结果的转化与具体化

长期以来，我国一直比较关注学位授权点审核、学科专业评估的测评标准，重点考察研究生的发展规模、硬件设施水平、成果数量、教师队伍等条件性因素，而对研究生教育过程、研究生成果转化应用、研究生培养效果等难以衡量的因素界定模糊，难以形成可操作衡量的量化指标。同时，传统测评面临体育学研究生培养单位性质和发展结构的差异、四个不同二级学科的鲜明特色、学术型与专业型研究生培养的多样性等特殊问题，在测评中也得不到充分体现。

大数据时代不断增加的信息量和日益完善的信息网络建设，将大大增强数据的监测和分析能力，人们对数据细化和数据深度的挖掘能力将不断提升，某些难以衡量的因素将会实现量化，一些特质性信息和结果会得到有效的分类处理，将条件性指标转化成质量性指标、大规模调查和现场观察等将成为测评结果量化、评价结果转化与具体化的主要方法。

（三）新型的过程性质量评价标准将会建立

结果性（分等级的）评价和过程性评价是测评的两种基本形式。过程性评价着重考察办学、教学、德行教导、科研指导、学习投入、情意发展等行为的过程，结果性（分等级）评价则以评价行为结果和最终成绩为主。过去的研究生教育质量测评往往因过程性评价难以量化或不便于实际操作，而将重点放到了结果性评价上。政府主导的带有行政化倾向的测评模式在某种程度上进一步引导人们去关注等级评定的那些具体指标，从而导致很多培养单位在人才培养上和研究生本人在自身专业发展上都以等级评定指标为依据，从而忽视了很多影响研究生发展关键的过程性因素。“大数据”使过程性测评变为可能，如研究生在主动性学习中的课程学习出勤率、主动寻找最新有价值信息、主动参与课题研究、与不同专业的人进行合作学习等过程性数据，以及办学、科研、教学过程中情意与行为过程，均可通过收集、分类、整埋、统计、分析，形成新的过程性教育质量测评标准和形式。

第六章 治理视角下体育学研究生教育质量测评体系的建构

如前所述，治理理论作为一种新的研究视角，适用于我国体育学研究生教育质量测评体系的建构并为其提供了发展方向。在治理视角下建构我国新的体育学研究生教育质量测评体系，是本书的研究主旨，也是本章要解决的核心问题。

第一节 体育学研究生教育质量测评主体及其相互关系

教育质量测评主体是相对于教育质量测评客体即教育质量测评对象和内容而言的，是指依据一定的测评标准，按照一定的测评程序自主地对教育质量和教育质量相关要素与关系进行价值判断的个体、群体或机构。教育质量测评的主体可以是测评对象本身、同行、上级教育行政管理部门、社会团体和民间社会测评组织。从研究生教育价值主体、利益主体以及权力主体多元化的视角审视，一个完善的研究生教育质量评价体系应该由政府、社会、高校三个评价主体构成，各评价主体分别代表着不同的价值取向与利益需求，能够全面地评价研究生教育质量①。

由于我国研究生教育质量测评体系是在计划经济体制下形成的，发展比较缓慢，而且存在政府评价过多、社会力量薄弱、高校自评缺位、测评主体分工不明等问题。体育学研究生教育质量测评体系亦是如此。随着研究生教育质量测评权力关系的调整，我国体育学研究生教育质量测评体系建设当务之急就是要在确立政府、学校、社会三大测评主体地

---

① 白榕．治理理论视角下研究生教育质量评价主体的权责分析［J］．中国校外教育（理论），2008（6）：42-43.

位的基础上，建构三者和谐互动的运行机制。只有政府、高校、社会三大测评主体相互制约又相互依存，才能使体育学研究生教育质量的测评公正、客观、科学。下面将在理清政府、高校、社会权责的基础上建构三者和谐运行的关系模型。

一、治理视角下的政府权责

我国体育学研究生教育质量测评体系中，政府不仅担当着组织者、实施者和评价者的角色，而且更重要的是它还扮演着“全能政府”的角色，从而导致了研究生教育质量测评活动中各主体之间的责权划分不清晰，缺乏多元治理。治理理论强调分权、合作和多主体参与。因此，体育学研究生教育质量测评应将政府权力中心转向市民社会和高校培养单位，并在政府、社会和高校之间建立一种横向参与的协商型关系。

（一）政府职能从“全能”到“有限”

在计划经济时代，政府在体育学研究生教育质量测评体系中承担着无限权力和全部责任，直接控制着体育学研究生教育的举办权、学位授予权、导师遴选权、招生考试权、评价权等方方面面，扮演着“全能政府”的角色。

“有限政府”，是指在规模、职能、权力和行为方式上都受到法律明确规定和社会有效制约的政府①。在治理社会，政府不再是体育学研究生教育质量测评的唯一权力中心，高校和社会因其自身优势也将在测评中承担更多责任，政府通过相关政策、法律法规、规章制度、资金信息等对体育学研究生教育质量测评发挥服务、引导、监督的职能，为其提供一个规范有序的环境，并在高校、社会主体无法有效发挥作用的测评领域承担起主要责任。总体来说，在治理社会，政府是“有限政府”，与“全能政府”从行政管理到学术事务统包统揽不同，它主要应该发挥宏观管理、微观放权、远处监督的作用。

---

① 陈国权．论法治与有限政府［J］．浙江大学学报（人文社会科学版），2002（2）：6-11.

（二）从管制到服务

传统政府主导的体育学研究生教育质量测评模式从上至下实施行政式的管制，测评主体与测评对象之间是管理与被管理的关系，带有很强的强制性、命令性。这种管理模式一方面造成了政府权力的过度和滥用，甚至滋生了一些腐败现象和造假行为，另一方面使市民或市民社会和高校的权力受到忽视，大大抑制了社会、高校参与质量测评与保障工作的积极性与主动性。

研究生教育作为高等教育的重要组成部分，是一种“既具有准公共产品属性又有着私人物品属性的‘混合产品’，这就在供给方式上为私人参与提供了一种可能性，政府不再是准公共产品的唯一提供者”①。随着知识与利益、权力的不断交织，政府实在难以对研究生教育质量测评实施全面干预或控制，集权的政府必然要放权。

治理强调由政府和社会共同管理社会事务的过程，并把建设服务型政府作为目标，强调政府在管理社会事务中的服务性、有限性、互动性、有效性、公开性及法治性。现代国家治理的本质是民主治理，而现代民主治理的一个重要趋势，就是不断从管制政府走向服务政府②。治理从理论走向实践的过程，必然促使政府实行上至社会行政体制改革下至各行各业管理的角色转变，在体育学研究生教育质量测评体系的建设上亦是如此。首先政府在理念上要定位于治理行政，积极推动、资助和引导社会评估中介机构的建立，并把原来属于自己的部分职能让渡给社会机构；其次在职能上，政府须定位于服务行政，突出发挥社会服务功能，例如为体育学研究生教育质量测评建立专家库、信息库和专业化的测评人员培训基地，积极推进深化对外开放合作等；最后政府在行为方式上，应定位于规则行政，为规范各种评估机构的评估行为提供立法依据，建立相关的评估机构认证制度，规定评估机构的职责与权限等，从

① 胡卫，朱利霞. 转型期中国高等教育重构的战略选择［J］. 国家教育行政学院学报，2005（9）：72-79.

② 俞可平. 论国家治理现代化［M］. 北京：社会科学文献出版社，2014：235.

而为三大测评主体建立一种功能互补、权力制衡的关系网络。

（三）从主导到引导

“分散化治理”是当今政府治理的一种模式，突出政府制度供给、激励与扶持、监督与制约的作用①。“分散化的公共治理”理论是一种值得我国政府和事业单位改革借鉴的治理模式，其中包括大学这种事业单位②。

大学是反映各方公共利益和公共权力的非盈利性社会组织。我国传统以政府为主导的集中模式既与当前中国国家治理能力现代化建设不相符合，也与整个国际社会发展趋势不一致，很容易导致非盈利组织失灵，在大学治理中就容易产生大学管理的“学校失灵”，在体育学研究生教育质量测评上就容易滋生弄虚作假、独裁专断、自私自利、玩弄权术等现象。因此，我国政府主导的体育学研究生教育质量测评模式必须转型，实行政府、高校、社会的“分散化治理”。政府的职能应从主导转为引导，积极扶持、激励民间评估机构和非盈利性组织的建设并让它们参与到测评中，逐步建立第三方评估机构认证制度和监督保障体系。

在西方治理社会，测评往往与财政拨款直接挂钩。从目前我国体育学研究生教育质量的测评结果来看，与政府财政拨款直接挂钩的测评不多。分散化治理模式下，政府还应设计出与测评结果及培养单位培养质量相结合的财政拨款机制，并以财政拨款的方式激励各培养单位为获取更多的资源而努力提高自身质量。

此外，政府还应通过科研立项等手段加强体育学研究生教育质量测评理论研究。我们在文献综述中指出，我国体育学研究生教育质量测评体系及测评指标研究迫在眉睫，测评理论及其与实践的结合性研究还需加强，不同类型、不同层次、不同学科专业的体育学研究生教育质量测评的联系与区别还有待进一步认识，国外体育学研究生教育质量测评经

① 刘耀中．我国政府的高等教育评估职能研究［D］．武汉：中南民族大学，2013.

② 彭江．分散化的公共治理：中国大学管理改革的新走向［J］．湖南师范大学教育科学学报，2005（2）：41-46.

验与理论借鉴还需进一步加强。从整体上看，我国体育学研究生教育质量测评的理论与实践体系尚未建立，这成为影响我国体育学研究生教育质量的主要制约因素。因此，通过夯实测评理论研究基础来引领体育学研究生教育质量测评的实践发展，也是政府的职责之一。

（四）从控制到监督

我国体育学研究生教育质量测评体系中，政府控制着测评的各个方面，从测评目标的设置、测评对象的选择、测评标准的制定以及测评人员、测评程序、方法与结果的处理等都是由政府统一制定，并通过自上而下的方式下达给各级地方政府和各级各类学校，形成了一种自上而下、层次控制的科层管理模式。这种模式极易导致政府的权力扩张和高校参与无力。

在治理模式下，政府着力建设一种服务型责任机制，为了保证公共利益的最大化，政府起监督、制约、仲裁和惩罚的作用，而不是直接的参与者和控制者。政府应积极加快建设以国家教育行政部门监管为主导，各行业部门、学术团体和社会机构共同参与的质量监督体系。一方面，政府应充分利用市场的竞争与约束机制，让经过政府授权的评估机构来负责体育学研究生教育质量的测评，并不时展开元测评活动对社会评估机构的测评进行监督，以保证测评活动的透明化、规范性。另一方面，政府还应加大对体育学研究生学位论文的抽检力度，改进优秀学位论文评选办法，发挥政府对体育学研究生教育质量的监督力度。此外，政府还应利用建立的体育学研究生教育信息平台，不断加大政府信息公开力度，及时公布体育学研究生教育质量测评要求及标准，发布质量报告和测评结果，接受全社会人员的监督。

（五）具体职责

综上所述，治理社会背景下政府在体育学研究生教育质量测评中所承担的具体责任主要有以下几个方面：

第一，制定和颁布相关政策与法令。通过制定相关政策、法律、法规、条例、条令、规定，制定适合各层次、各类型的体育学研究生教育质量测评标准等，规范高校和社会评估机构的质量保障行为，服务、引导、调控、监督我国体育学研究生教育质量测评。

第二，明确测评主体，建立良好的测评机制。保证体育学研究生教育质量测评体系中各测评主体的合法地位并明确划分他们的责权，理顺各测评主体之间的关系，根据“分级管理”原则分解、调整对体育学研究生教育管理与监督的职权，建立相互制约、协同创新、共谋发展的测评制度。当前，特别需要积极扶持、激励民间评估机构和非盈利性组织的建设，并逐步建立第三方评估机构认证制度和监督保障体系，鼓励高校形成良好的自我测评机制。

第三，通过良好的财政拨款机制，激励主体行为。政府应设计出与测评结果及培养单位教育质量相结合的财政拨款机制，调整对体育学研究生教育质量测评的财政支出，间接地引导、激励高校和社会中介机构的主体行为。

第四，建立体育学研究生教育质量测评专家库，为体育学研究生教育质量测评提供咨询、服务、指导。

第五，建立完善公开的信息数据库。一个完善的体育学研究生教育管理信息数据库，至少要包括培养单位办学过程与状态数据库、毕业生就业信息数据库、社会用人单位的信息网络系统等。信息数据库的建立既可为信息收集提供便利，又可促进测评工作的简化、准确、科学，从而更好地保证评价效度和信度。

第六，建立完善的标准信息网络平台。标准信息网络平台收集各种信用信息，在全国范围内进行统一的信息发布及信用等级评定，是一种最高层次的、具有一定法律效力的诚信网络平台。通过标准信息网络平台的建设，可以让全社会参与到体育学研究生教育质量测评的信用行为的监督中。

第七，做好培训与合作交流工作，即建立专业化的测评人员培训基地，做好参与测评人员的测评培训，并积极推进深化测评工作与测评研究的国内外交流、合作与创新等。

第八，对评价活动进行再评价，使各类评估和鉴定工作更规范、更高效、更科学。

二、治理视角下的社会权责

治理理论就是要实现从政府一元管理向政府、社会与个人共同参与的多元主体治理转变，充分发挥社会、个人的主体价值①。随着国家治理体系与治理能力现代化目标的推进，政府正在把原先由它独自承担的责任转移给市民社会，市民社会正逐步进入公共管理的权力体系中。

2014 年 1 月，《国务院学位委员会教育部关于加强学位与研究生教育质量保证和监督体系建设的意见》（学位〔2014〕3 号）确立了“构建以学位授予单位质量保证为基础，教育行政部门监管为引导，学术组织、行业部门和社会机构积极参与的内部质量保证和外部质量监督体系”的建设目标②，确立了学术组织、行业部门和社会机构在建立外部质量监督体系中的地位。

体育学研究生教育质量的社会评价主体包括各专业协会、学术团体、专门的社会中介机构、私人团体、研究生本人、研究生家长、研究生用人单位等。社会主体从研究生教育满足社会各利益主体发展需要的程度来判断研究生教育质量的高低。在体育学研究生教育中，除了提供教育资源和经费的政府有权参与测评外，作为雇主的研究生用人单位也是重要的利益关系人，它们对体育学研究生教育的需求就是培养它们所需要的各领域专门人才；各种专业协会、学术团体、中介机构等也是体育学研究生教育的利益关系者，它们对各专业（或学术）领域进行排名或声誉评价以监督体育学各学科专业的培养质量，促进相应学科专业的发展；研究生校友、研究生家长和研究生本人也是重要的利益关系者，他们是体育学研究生教育中的主体需求者；另外，研究生导师、研究生行政管理者是体育学研究生教育质量的直接生产者和管理者，是当然的利益相关人。此外，各科研机构、科学委员会和科学团体等也是其利益

① 俞可平. 治理与善治［M］. 北京：社会科学文献出版社，2000：3.

② 国务院学位委员会，教育部. 国务院学位委员会 教育部关于加强学位与研究生教育质量保证和监督体系建设的意见［EB/OL］. http://www.moe.gov.cn/publicfiles/business/htmlfiles/moe/s7065/201403/xxgk_165554.html，2014-02-12.

关系者之一，它们与研究生教育的关系密切。以上各种利益关系者作为体育学研究生教育测评的社会主体，都应参与体育学研究生教育质量的测评并有权对政府和高校问责。

社会主体即各利益关系者在享有一定测评权力的同时，也要承担相应的测评职责，主要表现在：

(1) 与政府密切配合，积极承担并有效履行政府让渡的部分职能，在政府和市场失灵的某些领域，实行有效监督。

(2) 向社会公众提供公开的体育学研究生教育质量信息。

(3) 向体育学研究生教育培养部门反映社会各利益主体的不同需求，促进培养单位的工作改进与质量提升。

(4) 对各自所在的组织行使自我管理、自治权力的同时，承担自我约束、自我规范的责任。

(5) 对政府主体和高校主体进行监督，并通过专业化的服务向政府和高校提供咨询及建议等。

(6) 社会组织、行业部门等社会中介机构要不断夯实基础，提高能力，主动争取合法有利的地位。由于我国的社会中介力量相对比较薄弱，社会中介机构还需积极主动地增强自身的权威性和公正性，确定专家遴选的标准、加强专家专业技能的培训以提高自身的评估能力，形成一支专业的、强有力的评估专家队伍。当前，我国社会中介评价机构的立法程序也相对落后，其生存和发展的法律制度不够完善。因此，积极主动地争取国家对其合法地位的确认，也是当前我国社会中介机构的发展方向。

三、治理视角下的高校权责

高校作为第三部门中的一种力量，参与到社会公共事务管理中①。它具有区别于政府和其他社会利益团体的不同价值取向和利益需要，是体育学研究生教育质量多边治理的重要力量之一，在体育学研究生教育

---

① 于杨. 治理理论视域下现代美国大学共同治理理念与实践研究［D］. 长春：东北师范大学，2009.

质量测评体系中发挥着核心和基础性作用。

高校是培养高层次创新人才、探究和发展新知识的学术性组织，具有高度的自治性和学术自由。作为一个相对独立的组织，高校是体育学研究生教育质量的直接生产者和提供者。高校内部良好的治理是政府治理和社会治理的基础。因此，在构建体育学研究生教育质量测评体系时，不能忽视高校作为重要治理主体之一的核心和基础性地位，而且还应把高校内部自我治理放在突出的位置，重视高校作为学术组织的特点。此外，政府与社会主体要充分尊重高校的权力和自由，与高校建立协商型、合作型的伙伴关系；而高校则要与政府、社会密切配合，为它们提供最新信息和最真实的数据，共同保障体育学研究生教育的质量。

高校内部科学、客观、公正、完善的自我评估是体育学研究生教育质量测评得以顺利开展的前提和基础，是开展外部评价活动的前奏。高校自我评估具体需要承担以下职责：

1. 在测评治理中积极参与、密切配合

没有公民的积极参与和合作，至多是只有善政，而不会有善治①。公共治理理论要求研究生教育质量测评主体转变角色，政府、社会、高校各利益主体共同参与到体育学研究生教育质量测评活动中来。高校是体育学研究生教育质量内部评估活动的具体实施者，高校内部设立的专门的研究生教育评估部门和研究生教育主管组织应该积极地推动校内各种类型的测评工作，主动公开测评结果，向外界证明自己的教育质量，同时配合政府部门和社会中介的教育测评，为校外测评方提供客观、准确、丰富的信息，并接受政府和社会公众的问责。

2. 加强高校自我测评管理，促进其规范化发展

高校要充分认识自身在体育学研究生教育质量保障中的重要作用，加强自身的测评管理工作，成立专门的研究生教育测评主管部门，建立体育学研究生教育主管组织并明确其职责，规范实施校内体育学研究生教育质量的各项测评与保障工作，以更好地维护学术自由、促进学术创新、提升教育质量。

---

① 俞可平. 治理与善治［M］. 北京：社会科学文献出版社，2000：11.

3. 建立健全各类测评制度

治理理论认为，制度建设是治理体系建设的根本保障。高校自我测评体系的完善需要建立一系列各种类型的测评制度，如体育学研究生招生制度、奖学金评定制度、中期考核制度、课程与教学质量监督制度、学位论文评价制度、研究生导师遴选制度及管理制度等，形成一个规范、合理、有效的体育学研究生教育质量自我测评体制。

4. 建立毕业研究生跟踪调查与用人单位评价的反馈机制

毕业研究生满足社会需要的程度，以及用人单位对毕业研究生的评价，是评判体育学研究生教育质量高低的重要社会指标之一，而且，跟踪调查毕业研究生的发展情况、把握用人单位对毕业研究生的评价，也是及时发现体育学研究生培养问题、及时更新和改进教育策略与规划、提高毕业研究生的社会适应能力与社会契合度的重要途径。

5. 高校在内部自我评价上具有自主权，对外履行监督与制约的职责

高校及高校内部的体育学研究生主管部门有权根据本校研究生和体育学研究生教育发展的目标自主规划评价项目、评价标准、评价方法和结果处理方式等，而不受外部力量的强制和干预。在政府和社会对高校进行外部检查与测评时，高校及内部体育学研究生主管部门有权表达自己的意见，对外部的评价指标或者评价程序、方法与评价结果进行监督和制约，以维护自己的自主权和学术自由。

6. 加强体育学研究生教育评估的国际交流与合作

当前我国体育学研究生教育质量保障体系整体还不够完善。我国的体育学研究生教育既有区别于其他学科研究生教育的特殊性，也有区别于世界发达国家体育学研究生教育的个性和特色。因此，我国体育学研究生教育质量测评要在一般研究生教育质量测评理论与技术的基础上，积极汲取国外质量测评的先进经验，形成一套适合我国体育学研究生教育发展特征的质量测评体系。

四、治理视角下测评主体之间的关系模型

高等教育（含研究生教育）治理有四个特征：治理不是一整套规

则，也不是一种活动，而是一个过程；治理的基础不是控制，而是协调；治理既涉及公共部门，又包括私人部门；治理不是一种正式的制度，而是持续的互动①。可见，体育学研究生教育质量测评的治理，最关键的就是要在政府、社会与高校三大测评主体之间形成一个协调互动的机制。

三元运行理论认为："任何社会系统中均含有三种元运行方式，即集中控制行为、规范行为、子系统自主行为。集中控制行为是由系统的最高领导者（个人或集团）做出决策并组织实施的行为；规范行为是依自然形式的惯例或人为做出的统一规定（规范）而发生的模式化行为；子系统自主行为则是由系统独立做出决策并付诸实施的行为，或是依照其自身特有的规范而发生的行为。"② 以集中控制行为、规范行为、子系统自主行为特征为技术参数对体育学研究生教育质量测评体系的运行模式进行解析，可以将其分为三种基本运行模式：政府测评模式、社会测评模式和高校自我评价模式。各国根据自己的政治、经济、教育体制，形成了不同的体育学研究生教育质量测评模式。但无论是哪一种模式，都离不开政府、社会、高校三种力量的协调和整合，只是在不同的国家，某种力量更占据主导地位，从而形成了某种主体/力量占主导地位的测评模式。例如美国就是社会主导型的测评模式。

对于研究生教育中的三种力量，伯顿·克拉克早在 1983 年《高等教育系统：学术组织的跨国研究》一书中就提出了高等教育发展的政府、市场、大学"三角协调模式"，认为政府、市场及学术权威三种势力合成一个协调三角形，每个角代表一种形式的极端和其他两种形式的最低限度，高等教育在三角协调模式内部所居的位置，代表的是上述三种力量不同程度的结合。体育学研究生教育质量测评中三大测评主体之间，以及三大测评主体所代表的政府权力、学术权威、社会力量之间的

---

① 盛冰. 高等教育的治理：重构政府、高校、社会之间的关系［J］. 高等教育研究，2003（2）：47-51.

② 甘永涛. 高等教育系统运行与政府行为研究［J］. 高等农业教育，2006（9）：3-7.

关系，也基本符合这个“三角协调模式”。因此，本研究也借用这个模型来反映体育学研究生教育质量测评主体之间的关系（见图 6-1）。

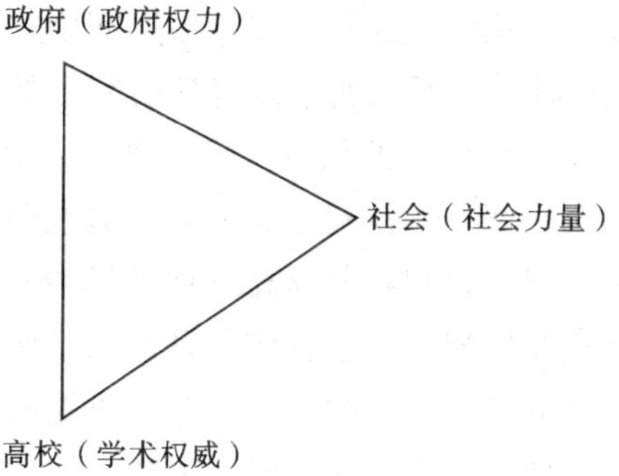

图 6-1　体育学研究生教育质量测评主体关系模型

在体育学研究生教育质量测评主体的“三角协调模式”中，各测评主体之间的关系不再是行政权力的转移与让渡，而是以政府为代表的国家公共权力体系、以学术权威为代表的高校权力体系与以社会为代表的社会公共权力体系之间的对接、冲突与融合，这种对接、冲突、融合的过程就是一个不断协调互动的过程。

作为不同的价值、利益与权力主体，政府、社会、高校在体育学研究生教育质量测评中必然存在着某些价值、利益与权力之间的冲突。首先，在体育学研究生教育质量观上，存在着满足外部需求（主要指政府需求和社会需求）程度、满足内部发展（主要指高校或学术团体、专业协会等学术组织）需求程度和满足个体（主要指研究生本人）发展需求程度的冲突。在评价价值认识上，政府看重的是测评鉴定等级级别的功能，力图通过测评寻求实施奖惩、制定政策、划拨经费的依据；高校评价看重的是评价的诊断功能，诊断体育学研究生教育质量存在的问题，强调的是测评的诊断性、反馈性、发展性、建设性价值；而社会各利益团体看重的是测评为不同主体服务的工具性价值，以及促进自身发展的建设性价值。此外，在评价依据上，政府对体育学研究生教育进行评价主要依据办学条件和资源，社会评价则依据体育学研究生教育质量的产出成果，高校评价则依据体育学研究生教育质量形成的过程。政府、高校、社会分别关注着体育学研究生教育质量的输入、过程以及输出，它们自身的权责决定了三者相互依赖、缺一不可的关系。

那么，如何使冲突着的各测评主体互动互助呢？治理协调模式认为，融合冲突的最好方式就是在各治理主体之间确立共同的目标，建立合作、协商、互动的伙伴关系。对于体育学研究生教育质量的三大测评主体而言，首先，要根据权力的依赖与互动建立起协商型的伙伴关系。如前所说，尽管三大测评主体在利益需求和价值取向上存在冲突，在资源占有上存在差异，但三者却有着提高教育质量的共同目标，这就为在三大主体之间建立相互依赖的互动合作关系提供了坚实的基础。只要三大测评主体之间相互分工、相互配合，就能达成提高体育学研究生教育质量的共同目标。如政府负责体育学研究生教育的整体条件性资源的评价和保障，社会负责体育学研究生教育产出成果的终结性评价，而高校则对质量形成的过程进行形成性评价，三者相互分工，对形成研究生教育质量的入口、过程以及出口进行控制，从整体上保障质量提高；在合作上，政府可以通过签订契约、委托代理等方式与社会评价机构合作，也可以通过制定相关法律法规以保障社会评价的合法性、独立性和规范性；社会评价可以接受政府委托而为政府提供服务，也可以接受政府的再评价或高校的监督，以提高自身的规范性、专业性、权威性和认可度；高校可以在质量标准选择和评价依据制定上借鉴政府和社会评价的做法，也可把某些单项评价（如对毕业研究生的跟踪调查与评价、学科声誉评价等）委托给社会评价机构。

其次，体育学研究生教育质量三大测评主体之间的治理协调，还要在作为评价主体的政府、社会与作为评价客体的高校之间建立上下互动的合作关系。治理理论下的评价主体与评价客体之间的关系，不再是传统意义上的控制与被控制、命令与服从的关系，而是基于共同利益需要和价值追求的双方平等协商、上下互动合作的关系。例如，政府评价应该与被评价的高校或学科专业进行协商，以争取它们的支持，提高它们的参与度。而高校也因此可以争取更多来自政府和社会的资源，为推动体育学研究生教育的可持续发展提供保障。

综上所述，体育学研究生教育质量的三大测评主体之间关系密切，是一种三方平等协商、上下互动合作的新型关系，三者各司其职，既相互监督又相互促进，既存在冲突又相互协调，共同保障体育学研究生教育质量的提高。

第二节　体育学研究生教育质量测评体系中的政府评价

政府评价就是由体育学研究生教育政府行政主管部门发起并组织开展的对体育学研究生教育质量的评价活动。政府行政主管部门主要是指国务院学位委员会办公室或教育部有关部门及下属的省、市研究生教育行政主管部门或有关部委等。政府评价的目标与内容由体育学研究生教育政府行政主管部门确定，评价标准的选择以及评价人员的组成也由政府决定，评价的结果用于为政府制定体育学研究生教育发展战略服务。截至目前，我国开展的体育学研究生教育质量测评绝大部分属于政府评价，即使有少量中介机构介入测评，但因其受政府的财政资助和意愿的非独立性，其仍属于政府的测评范围。而最近几年兴起的某些个人团体对体育学研究生教育质量的测评，其影响力仍显不够。在国家治理体系和治理能力现代化建设的大背景下，体育学研究生教育质量单一的政府测评模式已经不适应国家和社会对体育学研究生教育的发展需求，而且伴随着市民社会的兴起，单一的政府测评所带来的政府负担过重、评价效率低下、社会参与积极性不高、以评促建效应发挥不充分等弊端日益凸显出来。因此，基于治理理论重新审视政府测评的功能、评价范围、指标体系及运作程序等，是十分有必要且非常重要的。

一、政府评价的功能与特点

从根本上说，治理社会的政府评价是在政府简政放权后对体育学研究生教育质量进行宏观管理、整体监督和因势利导，是为体育学研究生教育质量整体提升服务的一种较为强势的手段。治理社会的政府评价具有以下四个主要功能：①为修订与制定政策、授权研究生学位点或培养单位、审定社会测评机构的资格、投入教育资金等提供依据；②通过评价基本办学条件和资源，控制教育的最低质量；③通过评价办学绩效合理配置教育资源；④通过评价杠杆传达政府需求和导向。

在治理社会，伴随着政府职能从“全能政府”向“有限政府”的转变，政府测评将从原来的主导地位、权力中心走向隐蔽地位和多元中心。尽管如此，政府测评的强制性和权威性依然存在，尤其是在具有集中管理控制传统的中国。目前，国家财政拨款、学位授权点的审批权、办学和评估资格的鉴定权等都掌握在国家政府教育主管部门，对被测评单位而言，只有通过政府测评才能获得法律认可、社会承认和财政支持。因此，在我国，无论是对体育学研究生培养单位还是对社会大众，政府测评的结果都具有很大的权威性。政府正是利用政府测评的这种强制性和权威性来保证教育质量的最低标准、管理教育资源的流向、引导体育学研究生教育的发展方向。

政府测评对保障体育学研究生教育规范和发展秩序、保证体育学研究生教育的整体水平和质量具有重要作用。2014 年 11 月 5 日，国务院副总理刘延东在全国研究生教育质量工作会议上指出：研究生教育的战略地位日益凸显，研究生教育作为国民教育的顶端和国家创新体系的主力军，承担着“高端人才供给”和“科学技术创新”的双重使命，我们必须立足现代化建设大局，深刻把握全球经济科技竞争新趋势，切实增强提高研究生教育质量的责任感、紧迫感和使命感①。可见，研究生教育在社会生活和国家发展中具有重要的战略地位。体育学研究生教育是研究生教育的重要组成部分，它在传承人类身体文化、促进人类健康、推动社会和谐发展方面发挥着重要作用，其战略意义不容忽视。为了从总体上、宏观上把握体育学研究生教育质量的整体状况，政府评价就显得举足轻重。

由于政府测评是指政府在宏观层面的整体性评价，因此其权威性和强制性也更多地体现在宏观层面的引导、服务和监督上。而对于社会层面和高校层面，政府测评实行部分类权的让渡，把更多的决策权、自主权和发展权给予社会及高校，这也是治理社会对政府测评的权限要求。

政府测评也是复杂的。一方面，政府测评的对象是多样性的，另一

---

① 刘延东．在全国研究生教育质量工作会议暨国务院学位委员会第十三次会议上的讲话［N］．中国教育报，2015-01-05（001）．

方面政府测评具有服务、引导、监督等多种职能，加上体育学研究生教育内部的复杂性和多样性，决定了体育学研究生教育质量测评中政府行为的复杂性和艰巨性。

二、政府评价的范围与内容

治理背景下政府职能由“全能政府”向“有限政府”转变。政府在“全能政府”时代所暴露出来的资源短缺、负担过重充分反映了政府资源的有限性，而治理时代政府权力向社会和高校的转移表明政府权力的有限性发挥是时代发展的需要。政府资源与权力的有限性，决定了政府评价的范围也是有限的。

参考我国研究生教育质量的政府评估类型，可以把我国体育学研究生教育质量的政府测评类型归纳为以下三类①：

第一类是对新增体育学研究生培养单位的评估，即国家准许进入体育学研究生教育领域、授予各高等教育机构学位授权的审核活动，具体为国务院学位委员会批准授予的体育学硕士和博士学位授予单位、国务院和教育部批准成立的研究生院（主要见各体育专业院校，体育学在师范院校和综合院校与其他学科共同服从学校研究生处或者院的管理）。这类属于鉴定审核类评估，鉴定结论一般分为三等：合格、暂缓通过、不合格。

第二类是对学科专业的评估，包括硕士和博士一级学科、博士学位授权点、硕士学位授权点的增列审批评估和基本条件合格评估。这类既有审核评估也有合格评估，一般4—5年进行一次。

第三类为选优评估，如重点学科的选优评价、全国优秀博士学位论文评价等。

这三类政府评价形式，对我国体育学研究生教育质量的提升和保证发挥了重要甚至关键性作用。根据治理背景下政府权力的转移路线，以及世界上一些发达国家政府测评的先进经验，政府测评的范围越来越集中于宏观的全局性、整体性评价或某一时期对高等教育的评价。例如，

① 陆震．政府视角下的研究生教育质量再造［D］．上海：同济大学，2008.

对我国学位授予权进行审核，保障体育学研究生教育最基本的办学条件，并规范、维护其正常发展，以保证国家与公众利益不受损害，这是政府的重要职能，因此这类评价属于政府测评的范围。政府评价还应该针对关系到我国体育学研究生教育发展全局的、对其整体质量提高有重大意义的、需要进行统一协调和组织安排的质量评价活动，如在全国范围内针对某一时期政府的某些重大决策进行的评价也属于政府测评的范围。总体来说，政府测评适合以资格鉴定和审核为主的鉴定审核评价以及以评价、控制研究生教育质量的整体水平为主的合格评价两种类型，具体见表 6-1。

表 6-1　体育学研究生教育质量的政府测评范围与内容

对象类别	测评内容	测评者
学位授予单位	新增学位授予单位申请的审核	国务院学位委员会
	学位授予单位的整体评估	教育部和国务院学位委员会体育学学科评议组
	设立研究生院的申请	国务院和教育部
	研究生院的整体评估	国务院和教育部
学科专业和授权点	体育学硕士、博士学位授权点的增列	教育部和国务院学位委员会体育学学科评议组
	体育学硕士、博士一级学科的增列	教育部和国务院学位委员会体育学学科评议组
	体育学学位授权点的合格评估	教育部和国务院学位委员会体育学学科评议组
重大决策	针对体育学研究生教育发展重大决策制定的评估	教育部和国务院学位委员会体育学学科评议组
民间、社会机构或组织	社会机构或组织的资格鉴定	国务院和教育部、地方教育主管部门
	民间机构或组织的资格鉴定	国务院和教育部、地方教育主管部门

在治理背景下，应该重点扶持民间和社会机构参与到体育学研究生教育质量测评中。因此，政府除了给予民间和社会机构参与测评的政策支持、保障体系外，还要对民间和社会机构的资格进行鉴定。

而一些不该管、管不好、管不够的选优评价、特色评价和不同层次、不同类型、不同学科专业、不同地区的各具体层面的水平评价，如研究生招生工作、研究生培养过程、课程教学评价、学位论文抽检、优秀论文评选、体育学各二级学科评估等都不需要政府直接组织进行评价，可通过某些方式把这些评价的职能下放给高校或社会评价机构。政府可以参考与使用其所信任的、影响较大且反映较好的测评机构的测评结果，以逐步提高测评活动的有效性、公平性和科学性。

虽然在目前国情下政府测评在学位授权点的审核、全国范围内体育学研究生教育质量整体水平合格评估等方面发挥着直接的作用，但是随着社会评价机构的建立与完善，政府将从直接评价领域慢慢淡出，通过委托、代理等方式把政府直接参与的评价委托给专门的评价机构进行，从而使自身发挥更高层次的宏观调控作用，这也是我国政府测评的未来走向。

三、政府评价的指标设计、验证及权重分析

政府评价是为了控制体育学研究生教育的最低质量和标准，并了解一定时期全国体育学研究生教育质量的整体水平而采用的一种大规模、宏观层面的整体性评价。政府评价必须在全国范围内有一定的可操作性与可比性，因此在评价指标体系的设计上应更多强调体育学研究生教育的共性，强调国家和社会对体育学研究生教育的总体要求。评价指标的选择应该以政府关于研究生教育及体育学研究生教育的任务与培养目标的相关政策及法律法规（如《中华人民共和国学位条例》、《中华人民共和国高等教育法》等）为依据，全面兼顾社会需要和体育学研究生个人发展的需要，统一规划制定。因此，政府评价的指标体系应该尽量统一，具有较强的可比性和可操作性，当然也要考虑我国体育学研究生教育中地区发展不平衡的特点，适当注重灵活性，真正贯彻国家《关于做好新增博士、硕士学位授予单位工作的指导意见》中对各省（自治区、直辖市）新增单位工作实施分类管理的指导意见①。

---

① 关于做好新增博士、硕士学位授予单位工作的指导意见（学位〔2008〕29号）[EB/OL]. http://www.moe.edu.cn/578/A22/moe_847/tnull_40658.html.

（一）社会组织机构的鉴定

如前所述，按照测评对象的不同，政府评价主要包括学位授予单位评价、学位授予点和学科专业评价、重大决策评价、民间社会组织机构评价。对于体育学研究生民间、社会组织或机构鉴定的基本标准与指标选择，首先要遵照《民办非企业单位登记管理暂行条例》（1998 年 10 月 25 日中华人民共和国国务院令第 251 号发布，自 1998 年 10 月 25 日起施行）、《社会团体登记管理条例》（1998 年 10 月 25 日中华人民共和国国务院令第 250 号发布，自 1998 年 10 月 25 日起施行，2016 年 2 月6 日修改），以及《关于非营利组织免税资格认定管理有关问题的通知》（财税〔2014〕13 号）中关于非盈利组织的基本条件，然后根据体育学研究生教育质量保障的学科专业需求来审核。

本研究参照孙进博士关于德国代理机构的认证标准，初步拟定了社会组织机构鉴定的 4 个一级指标即质量观与自我定位、结构和程序、独立性程度、资源保障以及 12 个二级指标（组织机构的质量观，组织机构的评定范围，具有明确的、约束力强的结构和程序，确保相关利益主体的参与，专业测评人员的保证，对测评合作方的资质保证，组织机构的性质，测评工作人员的特性，人员与物质保障，质量管理体系保障，申述程序保障，信息公开保障）的鉴定指标体系，然后通过对国务院体育学学科评议组成员、学位与研究生教育相关管理人员、学位与研究生教育测评专家、政府民政部门非盈利组织登记管理人员进行专家调查，对整个指标体系进行遴选、调整、验证确定及权重分析。具体过程如下：

第一轮专家调查。根据初拟的指标制成《体育学研究生教育质量社会测评组织机构的政府鉴定指标体系》专家调查表 1，对国务院体育学学科评议组成员、学位与研究生教育相关管理人员、政府民政部门非盈利组织登记管理人员、学位与研究生教育测评专家（共 9 人）进行调查。主要对体育学研究生教育质量测评的社会测评组织机构的鉴定指标按“同意”、“不同意”及“建议指标”进行指标筛选。按照多数原则，把“同意”通过率达三分之二（66.7%）以上的指标作为第一轮入选标准。调查结果显示：（1）所选的 4 个一级指标和 12 个二级指标同意率均达到66.7%以上；(2) 有8名专家建议测评的社会组织机构应该对相应的学科背景及该学科研究生教育的实情有专门的了解；(3) 有7名专家建议在组织机构的性质上，要突出其非营利性导向。综合调查结果和各专家建议，对指标做如下调整：在一级指标“质量观与自我定位”中增加一个二级指标“对评估学科的专门理解”，从而形成了4个一级指标和13个二级指标的体育学研究生教育质量社会测评组织机构的政府鉴定指标体系，见表6-2。

表6-2　体育学研究生教育质量社会测评组织机构的政府鉴定指标及具体内容①

一级指标	二级指标	指标描述
质量观与自我定位	组织机构的质量观	组织机构公开发表的质量观是否与国家研究生教育发展需求、高校研究生教育的质量保证要求和社会对研究生质量的客观需要相适应
	组织机构的评定范围	组织机构对体育学研究生教育质量进行测评的培养单位类型、具体测评对象和范围
	对评估学科的专门理解	对体育学研究生教育质量与其他学科研究生教育质量测评的异同认识，及其对体育学研究生教育的特殊性把握
结构和程序	具有明确的、约束力强的结构和程序	具有开展高校内部各类评估、学位授权点、学科专业等各种评估的基本规范、评价标准及应用程序；各部门的职权范围和责任领域以及人员安排必须既合理也合法
	确保相关利益主体的参与	确保让相关的利益群体（教师、学生、职业领域的代表）充分参与
	专业测评人员的保证	需要通过恰当的选拔程序和培训工作确保参与测评的人员能够胜任测评审核程序的工作
	对测评合作方的资质保证	如果需要委托其他的组织负责部分测评工作，委托方需要通过相应的程序和规范确保受委托方的工作符合规范

① 孙进．德国高等教育认证—机构、程序与标准［J］．高等教育研究，2013，34（12）：88-95.

续表

一级指标	二级指标	指标描述
独立性程度	组织机构的性质	组织机构具有独立的法人地位；投入人为各级人民政府及其部门外的法人、自然人和其他组织；组织机构不以营利为导向
	测评工作人员的特性	组织机构必须保证参与测评工作的人员的独立性和中立性
资源保障	人员与物质保障	为了确保测评工作的正常运行，必须在人员和物质方面获得持续性的保障
	质量管理体系保障	持续地使用一种规范的内部质量管理体系，包括内外部的回馈过程，适合用来评估该机构内部管理过程的效果，保证并不断地提升其工作的质量。认证代理机构须对外公开其内部的质量管理体系
	申述程序保障	当被测评者提出申述时，该机构有一个对外公开的、正规化的程序用来审查自己的测评决策
	信息公开保障	需要充分而详细地描述其工作程序与评价标准并将其对外公布；须对外公布评估鉴定书的内容及其评估决定

第二轮调查将以上备选评价指标按照合理性制成《体育学研究生教育质量社会测评组织机构的政府鉴定指标体系》专家调查表 2，调查对象在第一轮 9 位专家的基础上，将专家样本量扩至 35 人，回收问卷 32 份，有效问卷 30 份，有效回收率达 85.71%，符合统计学相关要求。此轮调查问卷将指标的合理性程度按李克特 5 级量表分为 5 个等级，分别为非常合理（计 5 分）、合理（计 4 分）、一般（计 3 分）、不合理（计 2 分）、非常不合理（计 1 分）。把专家对每一个指标的意见集中度和意见协调度作为筛选指标的依据。意见集中度用各指标所得分值的算术平均值（M）来表示，意见协调度由各指标评估的变异系数来评价。变异系数（CV=S/M×100%）越小，说明专家的协调程度高，一般认为，

变异系数不应大于0.3。通常，把意见集中度在3.5分以上（达到总分的70%）的指标作为入选依据。结果显示：所有指标合理性的均值范围是3.61—4.35，变异系数取值范围0.16—0.25，说明所有指标得到了专家们的认可。

考虑到每位专家对不同问题的权威程度不同，需了解专家对问题的权威程度，专家权威程度=（Cs+Ca）/2。其中，Cs表示专家对指标的熟悉程度系数，熟悉程度分为很不熟悉、较不熟悉、一般、较熟悉、熟悉、很熟悉，分别赋值0、0.1、0.3、0.5、0.7、0.9。Ca表示专家对问题做出判断的依据，评价依据包含四个维度：理论分析、实践经验、同行了解、直觉。每个维度根据对专家判断影响程度的大小分为大、中、小三个等级，分别赋值为：理论分析（0.3、0.2、0.1），实践经验（0.5、0.4、0.3），同行了解（0.1、0.1、0.1），直觉（0.1、0.1、0.1）。一般认为，专家权威系数≥0.7为可接受值。本次专家问卷调查结果表明权威系数均大于0.7，权威系数达1的比例达到50%，权威系数达0.8的比例达到45%，说明本次调查的专家在体育学研究生教育质量社会测评机构的政府鉴定方面具备一定权威性。

在问卷最后，各位专家对本次调查问卷的整体效度、结构框架以及内容选取情况进行评分。按李克特5级量表评分法将答案划分为很差（计1分）、较差（计2分）、一般（计3分）、较好（计4分）、很好（计5分）。本研究中，问卷的整体效度、结构框架、内容选取专家评分均值均大于4，满分率分别达到40%、41%和36%，说明本次问卷调查的效度较好（见表6-3）。

表6-3　本调查问卷效度检验一览表

	平均值	满分率（100%）	标准差
整体效度	4.1	40%	0.57
结构框架	4	41%	0.60
内容选取	4	36%	0.55

根据以上专家调查结果，构建出含4个一级指标、13个二级指标的体育学研究生教育质量的社会测评组织机构的鉴定指标体系。

第三轮调查将上述指标体系制成《体育学研究生教育质量社会测评组织机构的政府鉴定指标体系》专家调查表3，对上述35位专家进行问卷调查，回收问卷33份，有效问卷31份，有效回收率达88.6%。计算每一指标的权重赋值均值，一级指标的权重均值即为该指标的权重，一级指标权重乘以该指标下二级指标权重赋值均值得到相应二级指标权重，形成体育学研究生教育质量的社会测评组织机构的鉴定指标体系权重（见表6-4）。

由表6-4可以看出，一级指标中，占有最高权重的指标是“结构和程序”；二级指标中，权重值排在前六位的依次为“具有明确的、约束力强的结构和程序”、“组织机构的性质”、“专业测评人员的保证”、“组织机构的质量观”、“对评估学科的专门理解”和“测评工作人员的特性”。专家对社会组织机构鉴定指标的赋值结果表明：

表6-4　体育学研究生教育质量的社会测评组织机构的鉴定指标体系权重

一级指标	权重（w_i）	二级指标	权重（w_i）
质量观与自我定位（A1）	0.212	组织机构的质量观（B1）	0.085
		组织机构的评定范围（B2）	0.047
		对评估学科的专门理解（B3）	0.081
结构和程序（A2）	0.391	具有明确的、约束力强的结构和程序（B4）	0.156
		确保相关利益主体的参与（B5）	0.078
		专业测评人员的保证（B6）	0.098
		对测评合作方的资质保证（B7）	0.059
独立性程度（A3）	0.202	组织机构的性质（B8）	0.121
		测评工作人员的特性（B9）	0.081
资源保障（A4）	0.195	人员与物质保障（B10）	0.078
		质量管理体系保障（B11）	0.059
		申述程序保障（B12）	0.029
		信息公开保障（B13）	0.029

①社会测评机构的自身建设规范和水平是审核和鉴定体育学研究生

教育质量社会测评机构最重要的因素。具体表现在：专家们都非常重视社会测评机构的结构和程序，其中最为看重是否具有开展高校内部各类评估、学位授权点、学科专业等各种评估的基本规范、评价标准及应用程序，看重各部门职权范围和责任领域以及人员安排的合理性、合法性，以及专业测评人员的胜任能力。

②社会测评机构的性质被认定为审核和鉴定体育学研究生教育质量社会测评机构的关键性指标。“官民二重性”是当前我国体育社团、体育社会组织发展的基本特征。治理社会下的体育社团、体育社会组织具有民间性、非营利性、独立性。治理社会背景下，体育研究生教育质量社会测评机构作为体育社会组织的一种，也应具有民间性、非营利性、独立性。这可能是专家们比较重视“组织机构的性质”和“测评工作人员的特性”这两个指标的原因。

③社会测评机构的发展理念是审核和鉴定体育学研究生教育质量社会测评机构的重要内容。发展理念是引领组织机构健康、可持续发展的灵魂。调查结果表明，专家们对组织机构的质量观是否与国家研究生教育发展需求、高校研究生教育的质量保证要求和社会对研究生质量的客观需要相适应，组织机构是否对评估学科有专门的理解，即组织机构是否对体育学研究生教育质量与其他学科研究生教育质量测评的异同有所认知，是否对体育学研究生教育的特殊性有所把握等问题较为关注，反映了发展理念在社会测评机构审核与评估中的重要性。

④人员和物质保障是资源保障中的核心要素。为了确保测评工作的正常运行，必须在资源上具有充足的保障，其中最为重要的是人员和物质上的持续保障，这是一个社会测评机构得以运行的重要基础。对此，专家们对指标的赋值也基本反映了这一事实：“人员与物质保障”的权重在“资源保障”中位居第一位。

（二）学位授予单位（点）和学科专业的评估

按照教育部关于新增博士、硕士学位授予单位的整体条件，需要对办学指导思想、教学与科研队伍、学科建设与教育质量、科学研究基础、办学条件（物质条件与制度条件）5 大方面进行评价①。教育部关于《学位授予单位研究生教育质量保证体系建设基本规范》从目标与标准、招生管理、培养过程与学位授予管理、导师岗位管理、研究生管理与服务、条件保障与质量监督、质量管理与质量文化 7 个方面来指导学位授予单位建设内部质量保证体系②。教育部对硕士学位授权点的合格评估主要从以下几个方面展开：学术队伍（学术带头人、导师队伍、研究方向）、科学研究（科研成果、科研项目及经费、专著与论文）、教学与人才培养（教学成果、课程建设、研究生创新能力培养、学位论文、社会评价）、工作条件（实验室设施、图书资料与信息环境、经费投入）、管理工作（管理制度、机构及人员、管理效果）③。2014 年，国务院学位委员会和教育部在开展学位授权点专项评估工作的通知中指出，要从师资队伍（队伍结构、导师水平）、人才培养（招生选拔、培养方案、课程教学、学术训练或实践教学、学位授予）和质量保证（制度建设、过程管理、学风教育）等方面来进行评估工作④。关于硕士、博士学位授权一级学科点以及硕士、博士学位授权学科专业点的基本条件评审，主要是从学科覆盖面、学术队伍、科学研究、教学与人才培养、工作条件、管理工作 6 个方面进行评估⑤。由上可见，政府对学位授予单位、学位授予点和一级学科专业的测评，主要是从学术队伍、科学研究、研究生培养、研究生管理、条件保障 5 个方面来进行的，重点关注

① 新增博士、硕士学位授予单位整体条件［EB/OL］. http://www.doc88.com/p-2136158965730.html.

② 学位授予单位研究生教育质量保证体系建设基本规范［EB/OL］. http://kaoyan.eol.cn/zheng_ce_bian_hua_3936/20140317/t20140317_1087106.shtml.

③ 硕士学位授权点评估指标体系［EB/OL］. http://www.doc88.com/p-3317979354410.html.

④ 国务院学位委员会，教育部. 关于开展 2014 年学位授权点专项评估工作的通知（学位〔2014〕17 号），http://www.moe.gov.cn/srcsite/A22/moe_839/201407/t201407_173899_html.

⑤ 博士学位授权一级学科点基本条件，博士学位授权学科专业点基本条件，硕士学位授权一级学科点基本条件，硕士学位授权学科、专业点基本条件［EB/OL］. http://www.doc88.com/p-956212403477.html.

已经具备或经过发展建成的条件性因素的评价。至于对体育学研究生重大决策的测评，主要参照学位授予单位、学位授予点和学科专业的测评进行。

1. 体育学研究生学位授予单位（点）和学科专业的政府评价指标的初选

综合学者们对学位与研究生教育质量的学位授予单位（点）和学科专业的政府评价的研究成果，结合体育学科自身的特点，通过访谈国务院学位委员会体育学学科评议组成员、学位与研究生教育管理人员、研究生教育质量测评方面的专家（共 10 人），初步形成体育学研究生学位授予单位（点）和学科专业的政府评价指标体系的基本框架，并拟定出体育学研究生学位授予单位（点）和学科专业的政府评价指标体系，这一体系含导师队伍（A1）、科学研究（A2）、研究生培养与管理（A3）、条件保障（A4）4 个一级指标，含队伍结构（B1）、团队建设（B2）、导师管理（B3）、科研项目（B4）、科研成果（B5）、学术交流（B6）、课程教学（B7）、学位论文（B8）、研究生创新能力培养（B9）、研究生就业（B10）、研究生管理（B11）、硬件保障（B12）、软件保障（B13）13 个二级指标，含学源结构（C1）、年龄结构（C2）、职称结构（C3）、学历结构（C4）、学科带头人与高级别专家（C5）、创新团队与教学团队建设（C6）、研究方向特色与优势（C7）、导师考核激励问责管理（C8）、交流研修管理（C9）、科研项目级别（C10）、科研经费（C11）、论文发表（C12）、科研成果获奖（C13）、专著出版（C14）、学术会议交流（C15）、国际国内合作交流（C16）、课程建设（C17）、教学效果（C18）、优秀率（C19）、合格率（C20）、创新成果（C21）、创新环境（C22）、一次性就业率与就业质量（C23）、毕业生成就与社会贡献（C24）、招生管理（C25）、培养过程管理（C26）、基础硬件（C27）、组织机构管理与基地建设（C28）、信息化与国际化水平（C29）、质量管理文化建设（C30）30 个三级指标。

2. 体育学研究生学位授予单位（点）和学科专业的政府评价指标的调整

对初步确立的指标，课题组进行进一步的遴选和甄别。将初拟的指标制成《体育学研究生学位授予单位（点）和学科专业的政府评价指标体系》专家调查表 1，对部分国务院学位委员会体育学学科评议组成员、学位与研究生教育相关管理人员、学位与研究生教育质量测评领域的专家、体育学研究生教育分管领导、全国高等学校体育教学指导委员会委员、学位与研究生教育质量测评领域的专家、体育学研究生导师共计 40 人进行问卷调查，回收问卷 35 份，有效问卷 32 份，有效回收率达 80%。调查问卷按照专家对体育学研究生学位授予单位（点）和学科专业的政府评价指标“同意”“不同意”及“指标修改建议”进行指标筛选和整理。按照多数原则，把“同意”通过率在三分之二（66.7%）以上作为第一轮指标入选的基本标准，同时考虑了他们对调整、合并指标的建议。

调查结果显示：（1）除了组织机构管理与基地建设（C28）外，其他指标通过率均达 70%以上。（2）普遍认为二级指标和三级指标在划分上，个别指标概念理解混乱，如“组织机构管理与基地建设”中的组织机构管理不是硬件保障，而属于软件保障的内容，建议整合到二级指标“软件保障”下的三级指标“质量管理文化建设”中。（3）由于社会对毕业生的认可度是评定研究生培养与就业质量的一个重要因素，建议在二级指标“研究生就业”下增加三级指标“社会对毕业生认可度”；（4）学科专业的社会服务能力，是评价其水平的重要指标，建议增补。综合问卷调查结果和专家意见，将体育学研究生学位授予单位（点）和学科专业的政府评价指标体系调整为 4 个一级指标、13 个二级指标和 33 个三级指标，并对这些指标的内涵进行了说明，见表 6-5。

3. 体育学研究生学位授予单位（点）和学科专业的政府评价指标体系的验证与确立

将以上备选评价指标按照合理性制成《体育学研究生学位授予单位（点）和学科专业的政府评价指标体系》专家调查表 2，再次发放给参与指标调整的 40 位专家进行调查，回收问卷 34 份，其中有效问卷 33 份，有效回收率为 82.5%，说明本次研究得到了专家的支持，调查符合统计学的要求。调查表将指标的合理性程度按李克特 5 级量表分为 5 个等级，分别为非常合理（计 5 分）、合理（计 4 分）、一般（计 3 分）、不合

表 6-5　体育学研究生学位授予单位（点）和学科专业的政府评价指标

一级指标	二级指标	三级指标	指标内涵
导师队伍（A1）	队伍结构（B1）	学源结构（C1）	学源覆盖面广、学科基础扎实，满足厚基础、宽口径研究生培养需求；师资队伍的国际化
		年龄结构（C2）	各年龄段教师比例，特别是中青年教师的比例
		职称结构（C3）	高级职称教师数量及比例
		学历结构（C4）	硕士以上学历教师比例，博士学位专业人员比例
	团队建设（B2）	学科带头人与高级别专家（C5）	学科带头人与中青年学科带头人数量及比例；长江学者、教育部新世纪人才、中青年突出贡献专家、省级突出贡献专家等国内、省内高层次专家数量；60 岁以下具有指导研究生水平和能力的高职人员数量
		创新团队与教学团队建设（C6）	国家级、省部级创新群体、创新团队、教学团队的建设情况
		研究方向特色与优势（C7）	研究方向相对稳定，特色突出，优势明显
		社会服务（C8）	服务经济、政治、文化、社会情况
		导师考核激励问责管理（C9）	导师招生资格审查制度、不同类型和不同层次研究生导师分类考核评价制度的建立与落实；是否有明确的导师激励制度和问责制度
		交流研修管理（C10）	是否建有导师国内外学术交流与合作制度，以及导师培训与晋升制度
科学研究（A2）	科研项目 导师管理 （B4） （B3）	科研项目级别（C11）	科研项目的数量、级别
		科研经费（C12）	科研项目的经费数量，横向经费与纵向经费的比例
	科研成果（B5）	论文发表（C13）	论文发表数量、级别及影响
		科研成果获奖（C14）	获得校级、省部级、国家级科研奖励的数量、级别
		专著出版（C15）	专著出版情况及影响
	学术交流（B6）	学术会议交流（C16）	参加国际、国内学术会议的次数及级别；承办国际、国内学术会议的次数及反响
		国际国内合作交流（C17）	国际、国内科研项目的合作与交流

续表

一级指标	二级指标	三级指标	指标内涵
研究生培养与管理（A3）	课程教学（B7）	课程建设（C18）	人才培养方案科学完备；高职人员或博士学位获得者担任必修课的门数与比例；课程的国际化、信息化与网络平台建设
		教学效果（C19）	获得教学成果奖的级别和数量；出版高质量的研究生教材的数量；研究生对教学效果的满意度
	学位论文（B8）	优秀率（C20）	获得全国、省级、校级优秀学位论文的数量及其占总学位授予人数的比例
		合格率（C21）	学位论文抽评、抽检合格率
	研究生创新能力培养（B9）	创新成果（C22）	研究生在校期间取得的标志性科研成果和实践教学的创新成果及社会反映
		创新环境（C23）	研究生创新能力培养的环境创设
	研究生就业（B10）	一次性就业率与就业质量（C24）	毕业生一次性就业人数与比例；就业或升学去向、签约单位的类型与地域等
		社会对毕业生认可度（C25）	研究生就业单位、家长等社会成员对研究生的评价
		毕业生成就与社会贡献（C26）	研究生对社会各界做出的贡献及影响
	研究生管理（B11）	招生管理（C27）	是否拥有公开的招生信息网络沟通平台；是否有明确具体的招生程序，是否具有合理的初试与复试制度，是否有人才选拔的质量标准；招生指标分配是否合理
		培养过程管理（C28）	是否具有课程教学质量监控体系、中期考核制度、学位论文制度和科研道德规范制度

续表

<table>
<tr><th>一级指标</th><th>二级指标</th><th>三级指标</th><th>指标内涵</th></tr>
<tr><td rowspan="5">条件保障（A4）</td><td rowspan="3">硬件保障（B12）</td><td>基础硬件（C29）</td><td>实验室、教研或实习基地的数量及等级，图书教育资源，研究技术与设备，体育场地设施等</td></tr>
<tr><td>科研基地（C30）</td><td>科学研究基地（或中心）的级别与数量</td></tr>
<tr><td>学科点（C31）</td><td>研究生学位授予点的层次与数量</td></tr>
<tr><td rowspan="2">软件保障（B13）</td><td>信息化与国际化水平（C32）</td><td>信息网络建设、信息技术应用等水平；国际化理念、中外合作办学、国际化管理等</td></tr>
<tr><td>质量管理文化建设（C33）</td><td>组织机构管理建设，自我评估制度、毕业生发展质量跟踪调查和反馈制度等制度建设；质量意识强化</td></tr>
</table>

理（计 2 分）、非常不合理（计 1 分）。把专家对每一个指标“意见集中度”和“意见协调度”作为筛选指标的依据（计算方法同前）。调查结果显示：所有指标合理性的均值范围是 3.53—4.63，变异系数取值范围是 0.12—0.23。因此，保留所有指标。

本次专家问卷调查结果表明专家权威系数（计算方法同前）均大于 0.7，权威系数达 1 的比例达到 30%，权威系数达 0.8 的比例达到 52%，说明本次的调查对象在体育学研究生学位授予单位（点）和学科专业的政府评价领域具备一定权威性。在问卷最后，各位专家对本次调查问卷的整体效度、结构框架以及内容选取情况进行评分。按李克特 5 级量表评分法将答案划分为 5 个等级，分别为很差（计 1 分）、较差（计 2 分）、一般（计 3 分）、较好（计 4 分）、很好（计 5 分）。本研究中，问卷的整体效度、结构框架、内容选取专家评分均值均大于 4，满分（5 分）率分别达到 38%、45%和 50%，说明本次问卷调查的效度较好（见表 6-6）。

表 6-6　本调查问卷效度检验一览表

	平均值	满分率（100%）	标准差
整体效度	4.16	38%	0.55
结构框架	4.24	45%	0.62
内容选取	4.31	50%	0.64

根据以上调查结果，构建出含4个一级指标、13个二级指标和33个三级指标的体育学研究生学位授予单位（点）和学科专业的政府评价指标。

4. 体育学研究生学位授予单位（点）和学科专业的政府评价指标权重的确立与分析

将上述指标制成《体育学研究生学位授予单位（点）和学科专业的政府评价指标体系》专家调查表3，对参与指标调整、验证与确立的40位专家以及20位在校研究生进行调查。回收问卷55份，其中有效问卷51份，有效回收率达85%。本调查主要对高校体育学研究生学位授予单位（点）和学科专业的政府评价指标的相对重要性进行对比，建立对比矩阵，对于重要性的判断采用1—9的等级，“同等重要、稍微重要、比较重要、十分重要、绝对重要”分别对应“1、3、5、7、9”的数值。采用yaahp6.0软件进行层次分析法计算体育学研究生学位授予单位（点）和学科专业的政府评价指标体系各级指标的权重。数据处理结果如下（见表6-7）：

A层单排序及一致性检验结果为：

W_A =（A1，A2，A3，A4）=（0.2983，0.3501，0.2512，0.1005），CR=0.0117<0.1，通过一致性检验。

B层单排序及一致性检验结果为：

W_{A1} =（B1，B2，B3）=（0.3071，0.5121，0.1808），CR=0.0152<0.1，通过一致性检验。

W_{A2} =（B4，B5，B6）=（0.3459，0.5467，0.1074），CR=0.0016<0.1，通过一致性检验。

W_{A3} =（B7，B8，B9，B10，B11）=（0.2286，0.3069，0.1567，0.2542，0.0536），CR=0.0018<0.1，通过一致性检验。

W_{A4} =（B12，B13）=（0.6502，0.3498），CR=0.0021<0.1，通过一致性检验。

归一化后层次总排序结果为：

W_B =（0.0916，0.1528，0.0539，0.1211，0.1914，0.0376，0.0574，0.0771，0.0394，0.0639，0.0135，0.0653，0.0352），CR=0.013<0.1，通过一致性检验。

C层单排序及一致性检验结果为：

W_{B1} = （C1，C2，C3，C4）=（0.1621，0.1591，0.3261，0.3527），CR=0.0013<0.1，通过一致性检验。

W_{B2} = （C5，C6，C7，C8）=（0.3295，0.3148，0.2034，0.1523），CR=0.0024<0.1，通过一致性检验。

W_{B3} =（C9，C10）=（0.5932，0.4068），CR=0.0024<0.1，通过一致性检验。

W_{B4} =（C11，C12）=（0.6094，0.3906），CR=0.0021<0.1，通过一致性检验。

W_{B5} =（C13，C14，C15）=（0.5061，0.1962，0.2977），CR=0.0021<0.1，通过一致性检验。

W_{B6} =（C16，C17）=（0.5498，0.4502），CR=0.0019<0.1，通过一致性检验。

W_{B7} =（C18，C19）=（0.4581，0.5419），CR=0.0024<0.1，通过一致性检验。

W_{B8} =（C20，C21）=（0.3176，0.6824），CR=0.0024<0.1，通过一致性检验。

W_{B9} =（C22，C23）=（0.6079，0.3921），CR=0.0025<0.1，通过一致性检验。

W_{B10} =（C24，C25，C26）=（0.5035，0.2032，0.2933），CR=0.0025<0.1，通过一致性检验。

W_{B11} =（C27，C28）=（0.3654，0.6346），CR=0.0021<0.1，通过一致性检验。

W_{B12} =（C29，C30，C31）=（0.6025，0.1736，0.2239），CR=0.0021<0.1，通过一致性检验。

W_{B13} =（C32，C33）=（0.5973，0.4027），CR=0.0022<0.1，通过一致性检验。

归一化后层次总排序结果为：

W_C =（0.0148，0.0146，0.0299，0.0323，0.0503，0.0481，0.0311，0.0233，0.032，0.0219，0.0738，0.0473，0.0969，0.0376，

0.0570，0.0207，0.0169，0.0263，0.0311，0.0245，0.0526，0.0239，0.0154，0.0322，0.0130，0.0187，0.0049，0.0085，0.0394，0.0113，0.0146，0.0210，0.0142)，CR＝0.025＜0.1，通过一致性检验。

从表6-7的权重结果来看，一级指标中所占权重最高的指标是科学研究，其次是导师队伍；二级指标中，权重占前7位的依次为：科研成果、团队建设、科研项目、队伍结构、学位论文、硬件保障、研究生就业；三级指标中权重排在前6位的依次为：论文发表、科研项目级别、专著出版、学位论文合格率、学科带头人与高级别专家、创新团队和教学团队建设。

表6-7　体育学研究生学位授予单位（点）和学科专业的政府评价指标权重

一级指标	权重（w_i）	二级指标	权重（w_i）	三级指标	权重（w_i）
导师队伍（A1）	0.2983	队伍结构（B1）	0.0916	学源结构（C1）	0.0148
				年龄结构（C2）	0.0146
				职称结构（C3）	0.0299
				学历结构（C4）	0.0323
		团队建设（B2）	0.1528	学科带头人与高级别专家（C5）	0.0503
				创新团队与教学团队建设（C6）	0.0481
				研究方向特色与优势（C7）	0.0311
				社会服务（C8）	0.0233
		导师管理（B3）	0.0539	导师考核激励问责管理（C9）	0.032
				交流研修管理（C10）	0.0219
科学研究（A2）	0.3501	科研项目（B4）	0.1211	科研项目级别（C11）	0.0738
				科研经费（C12）	0.0473
		科研成果（B5）	0.1914	论文发表（C13）	0.0969
				科研成果获奖（C14）	0.0376
				专著出版（C15）	0.057
		学术交流（B6）	0.0376	学术会议交流（C16）	0.0207
				国际国内合作交流（C17）	0.0169

续表

一级指标	权重（w_i）	二级指标	权重（w_i）	三级指标	权重（w_i）
研究生培养与管理（A3）	0.2512	课程教学（B7）	0.0574	课程建设（C18）	0.0263
				教学效果（C19）	0.0311
		学位论文（B8）	0.0771	优秀率（C20）	0.0245
				合格率（C21）	0.0526
		研究生创新能力培养（B9）	0.0394	创新成果（C22）	0.0239
				创新环境（C23）	0.0154
		研究生就业（B10）	0.0639	一次性就业率与就业质量（C24）	0.0322
				社会对毕业生认可度（C25）	0.013
				毕业生成就和社会贡献（C26）	0.0187
		研究生管理（B11）	0.0135	招生管理（C27）	0.0049
				培养过程管理（C28）	0.0085
条件保障（A4）	0.1005	硬件保障（B12）	0.0653	基础硬件（C29）	0.0394
				科研基地（C30）	0.0113
				学科点（C31）	0.0146
		软件保障（B13）	0.0352	信息化与国际化水平（C32）	0.021
				质量管理文化建设（C33）	0.0142

可见，已经具备或经过发展建成的条件性因素是政府对体育学研究生学位授予单位（点）和学科专业评价时最为关注的要素，这与前面的理论分析一致。在体育学研究生学位授予单位（点）和学科专业的这些条件性因素中，对于科学研究和导师队伍建设的重视，体现了科学研究和导师队伍在体育学研究生教育质量提升中的基础地位，反映了当前学位授予单位（点）和学科专业发展的科研导向及学科建设意识，符合研究生教育发展的整体趋势。这也提示我们，在体育学研究生教育中，要明确区分与体育学本科教育的区别，突出研究生教育学术性、建设性、创新性的特征，而不能仍局限于体育学本科教育的专业性和职业性发展上。

学位论文和研究生就业是衡量体育学研究生学位授予单位（点）及学科专业发展水平的两个重要因素。由表6-7可以看出，在研究生培养和管理中，学位论文和研究生就业是进入前7名的两个二级指标，反映专家们对学位论文和研究生就业两个指标在研究生培养中的重要性有较高的一致性认识。学位论文是研究生学习成果和科研能力的一个集中体现，在研究生教育培养中一直备受关注。近年来，研究生就业成为衡量研究生教育水平的一个新的重要指标，表明研究生教育开始重视研究生教育产品的终结性评价，注重研究生培养的形成性评价与终结性评价的有机结合。

在审核和评价体育学研究生学位授予单位（点）及学科专业时，硬件保障是条件保障指标中最重要的指标。从表6-7可以看出，“条件保障”在整个测评指标体系中的权重只有0.1005，“硬件保障”的权重就有0.0653，占大约65%。此外，信息化、国际化水平作为软件保障中的重要因素受到了关注。

四、政府评价的程序方法与结果处理

在测评程序和方法上，由于政府评价具有一定的强制性和权威性，而被测评的体育学研究生培养单位种类较多，既有单科体育院校，也有师范性大学和综合性大学，且还存在地域、特色、实力等各方面因素的影响。因此，只能采取先由体育学研究生培养单位参照设定的标准进行自我评价，然后由政府组织同行专家进行通讯评议或实地考察，最后召开专家鉴定会得出评价结果这样的程序。它的优点是计划性很强，便于政府从宏观上进行统筹规划，容易操作；缺点在于由于评价对象复杂多样，可能会带来大量的人力、物力和财力负担。因此，这样的政府评价一般不宜过于频繁，应适当拉长周期。

在评价方法上，政府评价是全国范围内统一的评价，使用的评价标准都一致，主要是对办学资源、办学条件等客观性条件的评价。因此，为了便于统计以及比较，政府评价比较强调定量的评价方法。

在评价结果处理上，政府评价结果一般不公开，但要上报政府行政部门作为对体育学研究生教育进行财政拨款、资助以及奖惩的依据。

第三节　体育学研究生教育质量测评体系中的社会评价

根据研究生教育质量的影响因素，我国建立了相应的研究生评价制度，包括学校内部评价和学校外部评价。其中，内部评价主要是高校内部各种形式的质量控制、质量管理和自我评价活动；学校外部评价主要指教育行政部门对学校教育质量的评价。无论是学校内部评价还是学校外部评价，其评价重点都集中在大学的构成要素上，比如师资队伍、学术研究、学校硬件设施、课程建设与教学改革、研究生教育管理等方面，且这些评估指标大多是从政府、学校的角度来谈的。治理社会多元利益主体开始被重视，使得政府不再是体育学研究生教育质量评价的唯一主体，政府之外的所有利益相关者都有权对体育学研究生教育质量问责。由于社会和市场是检验研究生教育质量的最终场域，因此社会评价逐渐成为治理社会体育学研究生教育质量测评的一种新形式。

一、社会评价的功能与特点

社会评价是具有一定权威的社会团体不受国家及任何教育管理部门的委托，独立地对学校教育活动所进行的一种评价①。社会评价，有时也被称为民间评价，主要是指非政府、非官方的各种专业协会、学术团体、民间基金会、新闻媒体、私人团体等主动、独立开展的质量测评活动。社会评价不具备很大的强制性，其社会影响力和权威性主要靠其评价的专业性、科学性和可信性获得。社会评价的最终结果是为政府评价和高校评价提供参考，向被评价单位反映社会各方利益诉求，为社会就业、就学和人才流动提供信息，具有很高的社会公开性和一定的社会舆论监督作用。

社会评价在保障体育学研究生教育质量上具有其他评价主体无法替代的作用。第一，由于社会发展对人才需求的多样化，使研究生教育的价值取向发生了很大的变化，研究生教育不仅具有传统的学术价值，还

---

① 陶西平．教育评价词典［M］．北京：北京师范大学出版社，1998：95.

具有适应社会职业需求的社会价值和应用价值。研究生教育价值取向的变化使研究生教育的类型也随之多元化，专业学位研究生成为与传统学术研究生并驾齐驱的研究生教育新类型。研究生教育的社会价值和学位类型的多样化，使得研究生教育必须充分考虑社会需求的变化，并在质量测评上引入社会评价。第二，市民社会的崛起，家长、用人单位、研究生个人等社会主体作为研究生教育利益相关人，对研究生教育质量有不同的需求。相对政府评价和高校评价而言，社会评价可以更直接地反映社会主体的利益诉求。为了保障社会主体的合法利益、满足他们的不同需求，因此要更加重视社会评价。第三，从政府、高校、社会三者的关系模型来看，只有确立社会评价在研究生教育质量测评体系中的地位，才能有效地实现政府职能转变、增强高校的自我评价能力。归纳起来，在整个体育学研究生教育质量测评体系中，社会评价的功能主要是加强高校与社会的联系，促使高校的体育学研究生教育反映社会需求，为社会发展服务，同时为高校建立良好的社会声誉，为争取更多的政府支持和社会资源提供条件。此外，社会评价能减轻政府评价的负担，兼顾政府无法兼顾的领域，促进政府职能的转变。

社会评价具有以下特点：(1) 评价主体的广泛性。社会评价的主体不像政府和高校那么单一，它包括了各种学术团体、专业协会、中介机构等自律性组织，也包括研究生用人单位、家长、研究生个人等不同需求的利益关系人，主体涉及面广。(2) 评价活动的专业性和科学性。与政府评价通过强制性和约束性发挥其权威作用不同，社会评价的权威性主要看其是否提供了专业、科学的评价服务，是否体现体育学的学科特色和专业实况，评价结果是否真实可信等。(3) 评价活动的灵活性与复杂性。社会评价主体的多元化，使社会评价既包括各种单项评价也包括基于各单项评价基础上的综合评价，评价的类型也较多，既可以是水平评价，也可以是鉴定评价，还可以是选优评价等，这就使评价具有较大的灵活性，同时也较为复杂。(4) 强调结果性评价。与重视办学资源、办学条件、制度建设水平的政府评价不同，社会评价重点评价体育学研究生教育的产出成果，即关注对教育结果（如毕业研究生的数量与质量、导师素质的提升、教学与学术研究成果、就业率等）的评价。

二、社会评价的范围与内容

从国际体育学研究生教育社会评价的经验来看，研究生教育质量社会评价的范围和内容是相当广泛的，它既可以是学术团体、专业协会、中介机构等自律性组织对体育学研究生教育质量所做出的评价，也可以是研究生用人单位、家长、研究生个人等利益关系人对体育毕业研究生教育质量所做的评价；既有单项评价与整体评价，也有水平评价和选优评价等；既可承担政府和高校的委托任务，也可承担相关利益关系人的委托任务，还可以独立自主地开展测评活动等。

2014 年国务院学位委员会、教育部《关于加强学位与研究生教育质量保证和监督体系建设的意见》强调，要充分发挥学术组织、行业部门和社会机构的监督作用，逐步建立独立、科学、公正，且具有良好声誉的研究生教育质量社会评价机制①。近年来，我国出现了一些社会评价中介组织和民间的体育学研究生教育质量排名，但由于这些社会组织和社会机构没有法律、法规的依据，其合法性和权威性不够，再加上这些组织和机构的评价活动也缺乏相应的规范，造成了一些负面影响。可见，我国体育学研究生教育的社会评价主体还很不成熟，急需在国家研究生教育质量保证和监督体系建设的整体要求下，进一步发挥体育学研究生教育的学术组织、行业部门和社会机构的作用，并引导它们积极地参与体育学研究生教育质量的测评，以建立良好的社会评价机制。

三、社会评价的指标设计、验证及权重分析

由于体育学研究生教育的社会利益关联人较多，不同的利益主体对体育学研究生教育的需求和价值取向不同，导致社会评价目的、社会评价对象的多样化，因此要建立一个较为统一的指标评价体系相对较难。而

① 国务院学位委员会，教育部. 国务院学位委员会 教育部关于加强学位与研究生教育质量保证和监督体系建设的意见［EB/OL］. http://www.moe.gov.cn/publicfiles/business/htmlfiles/moe/s7065/201403/xxgk_165554.html，2014-02-12.

当前我国社会评价机制不健全，更使我国对研究生教育质量的社会评价指标体系的探索处于薄弱状态，体育学研究生教育在这方面亦是如此。

研究生教育质量评价除了要考虑其灵活性外，还要重视其整体的价值取向。长期以来，我国研究生教育质量保证措施较少考虑成本控制，随着研究生教育规模的扩大，即便以牺牲成本为代价也难以维系这种质量保证体系。任何质量保证都需要付出成本，同时必须考虑质量保证效果与成本之比。如前所述，政府评价关注办学资源、办学条件、制度建设水平等条件性因素评价，而社会评价重视研究生教育产出成果的结果性评价，较为关注教育结果，如毕业研究生的数量与质量、导师素质的提升、教学与学术研究成果、就业率等。社会评价强调产出成果的结果性评价，可以促进研究生教育更加关注投入和产出的效率，突出教育的经济性。基于此，本研究着力建构一个适合评价体育学研究生教育产出成果的社会评价指标体系，为我国体育学研究生教育质量的社会评价提供一个基本的蓝本。

1. 体育学研究生教育质量社会评价指标的初选

在现有的文献中，对研究生教育质量的社会评价指标进行研究的成果并不多见，但已有研究却为本研究指标体系的初步选择提供了参照。例如，赵铁、林昆勇认为，人才培养质量的社会评价要从用人单位和非用人单位的角度来进行评价①；杨红娟、韩东华运用递阶多层次评价方法对高等学校毕业生指标体系进行构建，将高校毕业生的社会评价指标体系划分为毕业生评价、用人单位评价、公众评价 3 个一级指标，以及办学条件、办学水平、德、能、绩、勤、健、就 8 个二级指标和 28 个三级指标②；之后又有人对高校毕业生的社会评价指标进行完善，分为 3 个一级指标、9 个二级指标和 37 个三级指标③。

---

① 赵铁，林昆勇. 人才培养质量社会评价指标体系的构建 [J]. 高教论坛，2004 (3)：146-149+172.

② 杨红娟，韩东华. 高校毕业生社会评价模型构建之探索 [J]. 昆明理工大学学报 (社会科学版)，2006 (4)：101-105.

③ 徐秀英，韩美贵，李中华. 高校毕业生社会评价反馈与教学适应机制研究 [J]. 高等工程教育研究，2008 (2)：92-95.

在体育学研究生教育领域，有学者认为要想提高研究生教育质量首先必须创新教育理念，然后要使人才培养适应社会发展需求，重点抓培养方案的完善、导师队伍的建设、学位论文的评审和监督力度①；还有学者认为应以社会需求为出发点来培养体育学研究生②。这些研究都意识到了社会需求在体育学研究生教育中的重要性，但目前仍未有研究对社会需求的具体指标进行考察，致使高校体育学研究生教育与社会需求的契合度不高③。不过，在本科教育层面，有人对体育教育专业本科毕业生综合素质的社会评价体系进行了构建，划分为身体素质、体育专业素质、体育专业文化素质、体育道德素质 4 个一级指标和 18 个二级指标④，这为体育学研究生教育质量的社会评价指标遴选提供了参考。

基于以上研究，结合体育学研究生教育的自身特点，我们将体育学研究生教育质量的社会评价指标初步确立为人才规格（A1）、办学情况（A2）和公信力（A3）3 个一级指标，德（B1）、能（B2）、勤（B3）、绩（B4）、健（B5）、办学条件（B6）、办学水平（B7）、就业（B8）、声誉（B9）9 个二级指标，以及政治素质（C1）、思想素质（C2）、职业道德（C3）、社会公德（C4）、理论知识水平（C5）、体育教育能力（C6）、体育科研能力（C7）、外语水平（C8）、计算机应用能力（C9）、表达能力（C10）、问题解决能力（C11）、组织管理能力（C12）、协调能力（C13）、出勤情况（C14）、钻研情况（C15）、工作数量（C16）、工作质量（C17）、工作方法（C18）、工作效率（C19）、身体健康（C20）、心理健康（C21）、社会适应能力（C22）、硬件条件（C23）、校风（C24）、

① 张瑞林. 我国体育硕士研究生培养模式研究 [D]. 福州：福建师范大学，2009.

② 张心雨. 体现硕士研究生弹性学制培养体系探析 [D]. 武汉：武汉体育学院，2007.

③ 关海涛. 我国体育学科硕士研究生培养现状的调查研究 [D]. 武汉：华中师范大学，2006.

④ 夏成木. 体育教育毕业生综合素质评价体系的构建 [J]. 成都体育学院学报，2006 (4)：110-113.

学风（C25）、课程设置（C26）、基础课教学质量（C27）、专业课教学质量（C28）、实践性的教学效果（C29）、学科建设水平（C30）、学生培养工作（C31）、就业率（C32）、专业相关度（C33）、薪金水平（C34）、就业结构（C35）、专业知名度（C36）、学校知名度（C37）37 个三级指标，并对这些指标的内涵进行了说明。

2. 体育学研究生教育质量社会评价指标的调整

将初步拟定的指标体系制成《体育学研究生教育质量社会评价指标体系》专家调查表 1，对体育学和教育学领域内长期从事研究生教育质量监管及研究的专家（5 人）、用人单位的领导（12 人）进行问卷调查，回收问卷 15 份，有效问卷 14 份，有效回收率 82.4%。对体育学研究生教育质量的社会评价指标按“同意”“不同意”及“建议指标”进行指标筛选。把“同意”通过率达三分之二（66.7%）以上的指标作为第一轮入选标准。调查结果显示：（1）3 个一级指标和 9 个二级指标通过率均达 85%以上。（2）表达能力（C10）、问题解决能力（C11）和学生培养工作（C31）这三个三级指标“同意”通过率低于 66.7%，因此予以删除。（3）在二级指标“德”中，政治素质、思想素质、职业道德、社会公德 4 个指标的层次关系不清楚，后两者同属于道德素质，建议将职业道德和社会公德合并为道德素质。（4）对体育学研究生的特殊性关注不够，如建议在二级指标“能（B2）”中，增加“运动技术表现能力”，因为运动技术表现能力是体育学研究生区别于其他学科研究生最基本的能力。（5）二级指标“办学条件（B6）”分类不清，建议调整为硬件设施、软件环境、师资队伍、培养方案 4 个三级指标。（6）二级指标“能（B2）”下的三级指标划分过细，建议将外语水平（C8）、计算机应用能力（C9）、组织管理能力（C12）、协调能力（C13）4 个二级指标合并为“专业辅助能力”。（7）建议将“心理健康（C21）”和“社会适应能力（C22）”合并为“心理健康与社会适应”。据此，根据专家调查的意见，将体育学研究生教育质量社会评价指标调整为含 3 个一级指标、9 个二级指标和 30 个三级指标的指标体系。

3. 体育学研究生教育质量社会评价指标的验证与确立

将以上备选评价指标按照合理性制成《体育学研究生教育质量社会评

价指标体系》专家调查表 2。在第一轮参与指标调整的 17 位专家、领导基础上，将调查样本量扩至 55 人，即质量监管和研究专家（10 人）、用人单位领导（15 人）、毕业生代表（15 人）和对研究生教育比较了解的研究生家长（15 人）。共回收问卷 50 份，其中有效问卷 48 份，有效回收率为 87.3%，说明本次研究得到了专家及各利益相关主体的支持，调查符合统计学的要求。调查表将指标的合理性程度按李克特 5 级量表分为 5 个等级，分别为非常合理（计 5 分）、合理（计 4 分）、一般（计3 分）、不合理（计 2 分）、非常不合理（计 1 分）。按照专家及各利益相关主体对每一个指标“意见集中度”和“意见协调度”作为筛选指标的依据（计算方法同前）。调查结果显示：除了三级指标工作方法(C13 的均值为 3.1，变异系数为 0.28）外，其余所有指标合理性的均值范围是 3.89—4.67，变异系数取值范围是 0.15—0.27。因此，删除三级指标工作方法（C13）。

本次专家问卷调查结果表明权威系数（计算方法同前）均大于 0.75，权威系数达 1 的比例达到 50%，权威系数达 0.8 的比例达到 45%，说明本次调查的专家在体育学研究生教育质量社会评价领域具备一定权威性。

在问卷最后，各位专家对本次调查问卷的整体效度、结构框架以及内容选取情况进行评分。按李克特 5 级量表评分法将答案划分为 5 个等级，分别为很差（计 1 分）、较差（计 2 分）、一般（计 3 分）、较好（计 4 分）、很好（计 5 分）。本研究中，问卷的整体效度、结构框架、内容选取专家评分均值均大于 4，满分（5 分）率分别达到 40%、41%和 36%，说明本次问卷调查的效度较好（见表 6-8）。

表 6-8　本调查问卷效度检验一览表

	平均值	满分率（100%）	标准差
整体效度	4.3	40%	0.56
结构框架	4.2	41%	0.61
内容选取	4.1	36%	0.65

根据以上专家调查结果，构建出含 3 个一级指标、9 个二级指标和 29 个三级指标的体育学研究生教育质量的社会评价指标（见表 6-9）。

表 6-9 体育学研究生教育质量的社会评价指标

一级指标	二级指标	三级指标	指标内涵
人才规格（A1）	德（B1）	政治素质（C1）	政治立场、政治信念，以及对体育制度和体育政策的态度及认知水平
		思想素质（C2）	谦虚谨慎，严于律已，宽以待人，热爱学生，公平公正，积极进取，合作共进
		道德素质（C3）	社会公德、职业道德、科研道德，体育职业认同及爱岗敬业精神
	能（B2）	理论知识水平（C4）	具备的教育学、心理学等基础学科知识，以及与体育相关的体育学专业知识
		运动技术表现能力（C5）	对一般及专项运动技术动作的掌握及展现能力；运动技术等级
		体育教育能力（C6）	将自己掌握的理论知识和运动技能应用于体育教学、体育竞赛、业余训练、健身指导上的能力
		体育科研能力（C7）	发现、分析、解决体育问题的能力，体育科研论文的撰写创新能力，体育科研成果的数量与质量
		专业辅助能力（C8）	外语水平、计算机应用能力、组织管理与协调沟通能力
	勤（B3）	出勤情况（C9）	迟到、早退、旷工情况
		钻研情况（C10）	对工作中出现的问题进行探索性思考并进行钻研以解决问题的情况
	绩（B4）	工作数量（C11）	工作量的完成情况
		工作质量（C12）	工作完成的质量和效果
		工作效率（C13）	办事效率的高低
	健（B5）	身体健康（C14）	身体适应自然环境、社会工作环境的情况，一般身体素质及专项运动素质
		心理健康与社会适应（C15）	认知、情感、意志、需要、动机、兴趣等适应工作能力，以及与社会和工作达到和谐状态的执行适应力

续表

一级指标	二级指标	三级指标	指标内涵
办学情况（A2）	办学条件（B6）	硬件设施（C16）	学校校舍、教学设备、教育技术、图书馆等教育资源，体育场馆、设施、设备等，实验室和实习基地建设
		软件环境（C17）	校园环境，校风，学风，学术交流的频度
		师资队伍（C18）	研究生导师的素质、研究生导师对学生的指导模式、研究生导师的队伍建设等
		培养方案（C19）	人才培养方案的整体性，研究生课程设置的合理性、针对性、发展性和社会适应性，人才培养方案的执行情况
	办学水平（B7）	基础课教学质量（C20）	按照人才培养方案学习专业基础课程，为后期专业课程学习和适应工作需要所发挥的基础性价值
		专业课教学质量（C21）	教学目标是否科学合理，教学内容是否与时俱进，教学方法运用是否得当，体育理论知识学习与运动技术学习的衔接与契合度
		实践性教学的效果（C22）	学生实践动手能力，理论知识和研究课题应用于实践的反思与调整，实验室和实习基地的进一步发展
		学科建设水平（C23）	研究生学位授予点层次与数量，科研成果及影响力
公信力（A3）	就业（B8）	就业率（C24）	体育学研究生就业人数占全部总人数的比例
		专业相关度（C25）	体育学研究生就业与所学专业相关的人数占总人数的比例
		薪金水平（C26）	就业薪金与同专业本科生相比情况
		就业结构（C27）	毕业生到企事业单位、高校、自主创业、继续深造及待业等不同性质工作之间的比例
	声誉（B9）	专业知名度（C28）	体育学研究生所学专业在具有一定公信力排名中的地位
		学校知名度（C29）	体育学研究生毕业前所在学校在具有一定公信力排名中的地位

4. 体育学研究生教育质量社会评价指标权重的确定与分析

将上述指标制成《体育学研究生教育质量社会评价指标体系》专家调查表3，对包括参与指标验证与确立的55位专家与相关利益主体在内的研究生教育质量监管和研究专家、用人单位的领导、毕业生代表和对研究生教育比较了解的研究生家长代表共100人进行问卷调查，回收问卷92份，其中有效问卷88份，有效回收率达88%。问卷主要对体育学研究生教育质量社会评价指标的相对重要性进行对比，建立对比矩阵，对于重要性的判断采用1—9的等级，“同等重要、稍微重要、比较重要、十分重要、绝对重要”分别对应“1、3、5、7、9”的数值。采用yaahp6.0软件进行层次分析法计算体育学研究生教育质量的社会评价指标体系各级指标的权重（见表6-10）。

数据处理结果为：

A层单排序及一致性检验结果为：

WA＝（A1，A2，A3）＝（0.5570，0.2528，0.1902），$CR=0.0171<0.1$，通过一致性检验。

B层单排序及一致性检验结果为：

W_{A1}＝（B1，B2，B3，B4，B5）＝（0.1538，0.3351，0.1016，0.2878，0.1217），$CR=0.0129<0.1$，通过一致性检验。

W_{A2}＝（B6，B7）＝（0.4513，0.5487），$CR=0.0014<0.1$，通过一致性检验。

W_{A3}＝（B8，B9）＝（0.6198，0.3802），$CR=0.0012<0.1$，通过一致性检验。

归一化后层次总排序结果为：

W_B＝（0.0857，0.1867，0.0566，0.1603，0.0678，0.1141，0.1387，0.1179，0.0723），$CR=0.015<0.1$，通过一致性检验。

C层单排序及一致性检验结果为：

W_{B1}＝（C1，C2，C3）＝（0.3023，0.2026，0.495），$CR=0.0012<0.1$，通过一致性检验。

W_{B2}＝（C4，C5，C6，C7，C8）＝（0.1892，0.1968，0.3029，0.1934，0.1177），$CR=0.0004<0.1$，通过一致性检验。

W_{B3}＝（C9，C10）＝（0.4502，0.5498），CR＝0.0011＜0.1，通过一致性检验。

W_{B4}＝（C11，C12，C13）＝（0.3093，0.4618，0.2289），CR＝0.0015＜0.1，通过一致性检验。

W_{B5}＝（C14，C15）＝（0.4508，0.5491），CR＝0.0012＜0.1，通过一致性检验。

W_{B6}＝（C16，C17，C18，C19）＝（0.2828，0.1072，0.3928，0.2172），CR＝0.0016＜0.1，通过一致性检验。

W_{B7}＝（C20，C21，C22，C23）＝（0.2195，0.2343，0.2055，0.3407），CR＝0.0039＜0.1，通过一致性检验。

W_{B8}＝（C24，C25，C26，C27）＝（0.3708，0.2229，0.2071，0.1992），CR＝0.0013＜0.1，通过一致性检验。

W_{B9}＝（C28，C29）＝（0.5802，0.4198），CR＝0.0015＜0.1，通过一致性检验。

归一化后层次总排序结果为：

W_{C}＝（0.0278，0.0186，0.0455，0.0379，0.0394，0.0606，0.0387，0.0235，0.03，0.0367，0.0531，0.0793，0.0393，0.0301，0.0366，0.0266，0.0101，0.037，0.0205，0.0309，0.0329，0.0289，0.0479，0.0437，0.0263，0.0244，0.0235，0.0439，0.0318），CR＝0.026＜0.1，通过一致性检验。

从权重结果来看，社会评价较为重视反映研究生教育质量的指标——人才规格（0.5570），而在人才规格的二级指标中，权重最高的又是“能”（0.1867）和“绩”（0.1603）。可见，社会在研究生教育上更看重能直接体现质量的指标——人才的能力和成绩，研究生教育从“规模扩张”向“质量提高”的战略转移已是社会的迫切要求。

办学情况（0.2528）和公信力（0.1902）两个一级指标下的二级指标中，办学水平（0.1387）、就业（0.1179）、办学条件（0.1141）三个内涵性指标相对于声誉（0.0723）指标更为重要。可见，社会评价在所选择的二个 级指标中，都较为重视内涵性指标，这表明研究生教育质量的提升要从内涵抓起，走内涵式发展道路，即从学生自身抓质量，从学校层面抓办学水平和就业，加强办学条件的跟进。

表 6-10　体育学研究生教育质量社会评价指标权重的确立

一级指标	权重（w_i）	二级指标	权重（w_i）	三级指标	权重（w_i）
人才规格（A1）	0.5570	德（B1）	0.0857	政治素质（C1）	0.0259
				思想素质（C2）	0.0174
				道德素质（C3）	0.0424
		能（B2）	0.1867	理论知识水平（C4）	0.0353
				运动技术表现能力（C5）	0.0367
				体育教育能力（C6）	0.0565
				体育科研能力（C7）	0.0361
				专业辅助能力（C8）	0.0220
		勤（B3）	0.0566	出勤情况（C9）	0.0255
				钻研情况（C10）	0.0311
		绩（B4）	0.1603	工作数量（C11）	0.0496
				工作质量（C12）	0.0740
				工作效率（C13）	0.0367
		健（B5）	0.0678	身体健康（C14）	0.0306
				心理健康与社会适应（C15）	0.0372
办学情况（A2）	0.2528	办学条件（B6）	0.1141	硬件设施（C16）	0.0323
				软件建设（C17）	0.0122
				师资队伍（C18）	0.0448
				培养方案（C19）	0.0248
		办学水平（B7）	0.1387	基础课教学质量（C20）	0.0304
				专业课教学质量（C21）	0.0325
				实践性教学的效果（C22）	0.0285
				学科建设水平（C23）	0.0473

续表

一级指标	权重（w_i）	二级指标	权重（w_i）	三级指标	权重（w_i）
公信力（A3）	0.1902	就业（B8）	0.1179	就业率（C24）	0.0437
				专业相关度（C25）	0.0263
				薪金水平（C26）	0.0244
				就业结构（C27）	0.0235
		声誉（B9）	0.0723	专业知名度（C28）	0.0420
				学校知名度（C29）	0.0304

在各三级指标中，权重排在前3位的是工作质量、体育教育能力和工作数量，表明社会评价很看重体育学研究生的工作业绩和体育教育能力。其次，学科建设水平、师资队伍、就业率、道德素质、专业知名度等指标也是重点关注的内容，表明研究生培养单位要加强学科建设和师资队伍建设，进一步提高研究生就业率和专业知名度，狠抓学生的道德素质建设，为培养社会所需要的人才服务。

四、社会评价的方法程序与结果处理

社会评价的方法程序大致分为两种：

（1）定性评价法及程序。以学术团体、专业协会、中介机构等为主体的社会评价较为强调同行声誉评价，是一种定性评价法。这种评价首先要确定评价对象，然后制定评价指标体系，通过通讯评议的方式进行同行专家声誉调查和打分来评判体育学研究生教育质量。

（2）定量评价法及程序。以私人团体、新闻媒体等为主体的研究生教育质量评价及排行，更强调收集客观信息，是一种定量评价的方法。这种评价方法的程序是：首先明确评价的内容和范围；其次设计指标体系，并按需要进行数据和信息的收集及采集工作，然后利用一定的方法和技术手段对这些信息及数据进行统计、分析、综合、比较、整理；最后是在对数据和信息进行分析及处理的基础上形成评价的结果，并选择恰当的方式反馈结果，或在新闻媒体上发表，或不公开发表而只将结果反馈给被评价单位帮助其改进工作。

社会评价的结果往往作为参考提供给委托人以帮助他们做出决策和提供服务，可以公开也可以不公开。

社会评价要真正科学、可靠，具备权威性，除了社会评价机构的资格必须经过政府或其他社会权威专门性机构审核合格外，还必须对其评价过程及结果进行再评价。对社会评价进行再评价的机构必须具有一定的权威性，可以是国家机构，也可以是某种权威性社会机构。在我国现实国情下，由政府担当社会评价的再评价者是一个现实的选择①。

第四节　体育学研究生教育质量测评体系中的高校自我评价

高校自我评价是高校内部自行组织实施的评价，是对高校教育活动进行自我调节与自我完善的重要手段。2012 年 4 月，教育部印发《教育部关于全面提高高等教育质量的若干意见》，要求“加强高校自我评估，健全校内质量保障体系”②。2013 年印发的《关于深化研究生教育改革的意见》及其后出台的一系列配套文件，要求学位管理与研究生教育将质量保证和监督体系建设的重心下移到学位授予单位，学位授予单位也要将质量保证的重心下移到各院系和导师，以研究生和导师为核心，从研究生教育基本活动入手，激发学生和导师的活力③。2014 年国务院学位委员会、教育部《关于加强学位与研究生教育质量保证和监督体系建设的意见》把“构建以学位授予单位质量保证为基础，教育行政部门监管为引导，学术组织、行业部门和社会机构积极参与的内部质量保证和外部质量监督体系”作为建设的基本目标，推动研究生培养单位建立常

① 潘武玲. 我国研究生教育质量评价体系研究［D］. 上海：华东师范大学，2004.

② 教育部. 教育部关于全面提高高等教育质量的若干意见［EB/OL］. http：www. moe. gov. cn/srcsite/A08/s7056/20120316 _ 146673. html. 2012-03-16.

③ 教育部，国家发展改革委，财政部. 教育部 国家发展改革委 财政部 关于深化研究生教育改革的意见［EB/OL］. http：//www. moe. gov. cn/srcsite/A22/s7065/201304/t20130419 _ 154118. html. 2013-04-19.

态化的自我评估制度，要求“明确学位授予单位第一主体的职责，增强质量自律，培育质量文化”①。可见，完善高校自我评价体系成为新时期国家学位与研究生教育综合改革的重要目标和任务。体育学研究生教育作为研究生教育的组成部分，也应遵循和顺应这一改革趋势，逐步建立健全适合体育学研究生教育特点的高校自我评价体系。

一、高校自我评价的功能与现实必要性

体育学研究生教育质量测评体系中的高校自我评价，主要是指高校主体对体育学研究生教育满足体育学术与专业发展、促进体育学研究生个人发展的程度所作的价值判断。高校自我评价的主要功能在于分析、诊断并发现体育学研究生教育质量形成过程中的优势与不足，及时进行甄别与反馈性诊断，总结经验和发现问题，为高校体育学研究生教育改革提供依据和材料支撑，促进体育学研究生教育质量的不断提升，实现价值的增值。高校自我评价的对象是体育学研究生教育的整个过程，是一种形成性评价。它突出强调的是体育学研究生教育质量测评的诊断性、发展性、建设性价值与功能。

当前，高校在我国体育学研究生教育质量测评体系中的主体地位尚未完全建立。虽然有些高校为了提高体育学研究生的招生质量，监督体育学研究生的培养过程，从高校或学院自身利益出发，自行开展了一系列自我评价活动，例如体育学研究生课程与教学质量监督、中期考核与奖学金评选、学位论文评价等，但整体来讲，这些测评无论在测评内容、测评标准、测评技术与手段、测评程序上都显得非常不成熟，很多评价是政府行政指导下培养单位主管部门领导组织的自上而下的检查和监督方式，未能调动起广大师生主动参与、自我检查和诊断、自我控制与提高的积极性，反而会因为学校与学科专业差异、指标体系设计不合理、评价方法及程序复杂而挫伤教师和学生的积极性，既可能会误导正

① 国务院学位委员会，教育部. 国务院学位委员会 教育部关于加强学位与研究生教育质量保证和监督体系建设的意见［EB/OL］. http//www.moe.gov.cn/scrsite/A22/s7065/20140212/t20140212_165554.html. 2014-02-12.

常的教育、学习与研究，也会使学校、学生和教师的负担大大加重。因此，高校自我评价在体育学研究生教育质量保障上的诊断性、发展性和建设性功能尚未充分体现出来。

此外，由于我国研究生教育的社会评价机制整体上还不健全，高校与社会联动共同评价体育学研究生教育质量的机制尚未形成，高校很少接受来自社会方面的反馈与监督。然而，随着社会力量的逐步强大，社会对体育学研究生教育、研究生导师及研究生本人的期盼与日俱增，对高校体育学研究生教育质量的问责声也不绝于耳。高校面临的现实挑战与自我评价制度建设水平之间的反差，也为高校建立自我发展、自我约束的自我评价制度提出了充分的依据。

在国外，许多发达国家高校自我评价在体育学研究生教育质量测评中发挥着重要的基础性作用，成为质量保障的中坚力量。例如美国州政府和社会评价机构在开展体育学研究生教育质量评价体之前，都需要以高校提供的自我评价报告为基础；政府评价和社会评价的整个过程中也十分重视高校的主体性作用，尤其重视和尊重高校的学术自治权。英国高校内部的自我评价已经成为体育学研究生教育质量评价体系的核心和基础，高校内部的自我评价机制非常完善。

“大学自治是指大学作为社会法人机构，不受政府、教会或其他任何机构的控制或干预，能够独立地决定自身的发展目标和计划并付诸实施”①。由此可见，在体育学研究生教育质量测评体系中建立和完善高校自我评价体系，更显得十分必要，这是由我国体育学研究生教育的实际和国际体育学研究生教育质量测评的发展趋势决定的，是实现大学自治和学术自由的根本途径。

二、高校自我评价的范围和内容

体育学研究生教育质量测评体系中的高校自我评价，从测评过程来看，有终结性自我评价和形成性自我评价。终结性自我评价主要是高校对某一阶段体育学研究生教育达到预定目标的程度进行的诊断、检查和

---

① 袁祖望. 论大学自治［J］. 现代大学教育，2006（6）：16-21.

判断。如高校的年度绩效考核，根据外部测评周期开展的阶段性评价，学期、年度或阶段性的评优或推选测评。形成性评价即对体育学研究生教育质量的形成过程进行评价，随时发现问题，及时纠正偏差，提高教育质量。这种评价形式在体育学研究生教育过程中随处可见，如课堂教学过程中的即时性评价等。

从测评类型来看，有合格评价、审核评价、认证评价等。如对新建体育学研究生学位授权点、体育学研究生学科专业的评价就是合格评价，对参加过评价并获得通过的学位点、体育学研究生学科专业实行的评价就是审核评价，对导师的资格认证就是认证评价。

从测评的主客体关系来看，高校自我评价的类型较多，也比较灵活。高校自我评价的主体可以是领导、教师、学生等直接参与研究生教育的人，也可以是学校、院系等进行研究生教育的实体，从而构成了管理者测评、教师测评、学生测评、院校测评、院系测评等。高校自我评价的客体即被评价对象较多，如体育学研究生教育的整体质量、体育研究生课程、体育研究生教学、体育科研、体育学研究生管理、体育学研究生教育的保障条件、学位论文、研究生导师素质、体育学科专业发展等，都可以是高校自我评价的客体。

在实践中，高校自我评价的主客体是可以相互转化的，这是研究生教育自我评价的一个重要特点。即研究生教育活动内部的研究生管理者、教育者以及受教育者之间可以相互进行评价，教师可以对学生进行评价，学生可以对教师进行评价，管理人员可以对教师、学生进行评价，教师和学生也可以对管理者进行评价，院校或院系可以对研究生进行评价，研究生也可以对院校或院系的研究生管理水平进行评价等。他们互为主客体，评价内容更多地涉及体育学研究生培养的过程。此外，还有主客体一体化的评价，如管理者对自我管理能力的评价，导师的自我评价，学生对自我学习状态、学习态度、学习能力的评价等。体育学研究生教育质量的高校自我评价，以提高研究生的学术和专业能力、促进研究生个体的全面发展为目的，是一个全方位、全过程、全员参与的评价，即研究生、教师及管理者都参与到体育学研究生教育质量的评价活动中，相互评价，从而形成一种相互支持的评价系统。

三、高校自我评价的指标设计、验证及权重分析

高校利益主体的评价标准强调研究生教育在满足学术、专业发展以及学生个人发展需要方面的程度。由于体育学研究生教育质量的自我评价主要是由各个培养单位根据自身定位和发展目的以及本单位的特色自主组织开展的，因此在评价指标体系的设计上具有较强的针对性、灵活性和特色化。而且，高校自我评价的类型多、范围广、内容丰富，更使自我评价的指标体系呈现多元化的态势。各个高校或培养单位可以根据自己的测评目的灵活地制定相应的测评标准。高校自我评价的丰富多样性，使本研究不可能对高校自我评价中各种各类评价的指标体系进行穷尽的研究。本研究只对高校体育学研究生教育整体质量测评的指标体系进行研究，供高校内部的研究生主管部门、主管单位和学术委员会（或教授会）对体育学研究生教育质量进行整体性测评，以检查、诊断和发现问题，及时改进，促进高校内部体育学研究生教育的改革，提升自身的研究生教育质量。

1. 体育学研究生教育质量的高校自我评价指标的初选

美国高等院校内部问责制作为高校自我管理的一项制度和一种实践手段，是美国高校以改进完善为目的的自我评价监督过程，是高校内部教育质量保障的自觉行动。美国纽约州立大学洛克菲勒政府研究所（The Nelson A. Rockefeller Institute of Government）通过对 29 个州的公立高等院校问责制的 158 项绩效指标进行研究，列举出了高校中具有共性的、最常用的 8 项绩效指标：毕业率、入学机会或种族、受资助的科研项目、学生转学率、学杂费、财政资助、学位授予、资格证测验分数。其中毕业率是高校最常用的绩效指标。而毕业率或保留率、就业率、学生转学率、教师工作量、院校选择、资格证测验分数、获得学位的时间、劳动力与经济发展是绩效拨款常用的 8 大绩效指标①。2011 年，纽约州立大学从学生的学习、科研、学生与教师、财务状况、服务 5 大

① Joseph C. Burke，Henrik P Minassians. Reporting indicators：What do they indicate? [J]. New Directions for Institutional Research ，2002（116）.

方面进行内部问责①。美国加州大学2012年年度问责制报告在评价研究生和专业学位研究生的情况时，关注研究生和专业学位研究生的录取、经济支付能力、毕业后的就业情况等②。美国得克萨斯大学2007年确立了以“学生成果评价”为重点的内部问责绩效指标，“学生成果评价”又细分为：大学学习评价、学生经验、毕业率、证书考试通过率、毕业后的成功、入学趋势6个方面③。可见，美国高等院校在进行校内问责时，重点关注的是学校教育的运作过程和运行效率以及学生的学业成果，同时对科研、经费、教师、服务等指标也比较重视。

如何建立一套科学合理的与高校体育学研究生发展实际相符，又与国家学位与研究生教育评估接轨的体育学研究生教育质量的自我评价指标体系，是建立高校自我评价体系的核心和关键工作。有研究认为，学位与研究生教育自我评估指标体系主要包括研究生培养（0.4）、学科建设（0.4）、教学管理与思想政治工作（0.2）3个一级指标④。有研究遵循突出重点、反映本质、系统、可操作、普遍适用原则，认为学位与研究生教育质量评估的指标体系可由办学思想（0.0329）、导师队伍（0.2638）、研究生培养（0.5101）、管理工作（0.0636）、社会评价（0.1296）5个一级指标组成⑤，以期为各培养单位评估自身的研究生教育质量提供参考。有研究基于实证调查、运用模糊数学理论中的多级多因素综合评判模型构建了包含研究生综合素质、导师综合作用、研究生

① 网址：http://www.suny.edu/Suny-news/press-releases/october-2012/10-17-12-college-costs/chancellor-zimpher-to-discuss-college-costs-at-rational-summit.html.

② 网址：http://www.university of california.edu/news/annual-accountablity-report-shows-strengths-challenges.

③ The University of Texas System. An Innovative Framework for Accountability: The University of Texas System Model [EB/OL]. http://www.utsystem.edu/osm/accounlability/, 2012-10-24.

④ 李明. 高校学位与研究生教育自我评估工作探析 [J]. 福州大学学报（哲学社会科学版），2002（1）：81-83.

⑤ 孙福田，孙立群，吴昌友，等. 学位与研究生教育质量评估指标体系及权重的确定 [J]. 东北农业大学学报（社会科学版），2011，9（3）：31-33.

管理机制、社会认同度4个因素的研究生教育质量评估模型①。有研究构建了包含导师队伍、科学研究、研究生招生、研究生培养、培养条件、升学就业的校内研究生教育质量自我评估体系②。有研究从研究生教育质量测评内涵和维度出发，提出了包含物质条件、导师指导、管理教育、外部评价4个维度的研究生教育质量评价指标体系③。综合学者们对学位与研究生教育质量的自我评估指标体系的研究成果，紧扣学位与研究生教育校内自我评估的侧重点，结合体育学科自身的特点，参照国务院学位委员会、教育部联合印发的针对学术学位的《博士、硕士学位基本要求》和全国专业学位研究生教育指导委员会编写的《体育硕士专业学位基本要求》，本研究初步构建了我国体育学研究生教育质量测评的高校自我评价指标体系。这个体系包括研究生综合素质（A1）、导师综合素质（A2）、研究生培养及管理（A3）、社会认可度（A4）4个一级指标，二级指标是研究生基本素养（B1）、专业能力（B2）、学术研究水平（B3）、导师基本素养（B4）、教学与科研能力（B5）、指导管理能力（B6）、招生（B7）、培养（B8）、管理（B9）、用人单位认可情况（B10）、家长满意度（B11）、公众评价（B12）12个，有47个三级指标。

2. 体育学研究生教育质量的高校自我评价指标的调整

对初步确立的指标，课题组进行进一步的遴选和甄别。将初拟的指标制成《体育学研究生教育质量的高校自我评价指标体系》专家调查表1，对学位与研究生教育管理人员（6人）和体育学科领域专家（14人）进行访谈及问卷调查。发放问卷20份，回收问卷18份，有效问卷16份，有效回收率80%。课题组按照专家对体育学研究生教育质量的高校自我评价指标的“同意”“不同意”及“指标修改建议”进行指标筛选和整理。把“同意”通过率达三分之二（66.7%）以上的指标作为

---

① 邬文斌，王菲．研究生教育质量评估体系及评估模型的构建［J］．科技进步与对策，2004（11）：102-103.

② 贾青，孟祥书，刘亚琼．研究生教育质量校内评估体系的探讨［J］．河北农业大学学报（农林教育版），2004（3）：13-14；17.

③ 盛明科，唐检云．研究生教育质量评价指标体系设计的框架［J］．学位与研究生教育，2007（7）：13-17.

第一轮入选标准，同时考虑了他们对调整、合并指标的建议。调查结果显示：(1) 除了一级指标“社会认可度”(A4) 外，其他所有指标同意通过率均超过 75%。(2) 所设计的 4 个一级指标中，前 3 个指标得到专家们一致充分的认可，但普遍认为第 4 个一级指标“社会认可度”不合理，他们指出，本研究在于构建体育学研究生教育质量测评的高校自我评价指标体系，评价对象主要是在校研究生，因此可以不考虑“社会认可度”这一指标，但可以考虑研究生的就业或升学情况。根据专家意见，本研究在一级指标“研究生综合素质”(A1) 下增加二级指标“升学/就业”，并在此指标下设置“升学/就业率”和“升学/就业质量”两个三级指标。基于此，课题组按照专家的意见将体育学研究生教育质量的高校自我评价指标体系调整为 3 个一级指标、10 个二级指标和39 个三级指标。

3. 体育学研究生教育质量的高校自我评价指标体系的验证与确立

将以上备选评价指标按照合理性制成《高校体育学研究生教育质量自我评价指标体系》调查表 2，对学位与研究生教育的相关管理人员 (15 人)、研究生导师 (15 人)、少量具有代表性的在校研究生 (10 人)、体育学领域的相关学科专家 (15 人)，共计 55 人进行问卷调查。共发放问卷 55 份，回收 52 份，其中有效问卷 50 份，有效回收率为 91%，说明本次研究得到了专家及各相关利益主体的支持，调查符合统计学的要求。调查中，将指标的合理性程度按李克特 5 级量表分为 5 个等级，分别为非常合理 (计 5 分)、合理 (计 4 分)、一般 (计 3 分)、不合理 (计 2 分)、非常不合理 (计 1 分)。把专家及相关利益主体对每一个指标“意见集中度”和“意见协调度”作为筛选指标的依据 (计算方法同前)，调查结果显示：所有指标合理性的均值范围是 3.76—4.64，变异系数取值范围是 0.12—0.23。因此，保留所有指标。

本次调查结果表明权威系数均 (计算方法同前) 大于 0.76，权威系数达 1 的指标达到 40%，熟悉系数达 0.8 的指标达到 50%，说明本次的调查对象在高校体育学研究生教育质量自我评价领域具备一定权威性。

在问卷最后，各位专家及相关利益主体对本次调查问卷的整体效度、结构框架以及内容选取情况进行评分。按李克特 5 级量表评分法将答案划分为 5 个等级，分别为很差（计 1 分）、较差（计 2 分）、一般（计 3 分）、较好（计 4 分）、很好（计 5 分）。本研究中，问卷的整体效度、结构框架、内容选取专家评分均值均大于 4，满分（5 分）率分别达到 35%、38%和 40%，说明本次问卷调查的效度较好（见表 6-11）。

表 6-11　本调查问卷效度检验一览表

	平均值	满分率（100%）	标准差
整体效度	4.13	35%	0.55
结构框架	4.15	38%	0.62
内容选取	4.21	40%	0.64

根据以上调查结果，构建出含 3 个一级指标、10 个二级指标和39 个三级指标的高校体育学研究生教育质量的自我评价指标（见表 6-12）。

表 6-12　高校体育学研究生教育质量的自我评价指标的确立

一级指标	二级指标	三级指标
研究生综合素质（A1）	研究生基本素养（B1）	道德规范水平（C1）
		学习投入情况（C2）
		自我管理与自我提升能力（C3）
		外语、计算机等专业辅助能力（C4）
	专业能力（B2）	学科专业知识的掌握及实践应用（C5）
		解释和展示多种身体活动的能力（C6）
		根据具体对象和实践需要选择实践模式顺利开展教学、训练和健身指导的能力（C7）
		对体育实践问题进行诊断、分析和评价的能力（C8）
	学术研究水平（B3）	基本体育科研方法与实验技能的掌握、应用与反思（C9）
		发表学术论文的数量和质量（C10）
		学位论文的价值及创新水平（C11）
		参与科研活动的级别、次数及成果表现（C12）
	升学/就业（B4）	升学/就业率（C13）
		升学/就业质量（C14）

续表

一级指标	二级指标	三级指标
导师综合素质（A2）	导师基本素养（B5）	身体健康状况和政治思想道德水平（C15）
		导师的个人发展，如职称、学历、是否是学科带头人、进修培训情况等（C16）
		导师的责任心（C17）
	教学与科研能力（B6）	展示及教授各种身体活动方式的能力（C18）
		教学和训练方法的创新与实践能力（C19）
		科研成果的数量（C20）
		科研成果的质量，以及推广应用情况与效果（C21）
	指导管理能力（B7）	指导学生学习与开展科研的能力（C22）
		培养学生应用所学知识与方法指导实践发展的能力（C23）
		科研小组的组织管理与发展（学术例会、课题讨论与分工等）（C24）
		已培养研究生的水平（C25）
研究生培养及管理（A3）	招生（B8）	招生信息公布及时、顺畅（C26）
		招生考试制度公平、公正、公开（C27）
		招生指标分配合理，符合生源实际（C28）
		招生过程标准统一、规范合理（C29）
	培养（B9）	培养方案与课程设置的系统性、前瞻性和应用性（C30）
		教学组织与评价对研究生实践应用能力、研究能力、创新精神的影响（C31）
		学位论文开题、调研、定稿、答辩的指导与监督（C32）
		学习、科研条件保障与资助体系的完备（C33）
		就业指导及推荐（C34）
		导师团队建设（C35）
	管理（B10）	对国家研究生教育政策的传达、转化与落实（C36）
		研究生测评制度的建立与落实（C37）
		导师权责分配、考核与激励机制（C38）
		专职管理人员的配备及其对研究生的日常管理（C39）

4. 高校体育学研究生教育质量自我评价指标权重的确定与分析

将上述指标制成《高校体育学研究生教育质量自我评价指标体系》调查表3，对包括参与指标验证与确立的55位专家及相关利益主体在内的学位与研究生教育管理人员、体育学科领域专家、研究生导师、在校研究生共130人进行问卷调查，回收问卷120份，其中有效问卷111份，有效回收率达85.4%。调查问卷主要对高校体育学研究生教育质量的自我评价指标的相对重要性进行对比，建立起对比矩阵，对于重要性的判断采用1—9的等级，"同等重要、稍微重要、比较重要、十分重要、绝对重要"分别对应"1、3、5、7、9"的数值。采用yaahp6.0软件进行层次分析确定各指标的权重，分别计算体育学专业硕士研究生、体育学学术型硕士研究生、体育学博士研究生教育质量校内自我评价指标体系中各级指标的权重。

(1) 体育学专业硕士研究生教育质量校内自我评价指标体系权重

A层单排序及一致性检验结果为：

W_A =（A1，A2，A3）=（0.3812，0.2275，0.3913），CR = 0.0117<0.1，通过一致性检验。

B层单排序及一致性检验结果为：

W_{A1} =（B1，B2，B3，B4）=（0.2326，0.3885，0.2277，0.1512)，CR=0.0152<0.1，通过一致性检验。

W_{A2} =（B5，B6，B7）=（0.2645，0.3841，0.3514），CR = 0.0016<0.1，通过一致性检验。

W_{A3} =（B8，B9，B10）=（0.2445，0.6280，0.1275)，CR = 0.0018<0.1，通过一致性检验。

归一化后层次总排序结果为：

W_B =（0.0887，0.1481，0.0868，0.0576，0.0602，0.0874，0.0799，0.0957，0.2457，0.0499)，CR=0.013<0.1，通过一致性检验。

C层单排序及一致性检验结果为：

W_{B1} =（C1，C2，C3，C4）=（0.2653，0.2574，0.2604，0.2169)，CR=0.0013<0.1，通过一致性检验。

W_{B2} =（C5，C6，C7，C8）=（0.2651，0.2471，0.3036，

0.1842)，CR=0.0024<0.1，通过一致性检验。

W_{B3} = （C9，C10，C11，C12） = （0.4297，0.1047，0.2099，0.2557)，CR=0.0021<0.1，通过一致性检验。

W_{B4} = （C13，C14） = （0.6825，0.3175)，CR=0.0019<0.1，通过一致性检验。

W_{B5} = （C15，C16，C17） = （0.3175，0.3087，0.3738)，CR=0.0024<0.1，通过一致性检验。

W_{B6} = （C18，C19，C20，C21） = （0.3064，0.3847，0.1444，0.1645)，CR=0.0025<0.1，通过一致性检验。

W_{B7} = （C22，C23，C24，C25） = （0.2317，0.3203，0.1831，0.2649)，CR=0.0021<0.1，通过一致性检验。

W_{B8} = （C26，C27，C28，C29） = （0.2406，0.2505，0.2609，0.2480)，CR=0.0022<0.1，通过一致性检验。

W_{B9} = （C30，C31，C32，C33，C34，C35） = （0.2061，0.2295，0.2341，0.1041，0.1038，0.1224)，CR=0.0023<0.1，通过一致性检验。

W_{B10} = （C36，C37，C38，C39） = （0.1682，0.2966，0.3301，0.2051)，CR=0.0014<0.1，通过一致性检验。

归一化后层次总排序结果为：

W_C = （0.0235，0.0228，0.0231，0.0192，0.0393，0.0366，0.045，0.0273，0.0373，0.0091，0.0182，0.0222，0.0393，0.0183，0.0191，0.0186，0.0225，0.0268，0.0336，0.0126，0.0144，0.0185，0.0256，0.0146，0.0212，0.0230，0.0240，0.0250，0.0237，0.0506，0.0564，0.0575，0.0256，0.0255，0.0301，0.0084，0.0148，0.0165，0.0102)，CR=0.025<0.1，通过一致性检验。

（2）体育学学术型硕士研究生教育质量校内自我评价指标体系权重

A 层单排序及一致性检验结果为：

W_A = （A1，A2，A3） = （0.3889，0.2416，0.3695)，CR = 0.0217<0.1，通过一致性检验。

B 层单排序及一致性检验结果为：

W_{A1} = （B1，B2，B3，B4） = （0.2597，0.2728，0.3220，

0.1455)，CR=0.0132<0.1，通过一致性检验。

W_{A2} =（B5，B6，B7）=（0.2459，0.3960，0.3581），CR=0.0015<0.1，通过一致性检验。

W_{A3} =（B8，B9，B10）=（0.2456，0.6378，0.1166），CR=0.0013<0.1，通过一致性检验。

归一化后层次总排序结果为：

W_B =（0.1010，0.1061，0.1252，0.0566，0.0594，0.0957，0.0865，0.0907，0.2357，0.0431），CR=0.011<0.1，通过一致性检验。

C层单排序及一致性检验结果为：

W_{B1} =（C1，C2，C3，C4）=（0.2620，0.2591，0.2561，0.2228），CR=0.0011<0.1，通过一致性检验。

W_{B2} =（C5，C6，C7，C8）=（0.2648，0.2369，0.2429，0.2553），CR=0.0044<0.1，通过一致性检验。

W_{B3} =（C9，C10，C11，C12）=（0.3893，0.1810，0.2436，0.1861），CR=0.0021<0.1，通过一致性检验。

W_{B4} =（C13，C14）=（0.5632，0.4368），CR=0.0015<0.1，通过一致性检验。

W_{B5} =（C15，C16，C17）=（0.3033，0.3210，0.3757），CR=0.0023<0.1，通过一致性检验。

W_{B6} =（C18，C19，C20，C21）=（0.2392，0.2763，0.2172，0.2673），CR=0.0021<0.1，通过一致性检验。

W_{B7} =（C22，C23，C24，C25）=（0.3097，0.2324，0.2113，0.2466），CR=0.0028<0.1，通过一致性检验。

W_{B8} =（C26，C27，C28，C29）=（0.2364，0.2527，0.2600，0.2509），CR=0.0023<0.1，通过一致性检验。

W_{B9} =（C30，C31，C32，C33，C34，C35）=（0.1840，0.1906，0.2911，0.1071，0.0970，0.1302），CR=0.0025<0.1，通过一致性检验。

W_{B10} =（C36，C37，C38，C39）=（0.1658，0.2982，0.3357，0.2003），CR=0.0014<0.1，通过一致性检验。

归一化后层次总排序结果为：

W_C =（0.0265，0.0262，0.0259，0.0225，0.0281，0.0251，0.0258，0.0271，0.0488，0.0227，0.0305，0.0233，0.0319，0.0247，0.0180，0.0191，0.0223，0.0229，0.0264，0.0208，0.0256，0.0252，0.0201，0.0183，0.0213，0.0215，0.0229，0.0236，0.0228，0.0434，0.0449，0.0686，0.0252，0.0229，0.0307，0.0071，0.0128，0.0145，0.0086），CR=0.0230<0.1，通过一致性检验。

（3）体育学博士研究生教育质量校内自我评价指标体系权重

A 层单排序及一致性检验结果为：

W_A =（A1，A2，A3）=（0.3992，0.3027，0.2981），CR=0.0138<0.1，通过一致性检验。

B 层单排序及一致性检验结果为：

W_{A1} =（B1，B2，B3，B4）=（0.2708，0.2065，0.3918，0.1309），CR=0.0142<0.1，通过一致性检验。

W_{A2} =（B5，B6，B7）=（0.2065，0.4201，0.3734），CR=0.0115<0.1，通过一致性检验。

W_{A3} =（B8，B9，B10）=（0.2515，0.6514，0.0971），CR=0.0211<0.1，通过一致性检验。

归一化后层次总排序结果为：

W_B =（0.1081，0.0824，0.1564，0.0523，0.0625，0.1272，0.1130，0.0750，0.1942，0.0289），CR=0.0230<0.1，通过一致性检验。

C 层单排序及一致性检验结果为：

W_{B1} =（C1，C2，C3，C4）=（0.2683，0.3046，0.1935，0.2336），CR=0.0110<0.1，通过一致性检验。

W_{B2} =（C5，C6，C7，C8）=（0.2771，0.1938，0.2016，0.3275），CR=0.0140<0.1，通过一致性检验。

W_{B3} =（C9，C10，C11，C12）=（0.2825，0.2256，0.3294，0.1625），CR=0.0190<0.1，通过一致性检验。

W_{B4} =（C13，C14）=（0.4246，0.5754），CR=0.0250<0.1，通过一致性检验。

W_{B5} =（C15，C16，C17）=（0.3545，0.3836，0.2619），CR=0.0330<0.1，通过一致性检验。

W_{B6} =（C18，C19，C20，C21）=（0.0942，0.1815，0.3175，0.4068），CR=0.0220<0.1，通过一致性检验。

W_{B7} =（C22，C23，C24，C25）=（0.3283，0.1245，0.2676，0.2796），CR=0.0270<0.1，通过一致性检验。

W_{B8} =（C26，C27，C28，C29）=（0.2649，0.2146，0.2852，0.2353），CR=0.0350<0.1，通过一致性检验。

W_{B9} =（C30，C31，C32，C33，C34，C35）=（0.1958，0.0924，0.3462，0.1532，0.0543，0.1581），CR=0.0250<0.1，通过一致性检验。

W_{B10} =（C36，C37，C38，C39）=（0.1368，0.3205，0.3872，0.1555），CR=0.0240<0.1，通过一致性检验。

归一化后层次总排序结果为：

W_C =（0.0290，0.0329，0.0209，0.0253，0.0228，0.0160，0.0166，0.0270，0.0442，0.0353，0.0515，0.0254，0.0222，0.0301，0.0222，0.0240，0.0164，0.0120，0.0231，0.0404，0.0517，0.0371，0.0141，0.0302，0.0316，0.0199，0.0161，0.0214，0.0176，0.0380，0.0179，0.0672，0.0297，0.0105，0.0307，0.0040，0.0093，0.0112，0.0045），CR=0.0310<0.1，通过一致性检验。

（4）权重分析

由表 6-13 可以看出，高校体育学研究生教育质量自我评价指标体系中，硕士研究生的“研究生综合素质”与“研究生培养与管理”在一级指标中占有较高的权重，表明这两个指标是影响体育学硕士研究生教育质量最重要的因素，也是高校体育学硕士研究生教育质量自我测评最为关注的内容。三类研究生的 3 个一级指标的权重在层次上稍微有些差异，如从专业硕士到学术型硕士再到博士研究生，“研究生综合素质”和“导师综合素质”指标的权重值逐渐增加，表明专家们一致认为随着学位层次和学术层次的提升，体育学研究生教育质量对学生综合素质和导师综合素质有更高的要求，博士研究生教育质量中，“研究生综合素质”和“导师综合素质”相对于硕士研究生而言显得更为重要。

表 6-13　高校体育学研究生教育质量自我评价指标权重的确立

一级指标	权重(w_i)			二级指标	权重(w_i)			三级指标	权重(w_i)		
	专业硕士	学术硕士	学术博士		专业硕士	学术硕士	学术博士		专业硕士	学术硕士	学术博士
研究生综合素质(A1)	0.3812	0.3889	0.3992	研究生基本素养(B1)	0.0887	0.101	0.1081	道德规范水平(C1)	0.0235	0.0265	0.0290
								学习投入情况(C2)	0.0228	0.0262	0.0329
								自我管理与自我提升能力(C3)	0.0231	0.0259	0.0209
								外语、计算机等专业辅助能力(C4)	0.0192	0.0225	0.0253
				专业能力(B2)	0.1481	0.1061	0.0824	学科专业知识的掌握及实践应用(C5)	0.0393	0.0281	0.0228
								解释和展示多种身体活动的能力(C6)	0.0366	0.0251	0.0160
								根据具体对象和实践需要选择实践模式顺利开展教学、训练和健身指导的能力(C7)	0.0450	0.0258	0.0166
								对体育实践问题进行诊断、分析和评价的能力(C8)	0.0273	0.0271	0.0270
				学术研究水平(B3)	0.0868	0.1252	0.1564	基本体育科研方法与实验技能的掌握、应用与反思(C9)	0.0373	0.0488	0.0442
								发表学术论文的数量和质量(C10)	0.0091	0.0227	0.0353
								学位论文的价值及创新水平(C11)	0.0182	0.0305	0.0515
								参与科研活动的级别、次数及成果表现(C12)	0.0222	0.0233	0.0254
				升学/就业(B4)	0.0576	0.0566	0.0523	升学/就业率(C13)	0.0393	0.0319	0.0222
								升学/就业质量(C14)	0.0183	0.0247	0.0301

续表

一级指标	权重(w_i)			二级指标	权重(w_i)			三级指标	权重(w_i)		
	专业硕士	学术硕士	学术博士		专业硕士	学术硕士	学术博士		专业硕士	学术硕士	学术博士
导师综合素质(A2)	0.2275	0.2416	0.3027	导师基本素养(B5)	0.0602	0.0594	0.0625	身体健康状况和政治思想道德水平(C15)	0.0191	0.0180	0.0222
								导师的个人发展,如职称、学历、是否是学科带头人、进修培训情况等(C16)	0.0186	0.0191	0.0240
								导师的责任心(C17)	0.0225	0.0223	0.0164
				教学与科研能力(B6)	0.0874	0.0957	0.1272	展示及教授各种身体活动方式的能力(C18)	0.0268	0.0229	0.0120
								教学和训练方法的创新与实践能力(C19)	0.0336	0.0264	0.0231
								科研成果的数量(C20)	0.0126	0.0208	0.0404
								科研成果的质量,以及推广应用情况与效果(C21)	0.0144	0.0256	0.0517
				指导管理能力(B7)	0.0799	0.0865	0.1130	指导学生学习与开展科研的能力(C22)	0.0185	0.0252	0.0371
								培养学生应用所学知识与方法指导实践发展的能力(C23)	0.0256	0.0201	0.0141
								科研小组的组织管理与发展(学术例会、课题讨论与分工等)(C24)	0.0146	0.0183	0.0302
								已培养研究生的水平(C25)	0.0212	0.0213	0.0316

续表

一级指标	权重(w_i) 专业硕士	学术硕士	学术博士	二级指标	权重(w_i) 专业硕士	学术硕士	学术博士	三级指标	权重(w_i) 专业硕士	学术硕士	学术博士
研究生培养及管理(A3)	0.3913	0.3695	0.2981	招生(B8)	0.0957	0.0907	0.0750	招生信息公布及时、顺畅(C26)	0.0230	0.0215	0.0199
								招生考试制度公平、公正、公开(C27)	0.0240	0.0229	0.0161
								招生指标分配合理,符合生源实际(C28)	0.0250	0.0236	0.0214
								招生过程标准统一、规范合理(C29)	0.0237	0.0228	0.0176
				培养(39)	0.2457	0.2357	0.1942	培养方案与课程设置的系统性、前瞻性和应用性(C30)	0.0506	0.0434	0.0380
								教学组织与评价对研究生实践应用能力、研究能力、创新精神的影响(C31)	0.0564	0.0449	0.0179
								学位论文开题、调研、定稿、答辩的指导与监督(C32)	0.0575	0.0686	0.0672
								学习、科研条件保障与资助体系的完备(C33)	0.0256	0.0252	0.0297
								就业指导及推荐(C34)	0.0255	0.0229	0.0105
								导师团队建设(C35)	0.0301	0.0307	0.0307
				管理(B10)	0.0499	0.0431	0.0289	对国家研究生教育政策的传达、转化与落实(C36)	0.0084	0.0071	0.0040
								研究生测评制度的建立与落实(C37)	0.0148	0.0128	0.0093
								导师权责分配、考核与激励机制(C38)	0.0165	0.0145	0.0112
								专职管理人员的配备及其对研究生的日常管理(C39)	0.0102	0.0086	0.0045

三类体育学研究生教育质量自我评价的二级指标权重表现出一定的差异，具体表现在：①研究生培养、学生的专业能力、研究生招生是测评体育学专业硕士研究生教育质量的重要指标，所占权重较高；②研究生培养、学生的学术研究水平、学生的专业能力是测评体育学学术型硕士研究生教育质量的重要指标，所占权重较高；③研究生培养、学生的学术研究水平、导师的教学与科研能力是测评体育学博士研究生教育质量的重要指标，所占权重较高。可见，除了研究生培养是三类研究生教育质量评价都要考虑的指标外，专业硕士研究生教育质量测评更关注学生的“专业能力”和研究生“招生”，学术型硕士研究生教育质量测评更关注学生“学术研究水平”和“专业能力”的综合全面发展，博士研究生教育质量测评更关注学生的“学术研究水平”和导师的“教学与科研能力”。三类研究生在“专业能力”、“招生”、“学术研究水平”和导师“教学与科研能力”4个二级指标上的权重从专业硕士到学术硕士再到博士研究生，前两者呈现出依次降低趋势，后两者呈现出逐步提高的趋势。综合可见，专业硕士教育对专业能力要求高，博士对学术研究水平要求相对较高，学术型硕士既要有一定的学术研究水平，也要有一定的专业能力；导师的教学与科研能力在博士研究生教育中显得更为重要；“招生”在专业硕士教育中显得更为重要。

三类体育学研究生教育质量自我评价的三级指标权重结果如下：(1) 高校体育学专业硕士教育质量评价的三级指标权重列在前三位的分别为：①学位论文开题、调研、定稿、答辩的指导与监督，②教学组织与评价对研究生实践应用能力、研究能力、创新精神的影响，③培养方案与课程设置的系统性、前瞻性和应用性。(2) 体育学学术型硕士研究生教育质量评价的三级指标权重列在前三位的分别为：①学位论文开题、调研、定稿、答辩的指导与监督，②学生基本体育科研方法与实验技能的掌握、应用与反思，③教学组织与评价对研究生实践应用能力、研究能力、创新精神的影响。(3) 体育学博士研究生教育质量评价的三级指标权重列在前三位的分别为：①学位论文开题、调研、定稿、答辩的指导与监督，②导师科研成果的质量，以及推广应用情况与效果，③学生学位论文的价值及创新水平。

完成学位论文是研究生教育的重要环节，其成果是研究生学习效果和导师指导结果的浓缩与集中反映，因此三类研究生教育质量测评都最为关注学位论文开题、调研、定稿、答辩的指导与监督，从培养角度看，这是影响研究生教育质量的关键。

两类硕士研究生教育质量测评都较为重视教学组织与评价对研究生实践应用能力、研究能力、创新精神的影响，但专业型硕士对培养方案与课程设置有更高的要求，而学术型硕士更重视学生基本体育科研方法与实验技能的掌握、应用与反思。这可能是因为专业硕士的学习时间短，在有限的两年时间内，其主要任务就是完成课程学习和毕业论文，因此培养方案与课程设置的系统性、前瞻性和应用性对专业硕士的影响相对较大；学术型硕士研究生学习时间较长，其学术水平要求也要高于专业型硕士，因此其教育质量测评更重视学生基本体育科研方法与实验技能的掌握、应用与反思，以为完成硕士毕业论文或进入更高阶段的博士生学习奠定良好的科研方法和实验技能基础。

相对于体育学硕士研究生，体育学博士研究生教育质量测评更为看重导师的科研成果质量以及推广应用情况与效果，更为重视学生学位论文的价值及创新水平。这是因为博士研究生教育较高的学术要求所致。

此外，相对于体育学硕士研究生而言，体育学博士研究生教育质量测评更为重视导师的指导管理能力、个人发展、健康状况，更为重视学生的学习投入、外语和计算机等专业辅助能力、升学/就业质量。相对于体育学博士研究生而言，体育学硕士研究生教育质量测评更为重视导师的责任心、导师展示及教授各种身体活动方式的能力、教学和训练方法的创新与实践能力、培养学生应用所学知识与方法指导实践发展的能力等，更加重视研究生管理和学生的升学/就业率。

四、高校自我评价的方法程序与结果处理

体育学研究生教育质量的高校自我评价方法灵活、形式多样，根据评价目的和评价对象的不同而有所差异。例如，对体育学研究生课程与教学中问题的诊断，可以由教师和学生进行自我评价，也可以由体育学研究生教学督导委员会组织评价。如果对某一个二级学科专业的体育学

研究生教育质量进行评价，可以由学校研究生院或者体育院系研究生主管部门组织校内外同行专家进行评价，或者先由该专业自评，然后再由研究生院聘请校内外专家进行现场考察，最后形成测评报告并上报研究生院或体育院系研究生主管部门。如果想对高校整体的体育学研究生质量进行评价，也可以采取与二级学科专业评价相类似的评价程序。如果要对毕业研究生的质量进行评价，可以由培养单位自行组织毕业生用人部门或者请该校的毕业研究生对该校的毕业研究生质量进行评价。而且，这些自我评价由于类型和目的不同，可根据各单位的实际情况采取不同的方式，既可以采取正式的评价方式，也可以采取非正式的评价方式。

自我评价的结果处理也可以有多种方式，有的公开上报，作为外部评价的信息源；有的直接向研究生院或体育院系研究生主管部门汇报备案，作为自身质量控制的一种手段；有的还可以不进行公开，仅做自我反馈、自我纠偏之用；有的把评价结果与一定的奖惩形式联系起来，自我激励，自我约束。

监测评估是国家监控高等教育质量的重要手段，提升高等教育监测评估水平，有利于促进我国高等教育的改革和发展。2016 年首届全国高等教育监测评估学术研讨会上，教育部评估中心副主任王战军提出，要运用大数据、“互联网＋”等思维，拓展高等教育评估功能。随着高校研究生信息管理系统的建设，大数据、“互联网＋”等思维和技术手段将在体育学研究生教育质量的高校自我测评活动中有较大的发展空间。

第七章　研究结论

我国正处于从研究生教育大国向研究生教育强国迈进的重要历史转折时期，面临招生规模扩大与培养质量提升的挑战，研究生教育综合改革已于2013年全面启动，走内涵式发展道路成为新时期研究生教育的新选择，质量监管受到前所未有的重视，质量提升需要得以保障落实。研究生教育综合改革的大势所趋与现实需要，以及体育学研究生教育的适应性发展及特殊性彰显，都对体育学研究生教育质量测评理论与测评标准体系建设表现出了迫切需要。体育学研究生教育作为研究生教育的有机组成部分，不仅要在“规模扩张”向“质量提高”的战略转移中做出适应性发展，还要突出体育学研究生教育质量测评的特殊意义。当前，尽管已有一些研究成果对研究生教育质量测评（或评估）理论与实践进行了深入的探讨，但人们对体育学研究生教育质量测评理论、框架体系与具体标准的研究还较为缺乏，甚至还未引起足够的关注，从而使体育学研究生教育质量测评理论研究与现实需要之间形成了较大的落差，理论指导实践并为实践服务的价值并未充分得以开发利用。本书采用专家调查法、问卷调查法、层次分析法，在对中国、美国、德国、英国四国体育学研究生教育质量测评体系考察分析的基础上，以治理理论为理论基础，力图构建一个适应当前我国社会发展和研究生教育综合改革实际的、科学合理的、可操作的体育学研究生教育质量测评体系，并得出了以下主要研究结论：

一、中国体育学研究生教育质量测评体系的发展与特点

中国体育学研究生教育质量测评体系经历了从萌动到初建到发展再到综合改革四个时期。从整体上看，中国体育学研究生教育质量测评的主体较为单一，政府测评占主导，社会参与度低，社会评估影响力小，

政府主导测评较为偏重整体性评价，测评标准的趋同性明显，测评过程的科学性与技术性有待提高，测评结果的社会服务性功能有待进一步提升。

针对中国体育学研究生教育质量测评体系存在的问题，本研究认为新时期体育学研究生教育质量测评体系的构建要注重从“工具价值”转向“本体价值”，建立测评主体的多元化协调机制，注重体育学研究生教育的特殊性，兼顾测评标准的共性与个性，提高测评过程的科学性与技术性，提升测评结果处理的社会服务功能。

二、欧美体育学研究生教育质量测评体系的特点与启示

美国体育学研究生教育质量的测评主体多元，以社会测评为主，严格淘汰，测评标准与其他学科基本趋同，各高校内部测评标准存在一定的差异，测评程序运行高效。德国体育学研究生教育质量测评体系表现出明显的质量导向，实行多重主体互助协作的混合式测评模式，形成了颇具特色的高等教育质量认证体系。英国体育学研究生教育质量测评的主要特征就是“政社校共治，内外结合”，测评主体广泛，内外关系协调，政府间接调控，院校评估特色鲜明，强调公平、公开、透明。整体来看，欧美三国的体育学研究生教育质量测评体系有一个共性的特征，就是形成了政府、高校、社会多方参与的制度保障，具有明确具体的测评标准和测评程序，保证了测评的公开透明性。

新时期我国体育学研究生教育质量测评体系的建构，政府要简政放权，社会要积极参与、高校要建立和完善自我测评机制，形成“政社校共治，内外结合”的多主体参与体制，建立适应不同测评主体、测评对象和测评目的的标准体系和测评程序，保证测评结果处理的公平、公开、透明。

三、治理视角下体育学研究生教育质量测评体系的未来发展

治理作为公共事务治理中的基本理论、基本方法和基本逻辑，适用于体育学研究生教育质量测评体系的构建。这既符合中国从“管理”到“治理”的社会改革方向和体育学研究生教育的发展现实，也契合了欧

美体育学研究生教育质量测评体系中治理理论的实践与运用启示，更与解决我国政府行政化倾向的体育学研究生教育测评在质量评估上的“失效”问题有关。治理视角下，我国体育学研究生教育质量测评体系的发展将实现从“管理”到“治理”的权力转移，测评对象将进一步层次化，测评标准将实现统一性与多样性的统一，测评平台将实现从技术层面向公共治理层面的转变。

四、体育学研究生教育质量测评主体及其相互关系

治理社会背景下，体育学研究生教育质量的测评也应把唯一的政府权力中心向以民间团体和专业协会、评价中介机构等非政府组织为代表的市民社会转移，向高校内部转移，并且在权力的运行向度上由自上而下的政府控制型向横向沟通的参与协商型转变。具体来讲，政府将从“全能政府”转向“有限政府”、从“管制政府”转向“服务政府”，政府职能将从主导转为引导、从控制转为监督。政府应该在制定相关政策法令、建立测评机制、财政拨款、评估测评机构的资质、建立测评专家库和研究生教育管理信息库、完善标准信息网络平台、培训与合作交流、对评价活动的再评价等方面承担主要责任。

体育学研究生教育质量的测评体系在国家治理背景和研究生教育改革发展方向的指引下，必须充分重视非政府的社会团体、民间组织、社会用人单位、家长及研究生个人参与体育学研究生教育质量评价的权力，并促使各方更有效地履行其责任和职能。体育学研究生教育质量测评的社会主体是各种利益关系者，各方都应参与体育学研究生教育质量的测评并有权对政府主体、高校主体进行问责，实现对教育质量的监督。社会主体在享有一定测评权力的同时，也要承担相应的测评职责，如与政府密切配合，积极承担并有效履行政府让渡的部分权力；向体育学研究生培养部门反映社会各利益主体的不同需求；对各自所在的组织行使相应的职责；对政府主体以及高校主体进行监督；加强自身能力建设，提升自身的社会地位和社会影响力。

高校在体育学研究生教育质量测评体系中发挥着核心和基础性作用。高校要充分认识政府与社会在体育学研究生教育治理中的重要作

用，与它们密切配合，为它们提供最新的信息和最真实的数据，共同保障体育学研究生教育的质量。高校的具体职责如下：（1）在测评治理中积极参与、密切配合。（2）加强高校自我测评管理，促进自身规范化发展。（3）建立健全各类测评制度。（4）建立毕业研究生跟踪调查与用人单位评价的反馈机制。（5）高校在内部自我评价上具有自主权，对外履行监督与制约的职责。（6）加强国际体育学研究生教育评估的交流与合作。

在体育学研究生教育质量测评主体的“三角协调”模式中，各测评主体之间的关系不再是行政权力的转移与让渡，而是以政府为代表的国家公共权力体系、以学术权威为代表的高校权力与以社会为代表的社会公共权力体系之间的对接、冲突与融合，这种对接、冲突、融合的过程就是一个不断协调互动的过程。治理视角下体育学研究生教育质量的三大测评主体是一种三方平等协商、上下互动合作的新型关系，三者各司其职，既相互监督又相互促进，既存在冲突又相互协调，共同保障体育学研究生教育质量的提高。

五、体育学研究生教育质量测评体系中的政府评价

治理社会的研究生教育质量政府评价是政府在职能转变放权后对体育学研究生教育质量进行宏观管理、整体监督和因势利导，为体育学研究生教育质量整体提升服务的一种较为强势的手段，具有强制性、权威性、整体性、复杂性特征。

政府测评适合以资格鉴定和审核为主的鉴定审核评价以及以评价、控制研究生教育质量的整体水平为主的合格评价两种类型，具体如学位授予单位的整体评估和审核评估、体育学科专业和授权点的合格评估、民间社会组织机构的资格鉴定评估、重大决策评估等。

对社会测评组织机构进行鉴定的政府评价指标体系包括自我定位及其对体育学研究生教育质量测评的理解、结构和程序、独立性程度、资源保障 4 个一级指标和 13 个二级指标。其中，社会测评机构的自身建设规范和水平、社会测评机构的性质和发展理念是审核和鉴定体育学研究生教育质量社会测评机构最重要的因素。

政府对体育学研究生学位授予单位（点）和学科专业的评价体系，包含导师队伍、科学研究、研究生培养与管理、条件保障 4 个一级指标、13 个二级指标和 33 个三级指标，其中已经具备或经过发展建成的条件性因素是政府对体育学研究生学位授予单位（点）和学科专业评价时最为关注的要素，学位论文和研究生就业是衡量体育学研究生学位授予单位（点）和学科专业发展水平的两个重要的培养因素，硬件保障是条件保障指标中最重要的指标。

政府评价是全国范围内统一的评价，使用的评价标准一致，主要是对办学资源、办学条件等客观性条件的评价，较为强调定量的评价方法。在测评程序上，采取先由体育学研究生培养单位参照设定的标准进行自我评价，然后由政府组织同行专家进行通讯评议或实地考察，最后召开专家鉴定会得出评价结果这样的过程。在评价结果处理上，政府评价结果一般不公开，但要上报政府行政部门作为对体育学研究生教育进行财政拨款、资助以及奖惩的依据。

六、体育学研究生教育质量测评体系中的社会评价

社会评价主要是指非政府、非官方的各种专业协会、学术团体、民间基金会、新闻媒体、私人团体等主动独立开展的对研究生教育质量的评价活动。社会评价的影响和权威性主要靠其评价的专业性、科学性和可信性获得。

社会评价的范围和内容是相当广泛的，它既可以是学术团体、专业协会、中介机构等自律性组织对体育学研究生教育质量所做出的评价，也可以是研究生用人单位、家长、研究生个人等利益关系者对体育学毕业研究生教育质量所做的评价；既有单项评价与整体评价，也有水平评价和选优评价等；既可承担政府委托的评价任务，也可承担相关利益关系者委托的评价任务，还可承担由高等院校本身委托的评价任务，也可以独立自主地开展评价活动等。

社会评价目的、社会评价对象的多样化，以及社会评价范围和内容的广泛性，决定了社会评价标准的多元化。然而，除了考虑社会评价标准的灵活性外，还要重视其整体的价值取向。社会评价重视体育学研究

生教育产出成果的结果性评价，较为关注教育结果。基于对教育质量监管和研究专家、用人单位领导、毕业生、社会公众代表的调查所确立的体育学研究生教育质量社会评价指标体系，是一个适合评价体育学研究生教育产品结果的指标体系，具体包括培养规格、办学情况和公信力3个一级指标，德、能、勤、绩、健、办学条件、办学水平、就业、声誉9个二级指标以及29个三级指标。其中，人才规格在一级指标中占有很高的权重，二级指标中所占权重较大的是能、绩、办学水平、就业、办学条件5个指标，三级指标中所占权重相对较大的是工作质量、体育教育能力、工作数量、学科建设水平、师资队伍、就业率、道德素质、专业知名度8个指标。

社会评价主体的多元性决定了社会评价方法的不唯一性，主要有定性评价和定量评价两种。社会评价的结果一般不具有强制性，但具有很高的社会公开性和一定的社会舆论监督作用。要确实保证社会评价的可信度和科学性，还必须对其评价过程及结果进行再评价。对社会评价进行再评价的机构可以是国家机构，也可以是某种权威性社会机构，前者更适合我国国情。

七、体育学研究生教育质量测评体系中的高校自我评价

高校自我评价的主要功能在于分析、诊断并发现体育学研究生教育质量形成过程中的优势与不足，及时进行甄别与反馈性诊断，总结经验和发现问题。高校自我评价是一种形成性评价，强调体育学研究生教育质量测评的诊断性、发展性、建设性价值与功能。

体育学研究生教育质量测评体系中的高校自我评价，从测评过程来看，有终结性自我评价和形成性自我评价；从测评类型来看，有合格评估、审核评估、认证评估等；从测评的主客体关系来看，高校自我评价的类型较多，也比较灵活。

当前，高校在我国体育学研究生教育质量测评体系中的主体地位尚未完全建立，高校与社会联动共同评价体育学研究生教育质量的机制尚未形成。高校自我评价在体育学研究生教育质量测评中发挥着重要的基础性作用，是质量保障的中坚力量，建立和完善高校自我评价体系已显

得十分必要。

三类体育学研究生教育质量的校内自我测评标准包括学生综合素质、导师综合素质、研究生培养与管理 3 个一级指标和 10 个二级指标、39 个三级指标。其中，一级指标中，学生综合素质和研究生培养与管理是影响体育学硕士研究生教育质量最重要的因素。博士研究生教育质量测评应更加关注学生综合素质和导师综合素质。二级指标中，专业型硕士生教育对专业能力要求高，博士研究生教育对学术研究水平要求相对较高，学术型硕士生既要有一定的学术研究水平，也要有一定的专业能力；导师的教学与科研能力在博士研究生教育中显得更为重要；“研究生招生”在专业型硕士生教育中显得更为重要。三级指标中，学位论文开题、调研、定稿、答辩的指导与监督是影响三类研究生教育质量的关键；两类硕士研究生教育质量测评都较为重视教学组织与评价对研究生实践应用能力、研究能力、创新精神的影响，但专业型硕士生教育质量测评对培养方案与课程设置有更高的要求，而学术型硕士生教育质量测评更重视学生基本体育科研方法与实验技能的掌握、应用与反思；体育学博士研究生教育质量测评更为看重导师的科研成果质量以及推广应用情况与效果，更为重视学生学位论文的价值及创新水平。

体育学研究生教育质量的高校自我评价方法、结果处理形式多样灵活，根据评价目的和评价对象的不同而有所差异。

八、结语

国家治理体系和治理能力现代化为体育学研究生教育质量测评体系的建构提供了行动纲领，也为本研究提供了重要的理论基础。本研究在治理理论视角下建构的体育学研究生教育质量测评体系，是在改革现有政府测评模式的基础上对体育学研究生教育质量测评体系所做的一种新的改革和尝试，力图建构一种适应社会改革方向、促进体育学研究生教育综合改革、推进体育学研究生教育质量内涵式发展的新的测评制度和运行机制。

由于测评体系的建构是一项庞大的系统工程，涉及的利益主体和主客观因素较多，特别是在当前我国社会评价主体还很不成熟、社会评价机制很不健全、高校自我评价的主体地位尚未完全建立的情况下，本研究所提出的测评标准及理论观点较难在实践中得到检验。本研究建构的高校自我测评标准曾在本校体育学研究生中期考核、奖学金评定中得以应用，但受当前我国研究生管理体制的整体影响，较难从学校层面实施对体育学研究生教育质量的整体测评。随着我国高校自我评价机制的健全和第三方社会测评机构的建立，本研究所建构的测评体系和测评标准有望在今后的理论发展和实践应用中得到完善与验证。此外，由于本研究的工作量很大，涉及面广，加上研究经费和个人精力的限制，使本研究的样本调查量整体偏少，可能在某种程度上会影响研究结果。

附　　录

附录 1

《体育学研究生教育质量社会测评组织机构的政府鉴定指标体系》
专家调查表 1

尊敬的专家：

您好！本调查表是为“体育学研究生教育质量社会测评组织机构的政府鉴定指标体系”的研究而设计的，该研究将致力于构建我国体育学研究生教育质量社会测评组织机构的政府鉴定指标体系，您的意见对该研究非常重要，希望得到您的支持，填答本问卷。

在前期调查研究的基础上，本课题组初步构建了包含 4 个一级指标、12 个二级指标的体育学研究生教育质量社会测评组织机构的政府鉴定指标体系。Al—A4 为一级指标，B1—B12 为二级指标。恳请您对所列指标是否同意给予评判，请您在相应的栏目内打“√”，若不同意，烦请您提出修改意见。本问卷匿名填答，所有资料仅用于学术研究，请您放心作答。在此由衷地感谢您的支持。

评价指标	同意	不同意	修改意见
A1 质量观与自我定位			
A2 结构和程序			
A3 独立性程度			
A4 资源保障			

续表

评价指标		同意	不同意	修改意见
质量观与自我定位	B1 组织机构的质量观			
	B2 组织机构的评定范围			
结构和程序	B3 具有明确的、约束力强的结构和程序			
	B4 确保相关利益主体的参与			
	B5 专业测评人员的保证			
	B6 对测评合作方的资质保证			
独立性程度	B7 组织机构的性质			
	B8 测评工作人员的特性			
资源保障	B9 人员与物质保障			
	B10 质量管理体系保障			
	B11 申述程序保障			
	B12 信息公开保障			

附录 2

《体育学研究生教育质量社会测评组织机构的政府鉴定指标体系》专家调查表 2

尊敬的专家：

您好！本调查表是为“体育学研究生教育质量社会测评组织机构的政府鉴定指标体系”的研究而设计的，该研究将致力于构建我国体育学研究生教育质量社会测评组织机构的政府鉴定指标体系，您的意见对该研究非常重要，希望得到您的支持，填答本问卷。

在前期调查研究的基础上，本课题组构建了包含 4 个一级指标、13 个二级指标的体育学研究生教育质量社会测评组织机构的政府鉴定指标体系。Al—A4 为一级指标，B1—B13 为二级指标。恳请您对所列指标的合理性给予评判，请您在合适的重要程度栏内打“√”（每项只选一个程度）。本问卷匿名填答，所有资料仅用于学术研究，请您放心作答。在此由衷地感谢您的支持。

评价指标		合理性				
		非常合理	合理	一般	不合理	非常不合理
A1 质量观与自我定位		5	4	3	2	1
A2 结构和程序		5	4	3	2	1
A3 独立性程度		5	4	3	2	1
A4 资源保障		5	4	3	2	1
质量观与自我定位	B1 组织机构的质量观	5	4	3	2	1
	B2 组织机构的评定范围	5	4	3	2	1
	B3 对评估学科的专门理解	5	4	3	2	1
……						

专家权威性调查

请您根据对调查内容的了解填写“专家判断依据”和“对咨询内容的熟悉程度”两栏，并在相应的栏目内打“√”。

	您的判断依据			您对咨询内容的熟悉程度					
	大	中	小	很熟悉	熟悉	较熟悉	一般	较不熟悉	很不熟悉
理论分析									
实践经验									
同行了解									
自己的直觉									

本调查问卷效度检验一览表

请您对本次调查问卷的整体效度、结构效度以及内容效度进行评价。

	很好	较好	一般	较差	很差
整体效度					
结构框架					
内容选取					

附录 3

《体育学研究生教育质量社会测评组织机构的政府鉴定指标体系》专家调查表 3

尊敬的专家：

您好！首先感谢您拨冗填答本问卷。本问卷是为“体育学研究生教育质量社会测评组织机构的政府鉴定指标体系”的研究而设计的，该研究将致力于构建我国体育学研究生教育质量社会测评组织机构的政府鉴定指标体系，您的意见对该研究非常重要，希望得到您的支持，填答本问卷。

在前期调查研究的基础上，本课题组构建了包含 4 个一级指标、13 个二级指标的体育学研究生教育质量社会测评组织机构的政府鉴定指标体系。Al—A4 为一级指标，B1—B13 为二级指标。恳请您对所列指标的重要性给予评判，请您在合适的重要程度栏内打“√”（每项只选一个程度）。本问卷匿名填答，所有资料仅用于学术研究，请您放心作答。在此由衷地感谢您的支持。

<table>
<tr><th colspan="2" rowspan="2">评价指标</th><th colspan="5">重要程度</th></tr>
<tr><th>非常重要</th><th>重要</th><th>一般重要</th><th>不太重要</th><th>不重要</th></tr>
<tr><td colspan="2">A1 质量观与自我定位</td><td>9</td><td>7</td><td>5</td><td>3</td><td>1</td></tr>
<tr><td colspan="2">A2 结构和程序</td><td>9</td><td>7</td><td>5</td><td>3</td><td>1</td></tr>
<tr><td colspan="2">A3 独立性程度</td><td>9</td><td>7</td><td>5</td><td>3</td><td>1</td></tr>
<tr><td colspan="2">A4 资源保障</td><td>9</td><td>7</td><td>5</td><td>3</td><td>1</td></tr>
<tr><td rowspan="3">质量观与自我定位</td><td>B1 组织机构的质量观</td><td>9</td><td>7</td><td>5</td><td>3</td><td>1</td></tr>
<tr><td>B2 组织机构的评定范围</td><td>9</td><td>7</td><td>5</td><td>3</td><td>1</td></tr>
<tr><td>B3 对评估学科的专门理解</td><td>9</td><td>7</td><td>5</td><td>3</td><td>1</td></tr>
<tr><td colspan="7">……</td></tr>
</table>

附录 4

《体育学研究生学位授予单位（点）和学科专业的政府评价指标体系》专家调查表 1

尊敬的专家：

您好！本调查表是为“体育学研究生学位授予单位（点）和学科专业的政府评价指标体系”的研究而设计的，该研究将致力于构建我国体育学研究生学位授予单位（点）和学科专业的政府评价指标体系，您的意见对该研究非常重要，希望得到您的支持，填答本问卷。

在前期调查研究的基础上，本课题组初步构建了包含 4 个一级指标、14 个二级、30 个三级指标的体育学研究生学位授予单位（点）和学科专业的政府评价指标体系。Al—A4 为一级指标，B1—B13 为二级指标，C1—C30 为三级指标。恳请您对所列指标是否同意给予评判，请您在相应的栏目内打“√”，若不同意，烦请您提出修改意见。本问卷匿名填答，所有资料仅用于学术研究，请您放心作答。在此由衷地感谢您的支持。

评价指标		同意	不同意	修改意见
A1 导师队伍				
A2 科学研究				
A3 研究生培养与管理				
A4 条件保障				
导师队伍	B1 队伍结构			
	B2 团队建设			
	B3 导师管理			
科学研究	B4 科研项目			
	B5 科研成果			
	B6 学术交流			

续表

<table>
<tr><th colspan="3">评价指标</th><th>同意</th><th>不同意</th><th>修改意见</th></tr>
<tr><td rowspan="5">研究生培养与管理</td><td colspan="2">B7 课程教学</td><td></td><td></td><td></td></tr>
<tr><td colspan="2">B8 学位论文</td><td></td><td></td><td></td></tr>
<tr><td colspan="2">B9 研究生创新能力培养</td><td></td><td></td><td></td></tr>
<tr><td colspan="2">B10 研究生就业</td><td></td><td></td><td></td></tr>
<tr><td colspan="2">B11 研究生管理</td><td></td><td></td><td></td></tr>
<tr><td rowspan="2">条件保障</td><td colspan="2">B12 硬件保障</td><td></td><td></td><td></td></tr>
<tr><td colspan="2">B13 软件保障</td><td></td><td></td><td></td></tr>
<tr><td rowspan="5">导师队伍</td><td rowspan="4">队伍结构</td><td>C1 学源结构</td><td></td><td></td><td></td></tr>
<tr><td>C2 年龄结构</td><td></td><td></td><td></td></tr>
<tr><td>C3 职称结构</td><td></td><td></td><td></td></tr>
<tr><td>C4 学历结构</td><td></td><td></td><td></td></tr>
<tr><td colspan="5">……</td></tr>
<tr><td colspan="6">……</td></tr>
</table>

附录 5

《体育学研究生学位授予单位（点）和学科专业的政府评价指标体系》专家调查表 2

尊敬的专家：

您好！本调查表是为“体育学研究生学位授予单位（点）和学科专业的政府评价指标体系”的研究而设计的，该研究将致力于构建我国体育学研究生学位授予单位（点）和学科专业的政府评价指标体系，您的意见对该研究非常重要，希望得到您的支持，填答本问卷。

在前期调查研究的基础上，本课题组构建了包含 4 个一级指标、13 个二级、33 个三级指标的体育学研究生学位授予单位（点）和学科专业的政府评价指标体系。Al—A4 为一级指标，B1—B13 为二级指标，C1—C33 为三级指标。恳请您对所列指标的合理性给予评判，请您在合适的重要程度栏内打“√”（每项只选一个程度）。本问卷匿名填答，所有资料仅用于学术研究，请您放心作答。在此由衷地感谢您的支持。

评价指标		合理性				
		非常合理	合理	一般	不合理	非常不合理
A1 导师队伍		5	4	3	2	1
A2 科学研究		5	4	3	2	1
A3 研究生培养与管理		5	4	3	2	1
A4 条件保障		5	4	3	2	1
导师队伍	B1 队伍结构	5	4	3	2	1
	B2 团队建设	5	4	3	2	1
	B3 导师管理	5	4	3	2	1
……						

续表

评价指标			合理性				
			非常合理	合理	一般	不合理	非常不合理
导师队伍	队伍结构	C1 学源结构	5	4	3	2	1
		C2 年龄结构	5	4	3	2	1
		C3 职称结构	5	4	3	2	1
		C4 学历结构	5	4	3	2	1
	……						
……							

专家权威性调查

请您根据您对调查内容的了解填写“专家判断依据”“对咨询内容的熟悉程度”，并在相应的内容内打“√”。

	您的判断依据			您对咨询内容的熟悉程度					
	大	中	小	很熟悉	熟悉	较熟悉	一般	较不熟悉	很不熟悉
理论分析									
实践经验									
同行了解									
自己的直觉									

本调查问卷效度检验一览表

请您对本次调查问卷的整体效度、结构效度以及内容效度进行评价。

	很好	较好	一般	较差	很差
整体效度					
结构框架					
内容选取					

附录 6

《体育学研究生学位授予单位（点）和学科专业的政府评价指标体系》专家调查表 3

尊敬的专家：

您好！本调查表是为“体育学研究生学位授予单位（点）和学科专业的政府评价指标体系”的研究而设计的，该研究将致力于构建我国体育学研究生学位授予单位（点）和学科专业的政府评价指标体系，您的意见对该研究非常重要，希望得到您的支持，填答本问卷。

在前期调查研究的基础上，本课题组构建了包含 4 个一级指标、13 个二级、33 个三级指标的体育学研究生学位授予单位（点）和学科专业的政府评价指标体系。Al—A4 为一级指标，B1—B13 为二级指标，C1—C33 为三级指标。恳请您对所列指标的重要性给予评判，请您在合适的重要程度栏内打“√”（每项只选一个程度）。本问卷匿名填答，所有资料仅用于学术研究，请您放心作答。在此由衷地感谢您的支持。

<table>
<tr><th colspan="2" rowspan="2">评价指标</th><th colspan="5">重要程度</th></tr>
<tr><th>非常重要</th><th>重要</th><th>一般重要</th><th>不太重要</th><th>不重要</th></tr>
<tr><td colspan="2">A1 导师队伍</td><td>9</td><td>7</td><td>5</td><td>3</td><td>1</td></tr>
<tr><td colspan="2">A2 科学研究</td><td>9</td><td>7</td><td>5</td><td>3</td><td>1</td></tr>
<tr><td colspan="2">A3 研究生培养与管理</td><td>9</td><td>7</td><td>5</td><td>3</td><td>1</td></tr>
<tr><td colspan="2">A4 条件保障</td><td>9</td><td>7</td><td>5</td><td>3</td><td>1</td></tr>
<tr><td rowspan="3">导师队伍</td><td>B1 队伍结构</td><td>9</td><td>7</td><td>5</td><td>3</td><td>1</td></tr>
<tr><td>B2 团队建设</td><td>9</td><td>7</td><td>5</td><td>3</td><td>1</td></tr>
<tr><td>B3 导师管理</td><td>9</td><td>7</td><td>5</td><td>3</td><td>1</td></tr>
<tr><td colspan="7">……</td></tr>
</table>

续表

评价指标			重要程度				
			非常重要	重要	一般重要	不太重要	不重要
导师队伍	队伍结构	C1 学源结构	9	7	5	3	1
		C2 年龄结构	9	7	5	3	1
		C3 职称结构	9	7	5	3	1
		C4 学历结构	9	7	5	3	1
	……						
……							

附录 7

《体育学研究生教育质量社会评价指标体系》

专家调查表 1

尊敬的专家：

您好！本调查表是为“体育学研究生教育质量社会评价指标体系”的研究而设计的，该研究将致力于构建体育学研究生教育质量社会评价指标体系，您的意见对该研究非常重要，希望得到您的支持。

在前期调查研究的基础上，本课题组初步构建了包含 3 个一级指标、9 个二级、37 个三级指标的体育学研究生教育质量社会评价指标体系。Al—A3 为一级指标，B1—B9 为二级指标，C1—C37 为三级指标。恳请您对所列指标是否同意给予评判，请您在相应的栏目内打“√”，若不同意，烦请您提出修改意见。本问卷匿名填答，所有资料仅用于学术研究，请您放心作答。在此由衷地感谢您的支持。

评价指标		同意	不同意	修改意见
A1 人才规格				
A2 办学情况				
A3 公信力				
人才规格	B1 德			
	B2 能			
	B3 勤			
	B4 绩			
	B5 健			
办学情况	B6 办学条件			
	B7 办学水平			
公信力	B8 就业			
	B9 声誉			

续表

<table>
<tr><td colspan="3">评价指标</td><td>同意</td><td>不同意</td><td>修改意见</td></tr>
<tr><td rowspan="5">人才规格</td><td rowspan="4">德</td><td>C1 政治素质</td><td></td><td></td><td></td></tr>
<tr><td>C2 思想素质</td><td></td><td></td><td></td></tr>
<tr><td>C3 职业道德</td><td></td><td></td><td></td></tr>
<tr><td>C4 社会公德</td><td></td><td></td><td></td></tr>
<tr><td colspan="5">……</td></tr>
<tr><td colspan="6">……</td></tr>
</table>

附录 8

《体育学研究生教育质量社会评价指标体系》专家调查表 2

尊敬的专家：

您好！本调查表是为“体育学研究生教育质量社会评价指标体系”的研究而设计的，该研究将致力于构建体育学研究生教育质量社会评价指标体系，您的意见对该研究非常重要，希望得到您的支持。

在前期调查研究的基础上，本课题组构建了包含 3 个一级指标、9 个二级、30 个三级指标的体育学研究生教育质量社会评价指标体系。Al—A3 为一级指标，B1—B9 为二级指标，C1—C30 为三级指标。恳请您对所列指标的合理性给予评判，请您在合适的重要程度栏内打“√”（每项只选一个程度）。本问卷匿名填答，所有资料仅用于学术研究，请您放心作答。在此由衷地感谢您的支持。

评价指标		合理性				
		非常合理	合理	一般	不合理	非常不合理
A1 人才规格		5	4	3	2	1
A2 办学情况		5	4	3	2	1
A3 公信力		5	4	3	2	1
人才规格	B1 德	5	4	3	2	1
	B2 能	5	4	3	2	1
	B3 勤	5	4	3	2	1
	B4 绩	5	4	3	2	1
	B5 健	5	4	3	2	1
办学情况	B6 办学条件	5	4	3	2	1
	B7 办学水平	5	4	3	2	1

续表

评价指标			合理性				
			非常合理	合理	一般	不合理	非常不合理
公信力		B8 就业	5	4	3	2	1
		B9 声誉	5	4	3	2	1
人才规格	德	C1 政治素质	5	4	3	2	1
		C2 思想素质	5	4	3	2	1
		C3 道德素质	5	4	3	2	1
	……						
……							

专家权威性调查

请您根据对调查内容的了解填写“专家判断依据”、“对咨询内容的熟悉程度”两栏，并在相应的栏目内打“√”。

	您的判断依据			您对咨询内容的熟悉程度					
	大	中	小	很熟悉	熟悉	较熟悉	一般	较不熟悉	很不熟悉
理论分析									
实践经验									
同行了解									
自己的直觉									

本调查问卷效度检验一览表

请您对本次调查问卷的整体效度、结构效度以及内容效度进行评价。

	很好	较好	一般	较差	很差
整体效度					
结构框架					
内容选取					

附录 9

《体育学研究生教育质量社会评价指标体系》专家调查表 3

尊敬的专家：

您好！本调查表是为“体育学研究生教育质量社会评价指标体系”的研究而设计的，该研究将致力于构建体育学研究生教育质量社会评价指标体系，您的意见对该研究非常重要，希望得到您的支持。

在前期调查研究的基础上，本课题组构建了包含 3 个一级指标、9 个二级、29 个三级指标的体育学研究生教育质量社会评价指标体系。Al—A3 为一级指标，B1—B9 为二级指标，C1—C29 为三级指标。恳请您对所列指标的重要性给予评判，请您在合适的重要程度栏内打“√”（每项只选一个程度）。本问卷匿名填答，所有资料仅用于学术研究，请您放心作答。在此由衷地感谢您的支持。

评价指标		重要程度				
		非常重要	重要	一般重要	不太重要	不重要
A1 人才规格		9	7	5	3	1
A2 办学情况		9	7	5	3	1
A3 公信力		9	7	5	3	1
人才规格	B1 德	9	7	5	3	1
	B2 能	9	7	5	3	1
	B3 勤	9	7	5	3	1
	B4 绩	9	7	5	3	1
	B5 健	9	7	5	3	1
办学情况	B6 办学条件	9	7	5	3	1
	B7 办学水平	9	7	5	3	1

续表

评价指标			重要程度				
			非常重要	重要	一般重要	不太重要	不重要
公信力	B8 就业		9	7	5	3	1
	B9 声誉		9	7	5	3	1
人才规格	德	C1 政治素质	9	7	5	3	1
		C2 思想素质	9	7	5	3	1
		C3 道德素质	9	7	5	3	1
	……						
……							

附录 10

《普通高校体育学研究生教育质量高校自我评价指标体系》的专家调查表 1

尊敬的专家：

您好！本调查表是为“体育学研究生教育质量高校自我评价指标体系”的研究而设计的，该研究将致力于构建我国体育学研究生教育质量高校自我评价的指标体系，您的意见对该研究非常重要，希望得到您的支持。

在前期调查研究的基础上，本课题组初步构建了包含 4 个一级指标、12 个二级指标、47 个三级指标的体育学研究生教育质量高校自我评价指标体系。Al—A4 为一级指标，B1—B12 为二级指标，C1—C47 为三级指标。恳请您对所列指标是否同意给予评判，请您在相应的栏目内打“√”，若不同意，烦请您提出修改意见。本问卷匿名填答，所有资料仅用于学术研究，请您放心作答。在此由衷地感谢您的支持。

评价指标		同意	不同意	修改意见
A1 学生综合素质				
A2 导师综合素质				
A3 研究生培养及管理				
A4 社会认可度				
学生综合素质	B1 研究生基本素养			
	B2 专业能力			
	B3 学术研究水平			
导师综合素质	B4 导师基本素养			
	B5 教学与科研能力			
	B6 指导管理能力			

续表

<table>
<tr><th colspan="3">评价指标</th><th>同意</th><th>不同意</th><th>修改意见</th></tr>
<tr><td rowspan="3">研究生培养及管理</td><td colspan="2">B7 招生</td><td></td><td></td><td></td></tr>
<tr><td colspan="2">B8 培养</td><td></td><td></td><td></td></tr>
<tr><td colspan="2">B9 管理</td><td></td><td></td><td></td></tr>
<tr><td rowspan="3">社会认可度</td><td colspan="2">B10 用人单位认可情况</td><td></td><td></td><td></td></tr>
<tr><td colspan="2">B11 家长满意度</td><td></td><td></td><td></td></tr>
<tr><td colspan="2">B12 公众评价</td><td></td><td></td><td></td></tr>
<tr><td rowspan="5">学生综合素质</td><td rowspan="4">学生基本素养</td><td>C1 道德规范水平</td><td></td><td></td><td></td></tr>
<tr><td>C2 学习投入情况</td><td></td><td></td><td></td></tr>
<tr><td>C3 自我管理与自我提升能力</td><td></td><td></td><td></td></tr>
<tr><td>C4 外语、计算机等专业辅助能力</td><td></td><td></td><td></td></tr>
<tr><td colspan="5">……</td></tr>
<tr><td colspan="6">……</td></tr>
</table>

附录 11

《普通高校体育学研究生教育质量高校自我评价指标体系》的专家调查表 2

尊敬的专家：

您好！本调查表是为“体育学研究生教育质量高校自我评价指标体系”的研究而设计的，该研究将致力于构建我国体育学研究生教育质量高校自我评价的指标体系，您的意见对该研究非常重要，希望得到您的支持。

在前期调查研究的基础上，本课题组构建了包含 3 个一级指标、10 个二级指标、39 个三级指标的体育学研究生教育质量高校自我评价指标体系。A1—A3 为一级指标，B1—B10 为二级指标，C1—C39 为三级指标。恳请您对所列指标的合理性给予评判，请您在合适的重要程度栏内打“√”（每项只选一个程度）。本问卷匿名填答，所有资料仅用于学术研究，请您放心作答。在此由衷地感谢您的支持。

评价指标		合理性														
		专业型硕士研究生					学术型硕士研究生					博士研究生				
		非常合理	合理	一般	不合理	非常不合理	非常合理	合理	一般	不合理	非常不合理	非常合理	合理	一般	不合理	非常不合理
A1 学生综合素质		5	4	3	2	1	5	4	3	2	1	5	4	3	2	1
A2 导师综合素质		5	4	3	2	1	5	4	3	2	1	5	4	3	2	1
A3 研究生培养及管理		5	4	3	2	1	5	4	3	2	1	5	4	3	2	1
学生综合素质	B1 研究生基本素养	5	4	3	2	1	5	4	3	2	1	5	4	3	2	1
	B2 专业能力	5	4	3	2	1	5	4	3	2	1	5	4	3	2	1
	B3 学术研究水平	5	4	3	2	1	5	4	3	2	1	5	4	3	2	1
	B4 升学/就业	5	4	3	2	1	5	4	3	2	1	5	4	3	2	1

续表

评价指标			合理性														
			专业型硕士研究生					学术型硕士研究生					博士研究生				
			非常合理	合理	一般	不合理	非常不合理	非常合理	合理	一般	不合理	非常不合理	非常合理	合理	一般	不合理	非常不合理
导师综合素质	B5 导师基本素养		5	4	3	2	1	5	4	3	2	1	5	4	3	2	1
	B6 教学与科研能力		5	4	3	2	1	5	4	3	2	1	5	4	3	2	1
	B7 指导管理能力		5	4	3	2	1	5	4	3	2	1	5	4	3	2	1
研究生培养及管理	B8 研究生招生		5	4	3	2	1	5	4	3	2	1	5	4	3	2	1
	B9 研究生培养		5	4	3	2	1	5	4	3	2	1	5	4	3	2	1
	B10 研究生管理		5	4	3	2	1	5	4	3	2	1	5	4	3	2	1
学生综合素质	研究生基本素养	C1 道德规范水平	5	4	3	2	1	5	4	3	2	1	5	4	3	2	1
		C2 学习投入情况	5	4	3	2	1	5	4	3	2	1	5	4	3	2	1
		C3 自我管理与自我提升能力	5	4	3	2	1	5	4	3	2	1	5	4	3	2	1
		C4 外语、计算机等专业辅助能力	5	4	3	2	1	5	4	3	2	1	5	4	3	2	1
	……																
……																	

专家权威性调查

请您根据对调查内容的了解填写“专家判断依据”和“对咨询内容的熟悉程度”两栏，并在相应的栏目内打“√”。

	您的判断依据			您对咨询内容的熟悉程度					
	大	中	小	很熟悉	熟悉	较熟悉	一般	较不熟悉	很不熟悉
理论分析									
实践经验									
同行了解									
自己的直觉									

本调查问卷效度检验一览表

请您对本次调查问卷的整体效度、结构效度以及内容效度进行评价。

	很好	较好	一般	较差	很差
整体效度					
结构框架					
内容选取					

附录 12

《普通高校体育学研究生教育质量高校自我评价指标体系》的专家调查表 3

尊敬的专家：

您好！本调查表是为“体育学研究生教育质量高校自我评价指标体系”的研究而设计的，该研究将致力于构建我国体育学研究生教育质量高校自我评价的指标体系，您的意见对该研究非常重要，希望得到您的支持。

在前期调查研究的基础上，本课题组构建了包含 3 个一级指标、10 个二级指标、39 个三级指标的体育学研究生教育质量高校自我评价指标体系。A1—A3 为一级指标，B1—B10 为二级指标，C1—C39 为三级指标。恳请您对所列指标的重要性给予评判，请您在合适的重要程度栏内打“√”（每项只选一个程度）。本问卷匿名填答，所有资料仅用于学术研究，请您放心作答。在此由衷地感谢您的支持。

评价指标		重要程度														
		专业型硕士研究生					学术型硕士研究生					博士研究生				
		非常重要	重要	一般重要	不太重要	不重要	非常重要	重要	一般重要	不太重要	不重要	非常重要	重要	一般重要	不太重要	不重要
A1 研究生综合素质		9	7	5	3	1	9	7	5	3	1	9	7	5	3	1
A2 导师综合素质		9	7	5	3	1	9	7	5	3	1	9	7	5	3	1
A3 研究生培养及管理		9	7	5	3	1	9	7	5	3	1	9	7	5	3	1
研究生综合素质	B1 研究生基本素养	9	7	5	3	1	9	7	5	3	1	9	7	5	3	1
	B2 专业能力	9	7	5	3	1	9	7	5	3	1	9	7	5	3	1
	B3 学术研究水平	9	7	5	3	1	9	7	5	3	1	9	7	5	3	1
	B4 升学/就业	9	7	5	3	1	9	7	5	3	1	9	7	5	3	1

续表

评价指标			重要程度														
			专业型硕士研究生					学术型硕士研究生					博士研究生				
			非常重要	重要	一般重要	不太重要	不重要	非常重要	重要	一般重要	不太重要	不重要	非常重要	重要	一般重要	不太重要	不重要
导师综合素质	B5 导师基本素养		9	7	5	3	1	9	7	5	3	1	9	7	5	3	1
	B6 教学与科研能力		9	7	5	3	1	9	7	5	3	1	9	7	5	3	1
	B7 指导管理能力		9	7	5	3	1	9	7	5	3	1	9	7	5	3	1
研究生培养及管理	B8 招生		9	7	5	3	1	9	7	5	3	1	9	7	5	3	1
	B9 培养		9	7	5	3	1	9	7	5	3	1	9	7	5	3	1
	B10 管理		9	7	5	3	1	9	7	5	3	1	9	7	5	3	1
研究生综合素质	研究生基本素养	C1 道德规范水平	9	7	5	3	1	9	7	5	3	1	9	7	5	3	1
		C2 学习投入情况	9	7	5	3	1	9	7	5	3	1	9	7	5	3	1
		C3 自我管理与自我提升能力	9	7	5	3	1	9	7	5	3	1	9	7	5	3	1
		C4 外语、计算机等专业辅助能力	9	7	5	3	1	9	7	5	3	1	9	7	5	3	1
	……																
……																	

参考文献

一、中文文献

[1] 李静. 创新型人才视角下的体育学研究生教育质量的研究[J]. 北京体育大学学报，2011，34(7)：78-81.

[2] 陈瑶，李彦武，高进军.《前方的路：美国研究生教育的未来》报告述评 [J]. 学位与研究生教育，2010(12)：67-72.

[3] 戚巍，李峰. 中美研究生教育评价的最新进展和比较研究[J]. 研究生教育研究，2011(2)：73-79.

[4] 李鸿江，赵德勋，等. 中英体育学科硕士研究生课程结构与培养模式的比较研究[J]. 首都体育学院学报，2010，22(1)：73-78.

[5] 刘春惠，王战军. 基于学位类型的研究生教育质量评价[J]. 学位与研究生教育，2012(2)：9-13.

[6] 赵琳，王传毅. 以"学"为中心：研究生教育质量评价与保障的新趋势[J]. 学位与研究生教育，2015(3)：11-14.

[7] 王永盛，许冠忠，王超. 体育学科研究生培养质量保证体系的研究 [J]. 北京体育大学学报，2004(11)：1529-1530；1533.

[8] 张瑞林. 体育学硕士研究生培养质量评价体系研究[J]. 上海体育学院学报，2010(7)：25-28；33.

[9] 张瑞林. 我国体育学硕士研究生教育的本质特征研究[J]. 体育科学，2009，29(5)：70-75.

[10] 任占兵. 新型体育学研究生培养机制改革的理论思考[J]. 浙江体育科学，2012，34(5)：47-51.

[11] 李康，覃立. 论体育学硕士研究生的"学"与"术"[J]. 体育学刊，2011，18(3)：83-86.

[12] 江森. 应该加强和改进博士生中期考核 [J]. 中国高教研究，2001(10)：44-45.

[13] 王健，曲鲁平，陶岩，等. 构建我国在职体育硕士专业学位研究生教育质量评价体系研究[J]. 天津体育学院学报，2011，26(6)：501-504.

[14] 王健，曲鲁平. 我国全日制体育硕士专业学位研究生培养质量评价指标体系的构建[J]. 北京体育大学学报，2012，35(10)：76-79；91.

[15] 高玉英，张春合，封旭红. 影响我国体育教育训练学专业硕士学位论文质量因素的调查研究[J]. 天津体育学院学报，2008，23(5)：440-443.

[16] 许文鑫，方千华，等. 全日制体育硕士专业学位研究生教育服务质量评价[J]. 福建师范大学学报（自然科学版），2014，30(6)：117-124.

[17] 沈建华. 美国体育博士生培养状况评估及启示[J]. 武汉体育学院学报，2007，41(1)：69-72.

[18] 黄汉升. 新中国体育学硕士研究生教育的回顾与展望[J]. 体育科学，2007，27(9)：3-22.

[19] 李燕领，王家宏，陶玉流. 1979～2009 年中国体育学研究生学位点的发展[J]. 体育学刊，2010，17(10)：59-63.

[20] 王战军，李明磊，李江波. 研究生教育评估新思维[J]. 清华大学教育研究，2012，33(1)：17-22.

[21] 沈红. 美国研究生教育评价的第二层：分学科级别的评价[J]. 学位与研究生教育，1996(5)：67-69.

[22] 许红，杜瑛，冯小明. 美国体育管理硕士课程设置对我国体育硕士培养的启示[J]. 成都体育学院学报，2008，34(12)：82-85.

[23] 赵蒙成. 发达国家研究生教育发展的趋势与问题[J]. 学位与研究生教育，2000(4)：61-64.

[24] 龚建林，杨文轩，陈琦，等. 德国体育学科体系的发展现状及启示[J]. 体育学刊，2007，14(7)：121-125.

[25] 王雷，李平平，方千华．博洛尼亚进程中德国体育学科硕士研究生培养特征解析与启示[J]. 北京体育大学学报，2015，38(7)：104-111.

[26] 李鸿江，尹军，郝晓岑，等．中、美、日、英、俄、德六国体育学科研究生培养体制与教育模式的比较研究[J]. 北京体育大学学报，2010，33(5)：69-72.

[27] 刘晶．法、德高等教育评估中的政府角色[J]. 比较教育研究，2014(10)：61-66；72.

[28] 王雷，李平平，方千华．德国高等教育发展中心（CHE）体育学科评估解析及启示[J]. 武汉体育学院学报，2015，11(49)：93-100.

[29] 孙进．德国高等教育认证机构、程序与标准[J]. 高等教育研究，2013，34(12)：88-95.

[30] 王斌，周绍忠，马红宇．我国体育学科硕士研究生培养课程体系改革研究[J]. 天津体育学报，2001，16(1)：59-61；65.

[31] 刘晶．研究生教育自我评估制度探析[J]. 学位与研究生教育，2014(11)：57-62.

[32] 熊玲，李忠．发达国家研究生教育质量保障体系的分析和借鉴[J]. 华南理工大学学报(社会科学版)，2010，12(1)：74-78.

[33] 唐霞．英国高等教育质量保证署新院校审核述评[J]. 国家教育行政学院学报，2007：92-96.

[34] 格里·斯托克．作为理论的治理：五个论点[J]. 国际社会科学(中文版)，1999(1)：19-30.

[35] 董泽芳，陈文娇．论我国高等教育质量标准的多样性与统一性．高等教育研究[J]. 高等教育研究，2010，31(6)：20-24.

[36] 鲁长芬，杨文轩，罗小兵．对体育学科分类的分析与调整建议[J]. 体育学刊，2009，16(4)：6-10.

[37] 陈国权．论法治与有限政府[J]. 浙江大学学报（人文社会科学版），2002，32 (2)：5-10.

[38] 胡卫，朱利霞．转型期中国高等教育重构的战略选择[J]. 国家教育行政学院学报，2005(9)：72-79.

[39] 彭江. 分散化的公共治理：中国大学管理改革的新走向[J]. 湖南师范大学教育科学学报，2005(2)：41-46.

[40] 盛冰. 高等教育的治理：重构政府、高校、社会之间的关系[J]. 高等教育研究，2003，24(2)：47-51.

[41] 杨小永，苟正斐，鲁长芬. 美国职业发展为导向的体育硕士专业学位教育改革及启示[J]. 北京体育大学学报，2012，35(11)：80-86.

[42] 孙粤文. 思维与技术：大数据时代的国家治理能力现代化[J]. 领导科学，2015(2)：19-23.

[43] 袁祖望. 论大学自治[J]. 现代大学教育，2006(6)：16-21.

[44] 孙福田，孙立群，吴昌友，等. 学位与研究生教育质量评估指标体系及权重的确定[J]. 东北农业大学学报（社会科学版），2011，9(3)：31-33.

[45] 邬文斌，王菲. 研究生教育质量评估体系及评估模型的构建[J]. 科技进步与对策，2004，21(11)：102-103.

[46] 贾青，孟祥书，刘亚琼. 研究生教育质量校内评估体系的探讨[J]. 河北农业大学学报(农林教育版)，2004，6(3)：13-14；17.

[47] 丁冬升，邵玉辉，苑晓平. 美国体育教育专业研究生的培养及启示[J]. 山东体育科技，2008，30(3)：60-62.

[48] 谭政典. 中、美、日体育学科硕士研究生课程设置的比较研究[J]. 西安体育学院学报，2003，20(4)：18-20.

[49] 盛明科，唐检云. 研究生教育质量评价指标体系设计的框架[J]. 学位与研究生教育，2007(7)：13-17.

[50] 赵卿敏. 我国研究生培养质量的现状分析与对策建议[J]. 学位与研究生教育，2000(5)：26-30.

[51] 陈立文，陈书娜. 学术型硕士研究生生源质量评价研究进展[J]. 继续教育研究，2011(10)：94-97.

[52] 董云川. 研究生教育质量的反思与期待[J]. 继续教育研究，2009，25(5)：62-72.

[53] 王运峰，张蕾，张亮. 研究生教育质量发展性评价体系的构

建[J].学位与研究生教育，2006(2)：69-72.

[54] 薛二勇. 研究生教育质量评价的策略与方法探析[J].学位与研究生教育，2006(6)：41-46.

[55] 邹亮畴，黄志玲，许纯英. 体育学研究生专业设置和学位设置的改革设想[J].广州体育学院学报，2004(4)：96-99.

[56] 曹健，丙国强，曹光龙. 新形势下体育专业研究生培养模式研究[J].武汉体育学院学报，2004，38(6)：122-125.

[57] 薛兴华，关海涛. 八所体育院系研究生教育专业设置的比较研究[J].辽宁体育科技，2005，27(5)：73-74.

[58] 杨少峰，王艳红. 对体育院校硕士研究生培养质量的思考[J].首都体育学院学报，2005，17(4)：119-120.

[59] 陈雷. 国外研究生教育的特点及对我国体育专业研究生教育改革的启示[J].长春师范学院学报，2006(6)：135-136.

[60] 教育评价. 测量工具的开发和完善[J].北大教育评论，2013(1)：1-1.

[61] 周同云，刘益嵘. 美国的几次研究生教育质量评估[J].中国高等教育，1986(1)：43-44；39.

[62] 詹春燕，唐信焱. 国际视域下的研究生教育质量评价——基于美、英、法、日四国的比较研究[J].教育发展研究，2010(21)：62-66.

[63] 潘武玲. 美国研究生教育质量自我评价制度及启示 [J]. 教师教育研究，2004(2)：77-80.

[64] 中国教科院教育质量标准研究课题组. 教育质量国家标准及其制定 [J]. 教育研究，2013，34(6)：4-16.

[65] 孟卫青，吴开俊. 日本研究生教育质量评估体系的转型：经验和问题 [J]. 继续教育研究，2010(6)：65-68.

[66] 郝晓岑，尹军. 我国体育学科研究生教育管理体制与美、日、英、俄、德的比较 [J]. 体育学刊，2010，17(4)：67-71.

[67] 廖湘阳. 研究生教育质量评价与质量保证的转向 [J]. 中国地质大学学报(社会科学版)，2009，9(2)：58-63.

[68] 全国专业学位研究生教育指导委员会. 专业学位类别（领域）博士、硕士学位基本要求 [M]. 北京：高等教育出版社，2015.

[69] 杨明，赵凌. 德国教育战略研究 [M]. 浙江：浙江教育出版社，2014.

[70] 俞可平. 治理与善治 [M]. 北京：社会科学文献出版社，2000.

[71] 张小劲，于晓虹. 推进国家治理体系和治理能力现代化六讲 [M]. 北京：人民出版社，2014.

[72] 程冠军. 走向善治的中国——十八大以来治国理政观察 [M]. 北京：中共中央党校出版社，2015.

[73] 涂子沛. 正到来的大数据革命 [M]. 桂林：广西师范大学出版社，2012.

[74] 俞可平. 论国家治理现代化 [M]. 北京：社会科学文献出版社，2014.

[75] 陶西平. 教育评价词典 [M]. 北京：北京师范大学出版社，1998.

[76] 张泰金. 英国的高等教育：历史・现状 [M]. 上海：上海外语教育出版社，1995.

[77] 钟海青. 教育科学研究方法 [M]. 桂林：广西师范大学出版社，2002.

[78] 伯顿・克拉克. 研究生教育的科学研究基础 [M]. 王承绪，译. 杭州：浙江教育出版社，2001.

[79] 薛天祥. 研究生教育学 [M]. 桂林：广西师范大学出版社，2001.

[80] 王战军. 学位与研究生教育评估技术与实践 [M]. 北京：高等教育出版社，2000.

[81] 陈玉琨，等. 高等教育质量保障体系概论 [M]. 北京：北京师范大学出版社，2004.

[82] 赵沁平. 学位与研究生教育评价技术与实践序 [M]. 北京：高等教育出版社，2000.

［83］周文辉．中国研究生教育质量保障体系研究［M］．北京：北京理工大学出版社，2012.

［84］王战军．中国研究生教育质量保障体系理论与实践［M］．北京：高等教育出版社，2012.

［85］王战军．学位与研究生教育评价理论与方法［M］．北京：高等教育出版社，2012.

［86］“研究生教育体制改革研究”课题组．中国研究生教育体制改革研究［M］．北京：高等教育出版社，2013.

［87］“中国学位与研究生教育现状”课题调研组．中国学位与研究生教育发展报告（2011）［M］．北京：清华大学出版社，2012.

［88］刘思炜，樊杰．我国专业学位研究生教育创新人才培养模式研究［M］．沈阳：东北大学出版社，2012.

［89］周洪宇．学位与研究生教育史［M］．北京：高等教育出版社，2004.

［90］《中国教育年鉴》编辑部编．中国教育年鉴（1949—1981）［M］．北京：中国大百科全书出版社，1984.

［91］《中国教育年鉴》编辑部．中国教育年鉴（1993）［M］．北京：人民教育出版社，1994.

［92］鲁长芬．体育学科体系研究［M］．武汉：华中师范大学出版社，2012.

［93］李盛兵．研究生教育模式嬗变［M］．北京：教育科学出版社，1997.

［94］石磊．研究生教育质量评价与质量保障体系研究［D］．合肥：中国科学技术大学，2010.

［95］金莉．高等教育质量评估指标体系研究［D］．重庆：西南大学，2011.

［96］罗中琼．研究生教育质量影响因素分析与对策研究［D］．成都：西南交通大学，2004.

［97］王富荣．专业学位研究生教育质量评估维度研究［D］．大连：大连理工大学，2011.

[98] 李静. 专业学位研究生教育质量评估指标权重研究 [D]. 大连：大连理工大学，2011.

[99] 陈颖. 高等学校硕士研究生培养绩效评价研究 [D]. 苏州：苏州大学，2011.

[100] 宋冬昱. 中美体育学硕士课程设置及培养方式比较研究——中美部分学校为例 [D]. 南京：南京师范大学，2013.

[101] 战弋. 美国研究生教育的多样性研究 [D]. 长春：吉林大学，2006.

[102] 汪琼. 中美体育类硕士研究生培养模式比较研究 [D]. 武汉：武汉体育学院，2007.

[103] 王真. 美国研究生教育淘汰制及启示 [D]. 石家庄：河北师范大学，2012.

[104] 肖莉萍. 美国高等教育评估中介机构的研究 [D]. 桂林：广西师范大学，2008.

[105] 王晓陆. 建立并实施研究生培养淘汰制的研究 [D]. 南京：河海大学，2005.

[106] 张瑞林. 我国体育学硕士研究生培养模式研究 [D]. 福州：福建师范大学，2009.

[107] 岳增彦. 对我国 48 份体育教育训练学硕士研究生培养方案的研究与分析 [D]. 上海：华东师范大学，2010.

[108] 秦风冰. 我国体育教育训练学硕士研究生培养体系研究[D]. 苏州：苏州大学，2008.

[109] 任秀磊. 民族传统体育学硕士研究生教学能力培养之研究 [D]. 上海：华东师范大学，2015.

[110] 蒋萍文. 江苏省体育学硕士研究生培养有关问题的研究[D]. 南京：南京师范大学，2007.

[111] 常志利. 体育硕士专业学位研究生教学质量保障研究 [D]. 北京：北京体育大学，2011.

[112] 潘武玲. 我国研究生教育质量评价体系研究 [D]. 上海：华东师范大学，2004.

［113］石磊．研究生教育质量评价与质量保障体系研究［D］．合肥：中国科学技术大学，2010.

［114］连洁．论我国研究生教育质量评价主体体系的构建——基于评价主体角色定位的思考［D］．南昌：南昌大学，2011.

［115］刘耀中．我国政府的高等教育评估职能研究——基于服务型政府视角［D］．武汉：中南民族大学，2013.

［116］于杨．治理理论视域下现代美国大学共同治理理念与实践研究［D］．长春：东北师范大学，2008.

［117］陆震．政府视角下的研究生教育质量再造［D］．上海：同济大学，2008.

［118］居玲．研究生教育质量测评主体的问题与重建研究［D］．重庆：西南大学，2008.

［119］金云志．硕士研究生培养质量评价体系研究［D］．南昌：江西师范大学，2014.

［120］韦明伺．学位与研究生教育质量保障研究［D］．桂林：广西师范大学，2005.

［121］黄杰．硕士研究生教育质量观及其质量控制体系研究［D］．成都：四川师范大学，2006.

［122］田俊荣．研究生教育质量评估的进展、问题及对策研究［D］．武汉：武汉理工大学，2008.

［123］李红君．我国硕士研究生教育质量评价主体的研究［D］．武汉：中国地质大学，2010.

［124］邵松鹤．硕士研究生培养质量现状及对策研究［D］．武汉：武汉理工大学，2008.

［125］曾林云．我国研究生教育质量影响因素分析［D］．广州：华南理工大学，2013.

［126］韩从梅．专业学位研究生教育质量评估的研究［D］．合肥：合肥工业大学，2007.

［127］孟庆国．体育学硕士研究生教育质量社会评价指标体系的构建［D］．华中师范大学硕士论文，2012.

[128] 钟昌红. 研究生教育质量评价的理论与实践研究 [D]. 北京：北京理工大学，2011.

[129] 关于做好新增博士、硕士学位授予单位工作的指导意见（学位［2008］29 号）[EB/OL]. http://www.moe.edu.cn/publicfiles/business/htmlfiles/moe/moe_821/200811/40655.html.

[130] 新增博士、硕士学位授予单位整体条件 [EB/OL]. http://www.doc88.com/p-2136158965730.html.

[131] 学位授予单位研究生教育质量保证体系建设基本规范 [EB/OL]. http://kaoyan.eol.cn/zheng_ce_bian_hua_3936/20140317/t20140317_1087106.shtml.

[132] 硕士学位授权点评估指标体系 [EB/OL]. http://www.doc88.com/p-3317979354410.html.

[133] 国务院学位委员会，教育部. 关于开展 2014 年学位授权点专项评估工作的通知(学位〔2014〕17 号) [EB/OL]. http://www.moe.edu.cn/publicfiles/business/htmlfiles/moe/moe_819/201408/173899.html.

[134] 博士学位授权一级学科点基本条件，博士学位授权学科专业点基本条件，硕士学位授权一级学科点基本条件，硕士学位授权学科、专业点基本条件 [EB/OL]. http://www.doc88.com/p-956212403477.html.

[135] 教育部. 系统构建质量保障体系，全面提高研究生教育质量 [EB/OL]. http://yz.chsi.com.cn/kyzx/kydt/201403/20140317/825126956.html.

[136] 马健生. 《若干发达国家研究生教育模式的国际比较研究》成果报告 [R]. 北京：全国教育科学规划领导小组办公室，2013.

[137] 湖北省教育委员会办公室. 教育文件汇编（1993）（内部文件）[Z]. 1993.

[138] 李伦娥. 湖南省将对研究生培养过程进行质量评估 [N]. 中国教育报，2006-9-30(01).

[139] 太原日报. 2014 年高校将提高奖学金力度考研学生热度不减 [EB/OL]. http://www.233.com/kaoyan/zhinan/Law/20130709/090924173.html.

[140] 国务院办公厅. 刘延东在全国研究生教育工作暨国务院学位

委员会第三十次会议上强调深化改革，提高质量，推进研究生教育内涵式发展［EB/OL］. http://www. cnhei. com. cn/News/20130711/201307110913463999. html.

［141］教育部学位与研究生教育发展中心. 学科评估工作简介［EB/OL］. http://www. chinadegrees. cn/xwyyjsjyxx/zlpj/xksppm/xkxgwj/264097. shtml.

［142］教育部学位与研究生教育发展中心. 2012 年学科评估简介［EB/OL］. 中国学位与研究生教育信息网，http://www. cdgdc. edu. cn/xwyyjsjyxx/xxsbdxz/276985. shtml.

［143］黄汉升. 体育学《博士、硕士学位基本要求》解读［EB/OL］. 中华文本库网，http://www. chinadmd. com/file/spz6rzairpiueexwp6ctexez_1. html.

［144］武书连. 2015 中国大学研究生院各学科门类排行榜［EB/OL］. 搜狐教育网，http://learning. sohu. com/20150923/n421900949. shtml.

［145］刘延东. 全面提高我国研究生教育质量［EB/OL］. 新华网，http://news. xinhuanet. com/politics/2014-11/05/c _ 1113132423. htm，2015-3-8.

［146］傅剑锋. “高校评估该停了”——专访中科大校长朱清时［EB/OL］. 南方周末，http://www. infzm. com/content/trs/raw/43693.

［147］唐贤兴. 高校评估行政化背后是政府监管失效［EB/OL］. 南方日报，http://epaper. southcn. com/nfdaily/html/2008-04/25/content_6528462. htm.

［148］国务院学位委员会、教育部文件. 关于加强学位与研究生教育质量保证和监督体系建设的意见（学位〔2014〕3 号）［Z］. 2014.

［149］教育部、国家发展改革委、财政部. 关于深化研究生教育改革的意见（教研〔2013〕1 号）［Z］. 2013.

二、英文文献

［1］ANGELIKA SCHADE. Recent Quality Assurance Activities in Germany［J］. European Journal of Education，2003（3）：285-290.

[2] BARRIE, S. A research-based approach to generic graduate attributes policy [J]. Higher Education Research and Development 23, 2004 (3): 261-75.

[3] BOUD, D., N. FALCHIKOV. Aligning assessment with long-term learning [J]. Assessment & Evaluation in Higher Education, 2006, 31 (4): 399-413.

[4] BURTON R. CLARK. The Research Foundations for Graduate Education [M]. University of California Press, 1993.

[5] CAVE M. HANNEY S. The use of Performance indicators, In The Encyclopedia of Higher Education. [M]. R. Neave (eds.) Pergamon Press Ltd., 1992.

[6] CAVE MARTIN, HANNEY STEPHEN, KOGAN MAURIC. The Use of Performance Indicators in Higher Education : A Critical Analysis Developing Practice [J], Jessica Kingsleg Publisher Ltd., 1989, 14 (2): 175-177.

[7] CORDELIA BRYAN, KAREN CLEGG. Innovative Assessment in Higher Education [M]. Routledge, 2006.

[8] DAVID E. Leveille. Accountability in Higher Education: A Public Agenda for Trust and Cultural Change [D]. Berkeley. Califomia: UC Berk, 2006 (1): 10-113.

[9] DANIEL T. Layzell. Linking Performance to Funding Outcomes at the State Level for Public Institutions of Higher Education: Past Present, and Future [J]. Research in Higher Education, 1999 (2): 233-234.

[10] EDWARD A. Holdaway. Graduate Studies in the UK: Some Impressions and Suggestions [J]. Higher Education Quarterly, 1993, 47(3): 237-258.

[11] EDGAR FRACKMANN. Needs Analysis for Quality Assurance and Supporting Information System [R]. Furtherance of the Agency of Science and Higher Education, 2006: 7-8.

[12] HENRY F M. Physical education: An academic discipline [J]. Journal of Health, Physical Education, and Recreation, 1964 (37): 32-33.

[13] JOSEPH C. Burke, Henrik P Minassians. Reporting indicators: What do they indicate? [J]. New Directions for Institutional Research, 2002 (116): 34-35.

[14] JOSEPH C. Buke and Henrik P. Minassians. Performance Reportiiig: "Rear' Accountability or Accountability "Lite" Seventh Annual Survey [R]. State University of New York, 2003: 4.

[15] HUGHES CLAIR, BARRIE SIMON. Influences on the assessment of graduate in higher education [J]. Assessment & Evaluation in Higher Education, 2010, 35 (3): 325-334.

[16] LUCAS CHRISTOPHER. American Higher Education [M]. ST. Martin's Press, New York, 1994.

[17] M. CAVE. S. HANNEY. M. Henkel and M. KoganThe Use of Performance Indicators in Higher Education: The Challenge of the Quality Movement [M]. London: Jessica Kingsley Publishers, 1996: 72.

[18] Oregon Department of Education. (2001). Physical education common curriculum goals and content standards [R]. Salem, 2001.

[19] Quality Assurance Agency for Higher Education [R]. Handbook for Academic Review, 2000: 18.

[20] SCOTT PETER. The Jarratt Report. A Commentar [J]. International Journal of Institutional Management in Higher Education, 1986 (10): 15-20.

[21] S. WILLIS RUDY. The "Revolution" in American Higher Education 1865-1900 [J]. Harvard Educational Review, 1991(21): 171.

[22] TAYLOR J, JOHNES J. An evaluation of performance indicators based upon the first destination of university graduates [J]. Studies in Higher Education, 1989, 14(2): 219-235.

[23] WILLIAM H FREEMAN. Physical education and sport in a

changing society [M]. Boston : Allyn and Bacon, 2000.

[24] WOOD T, WOOD T M, ZHU W. Measurement Theory and Practice in Kinesiology [M]. Human Kinetics, 2006.

[25] WOOD, T. M. (1996) . Assessment in physical education: The future is now [J]. Student learning in physical education: Applying research to enhance instruction, 2003(2): 187-203.

[26] YORKE, M, HARVEY L. Graduate attributes and their development [J] . New Directions for Institutional Research, 2005(128): 41-58.

[27] Council of Graduate Schools. Graduate Education: The Backbone of American Competitiveness and Innovation [EB/OL]. [2007-04-26]. http://www. cgsnet. org/portals/0/pdf/GR_GradEdAmComp_0407. pdf.

[28] JENNIFER GRANT HAWORTH. Assessing Graduate and Professional Education: Current Realities, Future Prospects [J]. New Directions for Institutional Research (1st Edition), 1996(12): 89-97.

[29] CLIFTON F. Conrad, Jennifer Grant Haworth. A Silent Success: Master's Education in the United States [M]. The Johns Hopkins University Press, 1993.

[30] JENNIFER GRANT HAWORTH. Assessing Graduate and Professional Education: Current Realities, Future Prospects [J]. New Directions for Institutional Research (1st Edition), 1996(12): 89-97.

[31] JENNIFER HAWORTH, CLIFTON F. CONRAD. Emblems of Quality in Higher Education (1 edition) [M]. Allyn & Bacon, 1996.

[32] ROBERT L. Brennan. Educational Measurement (Fourth Edition) [M] . Rowman & Littlefield Publishers, 2006.

[33] The State University of New York. Report Card Spring 2011 [EB/OL]. http://www. suny. edu/powerofsuny/reportcard/.

[34] University of California University of California Annual Accountability Report 2012 [EB/OL]. http://accountability. imiversityofcalifomia. edu/documents/accountabilityreportl2. pdf,2012-10-23.

[35] The University of Texas System. An Innovative Framework for Accountability: The University of Texas System Model [EB/OL]. http://www. utsystem. edu/osm/accounlability/,2012-10-24.

[36] Springfield College [EB/OL]. https://www. springfield. edu/.

[37] University of Kentucky [EB/OL]. http://www. education. unk. edu/KHP/content/graduate-programs.

[38] Council of Graduate schools [EB/OL]. https://www. cgsnet. org/search/apachesolresearch/assesment.

[39] North American Society for Sport Management [EB/OL]. https://www. nassm. com/.

[40] Council for Higher Education Accreditation [EB/OL]. http://www. cgsnet. org/search/apachesolresearch/assessment.

[41] Wayne State University [EB/OL]. https://www. wayne. edu/admissions.

[42] University of Utah [EB/OL]. https://www. utah. edu/index. php.

[43] Florida State University [EB/OL]. https://www. gradschool. fsu. edu/Academics-Research/Degeree-Program/Master-s-Degree-Programs.

[44] University of Texas [EB/OL]. https://www. utexas. edu/.

[45] University of San Francisco [EB/OL]. https://www. usfca. edu/admission/admission/graduate/programs/.

[46] Bowling Green State University [EB/OL]. https://www. bgsu. edu/graduate/graduate-programs. html.

[47] Wichita State University [EB/OL]. https://www. wichita. edu/thesis/academics/academics. asp.

[48] Indiana State University [EB/OL]. https://cms. indstate. edu/academics/graduate/masters/pe-exercise-science.

后　记

本书行将付梓之际，中共中央国务院印发了《深化新时代教育评价改革总体方案》，进一步明确了教育评价在教育发展中的引领作用。研究生教育质量测评事关研究生教育改革的方向，是提升研究生教育水平、推进研究生教育质量内涵式发展的抓手。

本研究始于2010年，当时正值体育学研究生教育规模快速扩张时期，从“规模扩张”向“质量提高”、“质量监测”的战略转移，是当时研究生教育改革的主旋律。在此背景下，我们课题组积极申报了当年的国家社科基金青年项目“体育学研究生教育质量测评体系研究”，获得批准。

获得批准后，课题组首先对我国体育学研究生质量测评的历史与现状展开研究。后恰逢出国访学，我又对国外几个典型国家的体育学研究生教育质量测评有了些许了解，为测评体系框架的形成奠定了良好的基础。

党的十八届三中全会以后，社会结构转型加剧，人们生活需求逐步提高，利益格局深刻变化，研究生教育的价值主体、利益主体、权力主体逐渐从一元走向多元，加之体育学研究生教育具有特殊性，体育学研究生教育质量测评变得日趋复杂。

本研究将治理理论的核心思想贯穿于体育学研究生教育质量测评体系的历史梳理和国内外比较中，并采用治理理论的理念、方法和逻辑力图去建构一个互动合作、全面完整的体育学研究生教育质量测评体系，以弥补体育学研究生质量社会测评功能的缺位，强化高校测评的主体地位。本研究对促进我国体育学研究生教育质量测评工作的规范发展和创新性发展、推动体育学研究生教育质量的持续提升、提高体育人才的竞争力具有现实意义。本研究建立的适用于不同测评主体、测评目的和测评对象的标准体系，为我国展开体育学研究生教育质量测评提供了依据，为体育和教育行政部门制定体育学研究生教育发展政策、修订完善体育学研究生教育质量测评标准提供了参照。

然而，体育学研究生教育质量测评体系涉及的利益主体和主客观因素太多，特别是在当前我国社会评价主体尚不成熟、社会评价机制不够健全、高校自我评价的主体地位仍未完全建立的情况下，研究所提出的部分测评标准及理论观点还需要在实践中进一步检验。

2017年课题结项后，课题组对书稿又进行了反复推敲、修改与核对，几经反复，心怀忐忑地将这本《体育学研究生教育质量测评体系研究》呈现在读者面前。虽然我们已尽到最大努力，但限于自身知识和学术水平的限制，本书不可避免地会存在许多疏漏和不当之处，我们竭诚欢迎专家学者及广大读者不吝赐教。

本书是课题组集体智慧的结晶。参与本研究的课题组成员主要有：罗小兵、王健、刘晨、刘露、杨小永、黄爱峰、秦小平、孟庆国。他们参与课题谋篇布局，做了大量的资料收集整理、问卷发放、数据统计以及部分章节的初稿撰写、完稿后的修改和核对工作。还要特别感谢国家体育总局前政策法规司司长谢琼桓司长、华南师范大学杨文轩教授、华中师范大学王健教授、广州体育学院陈琦教授在课题论证、研究和出版中给予的大力支持、悉心指导和无私帮助！

在本研究中，我们参考引用了国内外众多学者的研究成果，虽然我们在书中尽可能地将所引文献在注释和参考文献中标注出来，但仍有可能会有一些被引用了观点、资料的文献未能一一列出，还请各位专家见谅。在此，我们对本书所引文献资料的作者表示衷心的感谢！

最后还要感谢华中师范大学出版社冯会平主任、卢格蕙老师、苏睿老师、常年老师及所有校对同志对本书出版所给予的大力支持和帮助！

鲁长芬

2020年12月